utb 4517

utb.

Eine Arbeitsgemeinschaft der Verlage

Böhlau Verlag · Wien · Köln · Weimar
Verlag Barbara Budrich · Opladen · Toronto
facultas · Wien
Wilhelm Fink · Paderborn
A. Francke Verlag · Tübingen
Haupt Verlag · Bern
Verlag Julius Klinkhardt · Bad Heilbrunn
Mohr Siebeck · Tübingen
Nomos Verlagsgesellschaft · Baden-Baden
Ernst Reinhardt Verlag · München · Basel
Ferdinand Schöningh · Paderborn
Eugen Ulmer Verlag · Stuttgart
UVK Verlagsgesellschaft · Konstanz, mit UVK/Lucius · München
Vandenhoeck & Ruprecht · Göttingen · Bristol
Waxmann · Münster · New York

Klaus Dorn

Basiswissen Theologie: Das Judentum

Ferdinand Schöningh

Der Autor:

Geboren am 20.8.1951 in Laufach bei Aschaffenburg, Besuch des Musischen Gymnasiums, Studium der Katholischen Theologie und Physik an der Uni Würzburg und im Theologischen Studienjahr Jerusalem an der Dormition Abbey, Assistent am Lehrstuhl für Biblische Einleitungswissenschaft an der Uni Würzburg, Promotion ebd. Derzeit Hochschuldozent am Katholisch-Theologischen Seminar an der Philipps-Universität Marburg in den Fächern Einleitung AT, Einleitung NT, Exegese NT, Hebräisch. Vortragstätigkeit in der Erwachsenenbildung und in der Weiterbildung, div. Publikationen zu unterschiedlichen Themen aus dem biblischen Bereich.

Umschlagabbildung:

Deckenverglasung der Synagoge Marburg, Foto: Klaus Dorn, Rechte: Jüdische Gemeinde Marburg

Online-Angebote oder elektronische Ausgaben sind erhältlich unter **www.utb-shop.de**

Bibliografische Information der Deutschen Nationalbibliothek

Die Deutsche Nationalbibliothek verzeichnet diese Publikation in der Deutschen Nationalbibliografie; detaillierte bibliografische Daten sind im Internet über http://dnb.d-nb.de abrufbar.

(Verlag Ferdinand Schöningh GmbH & Co. KG, Jühenplatz 1, D-33098 Paderborn)

Internet: www.schoeningh.de

Printed in Germany.
Herstellung: Ferdinand Schöningh, Paderborn
Einbandgestaltung: Atelier Reichert, Stuttgart

UTB-Band-Nr: 4517
ISBN 978-3-8252-4517-7

Ich widme dieses Buch meinem lieben väterlichen Freund Amnon Orbach.
Er hat mich unendlich viel gelehrt;
ohne ihn gäbe es dieses Buch sicherlich nicht.
Ihm verdanke ich auch vertiefte Einblicke in die jüdische Küche
incl. in die Qualitäten israelischen Weins.

L^e Chajim, mein Freund

Inhalt

Vorbemerkung zur Umschrift des Hebräischen ins Deutsche

Viele hebräische Worte können sehr unterschiedlich in deutscher Umschrift dargestellt werden. So steht im Hebräischen z.B. statt eines wortauslautenden langen „a“ gewöhnlich „ah“. Dieses „h“ wird von manchen Autoren mit angegeben, von anderen wieder nicht. Gleiches gilt für die Endung im femininen Plural, die auf ot(h) lautet. Hier wird in der Regel auf dieses „h“ verzichtet. Der König Joschija schreibt sich im hebräischen Text Joschijahu. Für das „sch“ steht das Symbolzeichen š zur Verfügung, das hier genutzt werden könnte und bei Umschriften nach wissenschaftlichem Standard auch verwendet wird. Man könnte daher hier Jošijahu schreiben. Geläufig ist freilich auch das Wort Joschija. Daher gilt: In den Fällen, in denen ein Wort auch im AT vorkommt und damit in der Einheitsübersetzung, orientiert sich dieses Buch grundsätzlich an deren Schreibweise, so z.B. auch bei den Worten Pascha oder Sabbat, ausgenommen natürlich in Zitaten oder Buchtiteln.

Soweit nicht anders angegeben, sind die Bibelzitate der Elberfelder Übersetzung aus Bibleworks 8 entnommen. Die Einheitsübersetzung wird mit EÜ angegeben.

Vorwort

Liebe Leserinnen und Leser,

die Fragen „Wo komme ich her?“ – „Wo gehe ich hin?“, die sich vermutlich jeder Mensch im Laufe seines Lebens einmal stellt, können und müssen auch an eine Religion herangetragen werden dürfen. Das Christentum geht aus dem Judentum hervor, keine Frage. Das Problem ist, wie die beiden zueinander stehen und wie das eine mit dem anderen zusammenhängt. Stehen sie in einem Mutter-Tochter-Verhältnis zueinander oder sind es doch eher zwei – ungleiche – Brüder?

„Jesus war erst Jude und dann ist er zum Christentum konvertiert.“ Diesen Satz habe ich in Varianten schon viel zu oft gehört. Er wird auch über seine Jünger oder über Paulus geäußert. Das ist natürlich völliger Unsinn, denn Jesus war und blieb Jude, genauso wie seine Jünger. Das Christentum, der Glaube an Jesus als den Christus, war sowieso erst nach Ostern möglich. Erst mit Ostern wird der gekreuzigte Jesus von Nazareth, nach christlicher Vorstellung als der Christus, von Gott bestätigt. Die ersten Christen waren Juden und glaubten an Jesus als den auferstandenen Christus. Am ehesten könnte man die frühen Judenchristen daher als messianische Juden bezeichnen. Und trotzdem scheint sich die „Jesusbewegung“ schon von Anfang an vom Judentum entfernt zu haben. Jesus tauft, zumindest anfangs, wie sein Lehrer Johannes (Joh 3,22). Allerdings spricht er laut der Evangelien nicht (oder kaum) vom kommenden Zorngericht und ruft auch nicht zur Umkehr auf, sondern redet vom Anbruch der Königsherrschaft Gottes, denn er weiß, dass der Mensch, der in Schuld ist, sich nicht am eigenen Schopf aus dieser herausziehen kann. Das kann nur einer, der außerhalb steht, und dieser Eine ist Gott. Der aber, sagt Jesus, zieht jeden heraus, auch und gerade die Sünder, und dies ohne vorausgehende Umkehr und auch ohne Vermittlung durch Opfer, Priester und Tempel. Die rein theologische Botschaft Jesu besitzt somit von Anfang an politische Sprengkraft, und zwar insofern, als das Judentum seiner Zeit von einer Priesteraristokratie regiert wird.

Das also ist die Botschaft Jesu: Das Reich Gottes ist jetzt, im Augenblick, in Jesu Wirken, im Anbruch begriffen, und deshalb erfahren Kranke *jetzt* Heil, Armen wird *jetzt* die frohe Botschaft verkündet und Sündern die Vergebung zugesagt. Die Macht des Feindes ist *jetzt* schon anfanghaft gebrochen. Insofern entsprechen die Handlungen Jesu den → *Symbolhandlungen* alttestamentlicher Propheten. Freilich ist diese Botschaft auch bei Jesus noch ausschließlich an die „verlorenen Schafe des Hauses Israel“ gerichtet. Ganz im Gegensatz zu manchen Gruppierungen im Israel seiner Zeit sind aber immerhin *alle* Israeliten Adressaten und nicht nur eine kleine Binnen- oder Elitegruppe.

Wie aber kommt dieser Jesus von Nazareth zu einer solchen „Idee“, wie kommt er zu einem derartigen Gottesbild – und an welchen Gott glaubt er überhaupt? Diese scheinbar häretischen Fragen, die als Anfrage an den Menschen Jesus von

Nazareth gestellt werden, lassen sich leicht beantworten: Jesus hat als Jude natürlich den Gott Israels – oder des Judentums – verkündet. Er hat – insbesondere laut Mt-Evangelium – das Judentum und dessen Gesetzesinterpretation auch heftig kritisiert, ist aber nie etwas anderes gewesen als ein gläubiger Jude.

Dabei dürfte er dem Pharisäismus, der versucht, die Gebote alltagstauglich zu machen, näher gestanden haben, als uns die Schriften überliefern. Wer ihn und seine Botschaft aber verstehen will, muss sich mit dem Judentum beschäftigen: Was etwa ist das Königreich Gottes, von dem Jesus so häufig spricht, wenn auch fast ausschließlich in Gleichnissen? Wieso sprechen wir von Auferstehung oder Auferweckung Jesu, so, als sei es das natürlichste von der Welt, an „so etwas" zu glauben?

Wir können nur deshalb darüber reden, weil die Vorstellung von Auferstehung im Judentum bereits verbreitet, wenngleich nicht unumstritten war (vgl. Mk 12,18–27: die Auferstehungsfrage). Wir können vom Gottesreich oder der Königsherrschaft Gottes reden, weil man in Israel offensichtlich recht genau wusste, was es damit auf sich hat. Das also heißt: Um den christlichen Glauben zu verstehen, muss ich auch den Glauben des Judentums kennen. Ganz nebenbei ist dies auch deshalb sinnvoll, weil unser heutiger Alltag bis in die Sprache hinein an vielen Stellen von der jüdischen Tradition geprägt ist.

Warum aber eigens das Judentum? Genügt es nicht, das Alte Testament zu kennen? Ist das denn nicht das Gleiche? Die Antwort darauf kann nur lauten: Leider (– oder gottlob) nein, denn das Judentum ist weitaus umfänglicher und auch reicher als „nur" das AT. Das Judentum ist auch nicht einfach identisch mit dem Glauben des alten Israels: Wenn man die Makkabäerbücher aus dem zweiten vorchristlichen Jahrhundert liest, geht es da um das Privileg, nach den „Überlieferungen der Väter" bzw. „der Alten" (vgl. Mk 7,3) glauben und leben zu dürfen. Ein Blick in die Antithesen des Mt macht deutlich: Diese richten sich nicht ausdrücklich gegen Aussagen des AT und auch nicht gegen die Tora, die göttlichen Weisungen der ersten fünf Bücher des Alten Testaments, sondern offensichtlich gegen zeitgenössische jüdische (Lebens-)Praxis, die keineswegs samt und sonders aus dem AT stammt oder ausschließlich von dort abgeleitet ist.

Der Streit um das Kopftuch von Musliminnen kann deutlich machen, worum es auch im Judentum gegangen sein mag: Um Überlieferungen, die zwar nicht im AT stehen, die aber so eng mit der Lebens- und Glaubenspraxis verwachsen sind, dass vielfach kaum mehr differenziert wird – oder werden kann – zwischen Brauchtum und Religion. In der Zeit Jesu geht es um die jüdische Halacha, d.h. den (Lebens-)Weg, die konkrete Lebensführung, die Jesus – zumindest laut Mt-Evangelium – auf den Prüfstand stellt.

Woher diese „Überlieferung der Väter" kommt, was sie beinhaltet, wie sie den Untergang des palästinischen Judentums in zwei verheerenden Kriegen im Mutterland (68–70 n. Chr.; 132–135 n. Chr.) und den Aufstand der jüdischen Diaspora (115–117 n. Chr.) überleben konnte und wie sie im heutigen Judentum gelebt wird, versucht dieses Buch zu erklären.

Klaus Dorn

I. Geschichte: Das sogenannte Frühjudentum

1. Das Exil und sein Ende

Nach Salomos Tod trennt sich „Israel" in ein Nordreich (NR) mit zehn Stämmen, das weiterhin den Namen „Israel" trägt, und das Südreich (SR) Juda mit den Stämmen Juda und Benjamin. Die Davidsdynastie kann sich nur im kleineren Süden etablieren, aus dem David ja auch stammte. Das Nordreich Israel wird durch das Assyrische Großreich im Jahre 722 zerschlagen, große Teile der Bevölkerung werden verschleppt und im Assyrischen Reich dezentral angesiedelt. Gleichzeitig wird im Nordreich eine fremde Bevölkerung angesiedelt. Auf diese Weise gehen die zehn Nordreichstämme in der Geschichte „verloren" und werden – nach jüdischem Glauben – erst am Ende der Zeit wieder von Gott oder seinem Messias gesammelt und zurückgeführt.

Im Jahre 586 endet auch das Südreich Juda durch die Großmacht der (Neu-) Babylonier, ebenfalls mit einer Deportation. Die Bevölkerung wird ins Exil nach Babel gebracht. Zehn Jahre zuvor hatte es bereits eine erste Deportation des Königs, seiner Beamten und der Priester gegeben. Die Babylonier erlaubten jedoch im Gegensatz zu den Assyrern eine Art Ghettoisierung, d.h. die Exilierten wohnten in bestimmten Regionen mehr oder weniger zusammen. Als das Babylonische Exil im Jahre 538 durch die Perser beendet wird, kehren daher viele wieder in ihre ehemalige Heimat zurück, an die sie sich durchaus erinnerten.

Man darf sich das Exil nicht so vorstellen, dass die Bevölkerung mit Mann und Maus nach Babylon verschleppt worden sei. In erster Linie betraf die Deportation die „oberen Zehntausend", die Elite, d.h. die oben genannten Personen, u.a. auch den Propheten Ezechiel, und selbstverständlich auch die Schmiede als Waffenproduzenten. Dazu kamen die Rädelsführer, die für den Aufstand verantwortlich waren. Wie am Beispiel des Propheten Jeremia deutlich wird, kannte die Großmacht die innenpolitischen Verhältnisse offensichtlich recht genau: Jeremia, der sich stets gegen einen Aufstand ausgesprochen hatte, erhält die Erlaubnis, sein Schicksal selbst zu bestimmen: Will er mit in das Exil oder lieber im Land bleiben? Jeremia entscheidet sich für Letzteres, wird aber dann nach einem kurzen erneuten Aufstand nach Ägypten verschleppt. Der einfache Bauer dürfte auf seiner Scholle belassen worden sein, denn die zur Zeit herrschende Großmacht, die Babylonier, erwartete ja weiterhin Tributzahlungen aus dem Land. So setzten die Babylonier über die Zurückgebliebenen einen Gouverneur oder Verwalter ein, der in ihrem Auftrag das Land regierte.

Der Bruch, der durch das Babylonische Exil zwischen den Exilierten einerseits und den Zurückgebliebenen andererseits entstand, war allerdings tief. Bei der Rückkehr vieler – keineswegs aller! – Exilierten ab dem Jahre 538 v. Chr. trafen sie dort auf völlig veränderte Verhältnisse. Da wird so mancher Acker und manches Haus seinen Besitzer „gewechselt" haben. Die Stadt Jerusalem war nach Aussagen der Bücher Esra und Nehemia, die als Zeugen aus dieser Zeit berichten, weitgehend entvölkert. Die im Lande verbliebene Bevölkerung hatte sich vermischt, d.h. jüdische Männer und Frauen hatten Partner aus der nichtjüdischen Bevölkerung geheiratet. Dies führte angeblich auch zur Religionsvermischung, auf jeden Fall aber zu einer Verminderung des Volkes durch die teilweise nichtjüdische Nachkommenschaft aus diesen Verbindungen. Die Bücher Esra und Nehemia berichten, dass gegen diese Praxis vorgegangen wurde – bis hin zu erzwungenen Ehescheidungen.

Die Rückkehrer selbst hatten sich durch das Exil aber ebenfalls verändert: Man musste sich in der Diaspora, im nicht jüdischen „Ausland", bewähren, musste ohne Tempel am Gott Israels festhalten – und überhaupt: Man musste seinen Glauben im Exil rein bewahren. Deshalb fühlten sich die Exilierten als die Elite, die für das ganze Volk Gottes die gerechte Prüfung über sich hatte ergehen lassen – und diese bestanden hatte.

In die Exilszeit fällt mit hoher Wahrscheinlichkeit die Entstehung von Gebetsräumen oder -Häusern, *Bet ha knesset,* Häuser der Versammlung, genannt, die ihre Fortsetzung in den Synagogen fanden. Es wurden die sieben Tage der Woche mit dem Sabbat als freiem Tag festgelegt. Der sicher schon alte Brauch der Beschneidung eines männlichen Kindes wurde vermutlich erst im Exil grundsätzlich am achten Tag vorgenommen. Erst im Exil galt die Beschneidung als unterscheidendes Merkmal. Sie konnte aber nur dann ein „Markenzeichen" des Judentums, ein Identifikationsmerkmal sein, wenn die Menschen der Umwelt ihre Knaben eben *nicht* beschnitten. Gegen Ende des Exils oder kurz danach entstand auch jene Schicht des Pentateuch, der fünf Bücher der Tora, die Priesterschrift genannt wird und aus der Erfahrung des Zweistromlandes z.B. eine Schöpfungserzählung vorlegt, die das Wasser nicht als unverzichtbares Medium für das Wachsen von Pflanzen betrachtet, wie die zweite Schöpfungserzählung im heutigen Pentateuch, sondern Wasser als Bedrohung kennengelernt hat. Es seien daher die ersten Aufgaben des Schöpfergottes, die Wasser zu bändigen und ihnen ihren Platz zuzuweisen.

All diese „Neuheiten" stoßen auf die weiterhin traditionellen und aus der Zeit des Königtums herübergeretteten Glaubensvorstellungen der Einheimischen – und setzen sich offensichtlich durch! Auch das Gottesbild hat sich gewandelt. Von einem Lokalgott für eine Gegend Palästinas wurde der Gott Israels spätestens jetzt zu dem (einen) Universalgott, der seinem Volk auch im fremden Land, weitab von der Heimat und seinem eigentlichen „Aktionsradius", die Treue zu halten bereit und auch fähig war – bis hinunter in den → *Scheol,* die Unterwelt. Und selbstverständlich wird auch darüber reflektiert, wie es denn zum Exil kommen konnte und welche (gesellschaftlichen und theologischen) Folgerungen daraus zu ziehen sind.

Die heterogenen Ansichten und Strömungen führen dazu, dass die Religion zunehmend nicht mehr mit der nationalen Identität verbunden, sondern zu einer Bekenntnisreligion wird. Der Glaube an Jahwe ist nicht mehr ausschließlich Sache des Staates, sondern auch und vor allem der Gruppe, der Familie und des Einzelnen. Und dies trifft nicht mehr nur für die in Babylonien Verbliebenen zu.

Auch in Palästina fallen diesbezüglich wichtige Entscheidungen: Die Bewohner des ehemaligen Nordreiches, von denen Gruppen noch zur Zeit des Jeremia nach Jerusalem pilgerten, um dort im Tempel dem Gott Israels zu opfern, werden nunmehr ausgegrenzt. Obwohl sie sich gerne am Neubau oder Wiederaufbau des Tempels beteiligt hätten, wird ihnen dies versagt. Inwieweit dabei auch politische Gründe oder Streitereien unter den Priesterclans und Fragen der Sukzession, also der Erbfolge eine Rolle spielten, ist nicht genau auszumachen. Die Polemik aus 2Kön 17, dass es sich im NR generell um eine heidnische oder zumindest schismatische Mischbevölkerung handeln würde, spiegelt die Sicht der Leute aus Juda wieder, die letztendlich zur Trennung zwischen Juden und den sogenannten Samaritanern führt, die bis zum heutigen Tage besteht (s.u.).

Als Polemik entpuppt sich 2Kön 17 aus folgenden Überlegungen: Im ehemaligen Nordreich bricht eine Löwenplage aus, weil Jahwe nicht mehr richtig im Land verehrt wird. Daher wird ein aus dem Nordreich deportierter Priester ins Land zurückschickt, welcher der Löwenplage offensichtlich erfolgreich begegnen kann (17,28). Der schismatische Nordreich-Priester ist also durchaus in der Lage, die rechte Gottesverehrung zu lehren und damit den Zorn Gottes zu mindern. Auffällig ist es aber dann, wenn im Folgetext (17,29–41) angeblich weiterhin – oder erneut – Götzendienst betrieben wird und nunmehr keinerlei Strafaktionen oder Reaktionen vonseiten Gottes mehr folgen. Gott sind die Löwen offensichtlich ausgegangen – oder das, was dort betrieben wurde, war doch nicht so synkretistisch oder heidnisch, wie behauptet.

Dieser Trend weg von einer Volksreligion hin zu einer Bekenntnisreligion verstärkt sich ganz entscheidend in der Zeit der Seleukidenherrschaft ab 200 v. Chr. nach der → *Schlacht bei Paneas* 198 v. Chr. In der Folge dieser militärischen Auseinandersetzung zwischen den → *Ptolemäern und Seleukiden* um die Vorherrschaft über Palästina erringen die Seleukiden den entscheidenden Sieg: Palästina fällt an die Seleukiden. Näheres dazu ist in erster Linie den Makkabäerbüchern und auch der Geschichtsschreibung des Flavius Josephus (Jüdische Altertümer/ Antiquitates) zu entnehmen. Mit der Übernahme der Landbrücke Palästina durch die Seleukiden kommt es zu schweren innerjüdischen Auseinandersetzung und zum Bruderkrieg zwischen den Parteigängern der Ptolemäer und der Seleukiden, in dem auch die Religion bzw. die Tradition/Überlieferung der Väter eine wichtige Rolle spielt.

Die wichtigsten Eckpunkte der Geschichte seien hier genannt:

- Nach dem Auseinanderbrechen des Weltreiches des Alexanders mit seinem Tod wurde das Reich geteilt. Die verschiedenen Regionen wurden von den Generälen Alexanders, den sogenannten Diadochen (Nachfolgern), regiert.
- In Ägypten kamen die Nachfahren des Ptolemäus an die Macht. Die letzte Ptolemäerin ist die bekannte Kleopatra. In Syrien, dem Libanon und den im Osten angrenzenden Ländern regierten die Seleukiden ein Vielvölkerreich. Lysimachos eignete sich Thrakien an, später auch noch Makedonien und Klein-

asien, Antigonos herrschte über weitere Teile Kleinasiens, die ihm freilich v.a. von Seleukos, und – bezüglich Palästinas – von Ptolemaios, streitig gemacht wurden.

- Nach der Konsolidierung der Reiche kam es weiterhin zu Auseinandersetzungen um Palästina, die, wie erwähnt, schließlich um 200 v. zugunsten der Seleukiden entschieden wurden, dies zum Unwillen so mancher Juden; es ging diesbezüglich ein Riss quer durch die Bevölkerung.

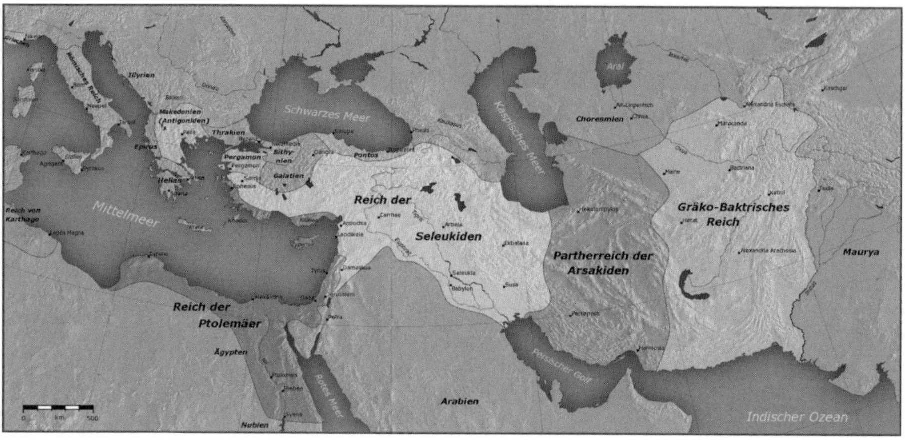

Abb. 1: Karte der Diadochen, Quelle: Captain Blood, 2015

- Das Ptolemäerreich hatte gegenüber den Seleukiden einen entscheidenden Vorteil: Ägypten war schon längst zu einem relativ einheitlichen Staatsgebilde geworden. In der Verehrung der verschiedenen Götter war man großzügig, man hatte eine jahrtausendealte gemeinsame Kultur, sprach eine gemeinsame Sprache und war eben – Ägypter. Das kleine Israel mit seinem „merkwürdigen" einen Gott fiel da gar nicht ins Gewicht.
- Das Seleukidenreich stellte ein Konglomerat aus verschiedenen Völkern dar. Es wurden, trotz des seit den Persern verbreiteten Reichsaramäisch, auch unterschiedliche Sprachen gesprochen. Ein solches heterogenes Gebilde dürfte weitaus schwieriger zu regieren gewesen sein. Die Hypothese, die Seleukiden hätten eine mehr oder weniger gewaltsame Hellenisierungspolitik betrieben und seien „schuld" an der zunehmenden Verschlechterung der Beziehungen zwischen „Israel" und der seleukidischen Großmacht – diesen Eindruck erweckt u.a. 1Mak 1,41–49 – wird allerdings heute kaum mehr vertreten. Die Hellenisierungsbestrebungen erwuchsen vielmehr aus dem Land selbst, nicht zuletzt aus den innenpolitischen Auseinandersetzungen der Priesterfamilien um das Amt des Hohepriesters.

- In dieser Situation kam es im zweiten Jahrhundert v. Chr. zu einem Aufstand, der von einer Priesterfamilie mittleren Ranges angeführt wurde. Es handelte sich dabei um die Erhebung der Hasmonäer, die auch unter dem Namen „Makkabäer“ bekannt geworden sind.

Zusammenfassung

Das Exil und die dadurch bedingte Spaltung der Bewohner des ehemaligen Südreiches Juda in Ansässige und Rückwanderer bedeutet eine erste Zäsur im nachexilischen Judentum. Gleichzeitig wird durch den Ausschluss der Bewohner Samarias die Trennung vom ehemaligen Nordreich Israel, die mit der Reichstrennung nach Salomo ihren Ursprung genommen hat, weiter vertieft. Eine zweite Zäsur entsteht in der Folge der Streitigkeiten zwischen Ptolemäern und Seleukiden um die Vorherrschaft in Palästina. Die von den Seleukiden favorisierte und von bestimmten Gruppen in Israel mitgetragene Hellenisierungspolitik führt zu innerisraelitischem Zwist bis hin zum Bürgerkrieg.

2. Die Zeit der Makkabäer

2.1 Die Entwicklung

Judäa war in der Zeit der ptolemäischen Herrschaft eine eigene Verwaltungseinheit wie auch Idumäa, Samaria, Galiläa etc. Im Inneren herrschte Autonomie, auch im religiösen Bereich. Höchster Amtsträger war in Judäa aber kein eigener Gouverneur (etwa ein Hyparchos; von hyparchein = da sein) sondern der Hohepriester mit einem Ältestenrat (Gerusia, später Synedrion genannt). Die Finanzen waren ihm allerdings nicht unterstellt, sondern wurden von eigenen Beamten verwaltet. Die Steuern wurden durch ein Pächtersystem nach griechischem Vorbild (→ *Zöllner*wesen) eingezogen.

Damals kam es zur Ausbreitung des Judentums in der ganzen damaligen griechischen Welt, z.T. infolge von Deportation, aber auch durch Söldner und Kaufleute. Ganze Stadtviertel in Alexandrien waren jüdisch, Diasporagemeinden gab es in Babylon ebenso wie in Kleinasien in Sparta und auf den verschiedenen Inseln der Ägäis.

Der Seleukide Antiochus III., der die Schlacht von Paneas/Banjas gewonnen hatte, und damit Palästina unter seine (seleukidische) Oberherrschaft brachte, gewährte den Ältesten, Priestern und Leviten zunächst große Steuererleichterungen. Er gab Spenden und stiftete Opfer für den Tempel, und er erteilte die Erlaubnis, nach den „väterlichen Gesetzen" zu leben. In dieser Zeit wurde für Nichtjuden der Zutritt zum Tempelareal bei Todesstrafe verboten. Diesbezügliche Inschriften aus der Zeit des Herodes existieren noch heute. Auch die Einfuhr nichtkoscheren Fleisches nach Jerusalem wurde untersagt.

Ein erster Nachteil für das Judentum, das in der ptolemäischen (ägyptischen) Diaspora lebte, bestand darin, dass dieses nunmehr vom seleukidisch regierten Mutterland – politisch – getrennt war.

Es gab in dieser Zeit nicht wenige in der Oberschicht, die durchaus bereit waren, sich „weltmännisch" zu geben und die griechische Kultur anzunehmen. Angeblich ließen diese Leute sogar die Beschneidung durch einen chirurgischen Eingriff wieder rückgängig machen – wie immer das damals funktioniert haben soll. Bedeutsam wurde dieser Eingriff vor allem bei jenen Männern, die an Wettkämpfen teilnahmen, denn diese wurden nackt ausgetragen. Da Wettkämpfe stets auch einen religiösen Kontext hatten, stand die Teilnahme unter dem Verdacht des Götzendienstes und war daher für einen frommen Juden völlig indiskutabel.

Der Riss in der Gesellschaft, der sich in dieser und anderen Fragen auftat, reichte bis in einzelne Familien hinein. Es begann damit die innerjüdische Diskussion darüber, wie viel griechische und wie viel jüdische Lebensweise miteinander vereinbar waren, ohne das Judentum aufzugeben: Wie weit ist die Tradition der Väter unaufgebbares Gesetz, inwieweit „nur" Sitte und Brauch? Sind Sabbat, rituelle Reinheit und Beschneidung unverzichtbar?

Die konservative Richtung setzte sich letztlich durch, auch und gerade in der Literatur; deshalb galten reformfreudige Kräfte als Apostaten, als vom Glauben abgefallene.

2.2 Die Zuspitzung

Antiochus III. konnte die zugesagten Steuererleichterungen und Privilegien für Judäa nicht lange aufrechterhalten: Im Jahre 190 erlitt er eine Niederlage gegen die Ptolemäer, die sich mit dem aufstrebenden Rom verbündet hatten. Kriegselefanten und die Flotte mussten abgetreten und ein hoher Tribut aufgebracht werden. Letzterer wurde natürlich der Bevölkerung des Reiches auferlegt: Statt Steuererleichterungen kam es also zu Steuererhöhungen. Der hierzulande nach Wahlen häufiger erhobene Vorwurf der „Steuerlüge" ist somit vermutlich so alt wie die Steuer selbst, auch wenn der Begriff „Steuer" dann zumeist euphemistisch als „Abgabe", „Solidarbeitrag", „Sonderabgabe" oder ähnliches bezeichnet wird. Angeblich kam es durch Antiochus III. zur Plünderung von Tempeln, um die Staatskasse aufzufüllen; bei einer dieser Aktionen kam er jedenfalls zu Tode. Da auch der Jerusalemer Tempel auf der Prioritätenliste stand, kam es erneut zu Sympathiekundgebungen für die Ptolemäer. Gleichwohl entstand damit auch ein Zwist in der Hohepriesterfamilie zwischen dem konservativen, proptolemäischen Hohepriester Onias III. und dessen reformfreudigen, proseleukidischen Bruder Jason.

Problematisch wurde die Situation, als mit dem Seleukiden Antiochus IV. Epiphanes (175–164) ein laut Makkabäerbüchern äußerst rigider Herrscher auftrat, der die Hellenisierung des Landes per Gesetz und mit Gewalt durchzusetzen versucht habe, indem er die „Überlieferung der Väter" wie auch das Gesetz – beispielsweise die Beschneidung und den Besitz der Tora – verbot. Stattdessen wurden im Gegenzug angeblich Götzenopfer angeordnet.

Jason ging zu Antiochus IV. und bot ihm an, Jerusalem in eine griechische Polis umzuwandeln. Zusammen mit Bestechungsgeldern bzw. Ämterkauf wurde er daraufhin anstelle seines Bruders zum Hohepriester eingesetzt. Onias III. wurde gefangengenommen und abgesetzt, möglicherweise ermordet. Vielleicht ging aber auch er schon nach Ägypten ins Exil und gründete dort, in Leontopolis im Nildelta, einen eigenen jüdischen Tempel. Hier sind die Quellen widersprüchlich – eventuell geschah dies auch erst unter seinem Nachfolger Onias IV. In Jerusalem folgte auf Onias III. jedenfalls sein proseleukidischer und griechischfreundlicher Bruder Jason, sodass die dynastische Abfolge des Hohepriesteramtes zunächst noch gewahrt blieb.

Dazu heißt es in 2Makk:

> *4,30 In diesem Augenblick brach in den Städten Tarsus und Mallus ein Aufstand aus, weil sie Antiochis, der Nebenfrau des Königs, als Geschenk vermacht worden waren. 31 In großer Eile begab sich der König dorthin, um die Sache beizulegen, und ließ als seinen Stellvertreter einen hohen Beamten, Andronikus, zurück. 32 Da glaubte Menelaus, eine günstige Gelegenheit gefunden zu haben: Er entwendete aus dem Tempel einige goldene Geräte und schenkte sie Andronikus; andere hatte er nach Tyrus und in die benachbarten Städte verkaufen können. 33 Onias, der davon sichere Kenntnis erhalten hatte, tadelte ihn scharf; er hatte sich in einen Asylort bei Daphne, einem Vorort Antiochias, zurückgezogen. 34 Menelaus ging deswegen zu Andronikus, sprach mit ihm unter vier Augen und redete ihm zu, Onias aus dem Weg zu schaffen. Andronikus suchte Onias auf. Da er sich zur Hinterlist hatte verleiten lassen, erhob er die rechte Hand zum Schwur, reichte sie dann Onias und überredete ihn, trotz seines Argwohns den Ort zu verlassen. Dann ließ ihn Andronikus, ohne das Recht zu scheuen, auf der Stelle umbringen. 35 Nicht nur die Juden, sondern auch viele aus anderen Völkern entsetzten sich über dieses Unrecht und waren empört über die Ermordung des Mannes. 36 Als der König aus den Orten Ziliziens zurückkam, gingen die Juden der Stadt zu ihm und beschwerten sich. Wie sie, waren auch die Griechen sehr entrüstet, weil man Onias gegen alle Ordnung ermordet hatte. 37 Antiochus wurde von Herzen betrübt; es ergriff ihn Mitleid, und er vergoß Tränen, weil der Verstorbene ein so besonnener und edler Mann gewesen war. 38 Dann entbrannte sein Zorn; er ließ Andronikus sofort den Purpur abnehmen, die Kleider vom Leib reißen und ihn so durch die ganze Stadt führen, bis zu der Stelle, an der er das Verbrechen gegen Onias begangen hatte. Dort ließ er den Mörder hinrichten. So hat ihm der Herr mit der verdienten Strafe vergolten. (EÜ)*

Jason, der Nachfolger von Onias III., führte in Jerusalem griechisches Recht ein, begründete ein Gymnasion, errichtete eine Arena mit Nacktkämpfen etc:

> **2Makk 4,7** *Seleukus starb, und Antiochus mit dem Beinamen Epiphanes übernahm die Herrschaft [Antiochus IV.]. Da erschlich sich Jason, der Bruder des Onias, das Hohepriesteramt. 8 Bei einer Unterredung versprach er dem König nämlich dreihundertsechzig Talente Silber, dazu noch aus anderen Einkünften achtzig Talente. 9 Außerdem wolle er sich schriftlich verpflichten, weitere hundertfünfzig Talente zu zahlen, wenn er die Vollmacht erhalte, eine Sportschule und einen Übungsplatz für junge Leute zu errichten – denn daran sei ihm sehr gelegen – sowie den Einwohnern Jerusalems das antiochenische Bürgerrecht zu verleihen. 10 Der König war einverstanden. Sobald Jason das Amt an sich gebracht hatte, führte er unter seinen Landsleuten die griechische Lebensart ein. 11 ... Jason hob die althergebrachte Verfassung auf und führte neue, widerrechtliche Gebräuche ein. 12 Absichtlich ließ er unmittelbar unterhalb der Burg eine Sportschule errichten, und die Söhne der besten Familien brachte er dazu, den griechischen Hut aufzusetzen. 13 So kam das Griechentum in Mode; man fiel ab zu der frem-*

den Art. Schuld daran war die maßlose Schlechtigkeit des ruchlosen Jason, der den Namen des Hohenpriesters zu Unrecht trug. 14 Schließlich kümmerten sich die Priester nicht mehr um den Dienst am Altar; der Tempel galt in ihren Augen nichts, und für die Opfer hatten sie kaum mehr Zeit. Dafür gingen sie eilig auf den Sportplatz, sobald die Aufforderung zum Diskuswerfen erging, um an dem Spiel, das vom Gesetz verboten war, teilzunehmen. 15 Die Ehren ihres Vaterlandes achteten sie gering, auf griechische Auszeichnungen dagegen waren sie ganz versessen. … 18 Als der König die Wettkämpfe besuchte, die alle fünf Jahre in Tyrus ausgetragen werden, 19 sandte der nichtswürdige Jason Männer aus Jerusalem, die das antiochenische Bürgerrecht erworben hatten, als Zuschauer dorthin und gab ihnen dreihundert Silberdrachmen mit für das Opfer an Herakles. Doch baten die Überbringer, das Geld nicht zum Opfer zu verwenden, weil sich das nicht zieme, sondern es für einen anderen Zweck zurückzulegen. 20 Nach der Absicht des Auftraggebers wäre es also für das Heraklesopfer bestimmt gewesen; es lag allein an den Überbringern, daß man es zur Ausrüstung der Galeeren verwendete. (EÜ)

Es muss noch einmal betont werden, dass es den liberalen Kräften bis zu diesem Zeitpunkt vermutlich keineswegs darum ging, ihr Judentum aufzugeben, sondern es ging um Integration, Abbau der Isolierung des Judentums und des Sonderstatus von Jerusalem. Gerade der letztgenannte Passus in obigem Text ist aufschlussreich: Es darf als äußerst unwahrscheinlich gelten, dass die Überbringer der Spendengelder von sich aus willens und in der Lage waren, die Gelder umzudotieren. Vermutlich hatte Jason bewusst diese Spenden *nicht* für das Heraklesopfer einsetzen wollen! De facto entsprach diese Reform jedoch einer Kulturrevolution durch eine Minderheit und sie kam von oben herab.

Jason, selbst noch legitimer Hohepriester, weil aus der Familie der Oniaden stammend, wurde bald darauf von einem gewissen Menelaus (172) abgesetzt, der eine höhere Summe für das Amt bot. Jason floh und fand Zuflucht im Ostjordanland bei einer reichen jüdischen Großgrundbesitzer- und Steuerpächterfamilie, den Tobiaden, die zumindest z.T. proptolemäisch eingestellt war. Das Hohepriesteramt war jetzt allerdings illegitim besetzt, denn Menelaus stammte nicht aus dem Geschlecht der Hohepriester.

2Makk *3,4* *Ein gewisser Simeon aus dem Stamm Benjamin war als Tempelvorsteher eingesetzt worden. Er entzweite sich jedoch mit dem Hohepriester wegen der Marktordnung in der Stadt.*
4,23 *Drei Jahre darauf schickte Jason den Menelaus, den Bruder des vorhin erwähnten Simeon, zum König; er sollte ihm das Geld überbringen und schwebende Verhandlungen über wichtige Staatsgeschäfte zum Abschluß bringen. 24 Menelaus verschaffte sich jedoch Empfehlungen an den König, trat als bedeutender Mann auf und schmeichelte ihm, überbot Jason um dreihundert Talente Silber und brachte so das Amt des Hohepriesters an sich. 25 Mit der königlichen Ernennungsurkunde kam er zurück. Sonst hatte er nichts an sich, was des hohepriesterlichen Amtes*

würdig gewesen wäre. Stattdessen besaß er die Leidenschaft eines rohen Tyrannen und die Wut eines wilden Tieres. (EÜ)

Die illegitime Hohepriesterschaft des Menelaus reichte schon aus, um einen Aufstand auszulösen. Selbst vielen aus der proseleukidischen Partei ging dies zu weit. Damit aber kam es zu einer Spaltung innerhalb der Reformer. In der Folge von Unruhen kam Antiochus IV. selbst nach Jerusalem, konfiszierte Teile des Tempelschatzes und betrat dabei auch den Tempel. Damit löste er bürgerkriegsähnliche Zustände in Jerusalem aus. Antiochus ließ daraufhin das Kriegsrecht ausrufen und schritt angeblich zur gewaltsamen Unterdrückung der jüdischen Religion.

1Makk 1,41 *Damals schrieb der König seinem ganzen Reich vor, alle sollen zu einem einzigen Volk werden, 42 und jeder solle seine Eigenart aufgeben. Alle Völker fügten sich dem Erlaß des Königs. 43 Auch vielen Männern aus Israel gefiel der Gottesdienst, den er angeordnet hatte; sie opferten den Götterbildern und entweihten den Sabbat. 44 Der König schickte Boten nach Jerusalem und in die Städte Judäas mit der schriftlichen Anordnung, man solle eine Lebensform übernehmen, die dem Land fremd war. 45 Brand-, Schlacht- und Trankopfer im Heiligtum seien einzustellen, Sabbate und Feste zu entweihen, 46 das Heiligtum und die Heiligen zu schänden. 47 Man solle stattdessen Altäre, Heiligtümer und Tempel für die fremden Götter errichten sowie Schweine und andere unreine Tiere opfern. 48 Ihre Söhne dürften sie nicht mehr beschneiden, vielmehr sollten sie sich mit jeder denkbaren Unreinheit und Schande beflecken. 49 So sollte das Gesetz in Vergessenheit geraten, und alle seine Vorschriften sollten hinfällig werden. (EÜ)*

Das zeitgenössische Buch Daniel schreibt:

Dan 11,31 *Und Streitkräfte von ihm werden dastehen; und sie werden das Heiligtum, die Bergfeste entweihen und werden das regelmäßige Opfer abschaffen und den verwüstenden Greuel aufstellen.*
Dan 12,11 *Und von der Zeit an, in der das regelmäßige Opfer abgeschafft wird, um den verwüstenden Greuel einzusetzen, sind es 1290 Tage.*

Bei dem „Greuel“ handelte es sich vielleicht um ein Götterbild, das im Jerusalemer Tempel aufgestellt wurde, vielleicht ging es aber auch um einen heidnischen Altar, auf dem (unreine?) Opfer dargebracht wurden.

Im Jahre 167 v. Chr. schickte Antiochus IV. jedenfalls ein Heer gegen Jerusalem, das allen Widerstand brechen sollte. Die Mauern Jerusalems wurden geschleift, es wurde eine Befestigungsanlage (Akra) in Jerusalem errichtet und mit einer seleukidischen Besatzung versehen. Das Land der Widerständler wurde z.T. konfisziert und an Militärkolonisten verteilt, die Religionsausübung unter Strafandrohung verboten. Die Juden reagierten mit Abfall vom Glauben, der Flucht ins Ausland oder in die Wüste. Vielleicht geht auf eine solche Diasporagruppe die sogenannte Damaskusschrift zurück, die Übereinstimmungen mit der „Sektenregel" aus Qumran aufweist. Nach anfänglich nur passiver Opposition und Steuerverweigerung kam es schließlich zum bewaffneten Widerstand.

Die verschiedenen Aufstandsgruppen waren allerdings höchst unterschiedlich motiviert:

- Das Buch Daniel entstammt **apokalyptischen Kreisen**. Angesichts der Zuspitzung der Lage kam es zur Endzeitstimmung und es keimte die Hoffnung auf den Einbruch des Reiches Gottes auf. Diesen erwartete man allerdings nicht als Folge der Aktivitäten der Makkabäer. In Dan 11,34 heißt es:
  Und während sie stürzen, wird ihnen mit einer kleinen Hilfe geholfen werden. Doch viele werden sich ihnen heuchlerisch anschließen.
  Der Aufstand der Makkabäer wurde demnach nur als „kleine Hilfe" gesehen.
- Es bildete sich eine (priesterliche) Gruppe der **Parteigänger der Oniaden**, die aus dem Hohepriesteramt verdrängt worden waren. Vielleicht sind diese Leute teilweise mit den Oniaden nach Ägypten abgewandert.
- Man wird mit einer Gruppe von ***gemäßigten Hellenisten*** rechnen dürfen, die sich aus jenen Reformern zusammensetzten, die sich nicht mit dem illegitimen Menelaus abfinden konnten.
- Ferner ist mit **konservativen „Realpolitikern"** zu rechnen, welche die Tora wieder in Geltung setzen wollten – allerdings ohne Endzeitstimmung.
- In 1Makk ist schließlich die Rede von außerordentlich gesetzestreuen ***„Frommen"***, – (H)Asidaioi (= Essener?), die die Einhaltung des Gesetzes über ihr Leben stellten und daher am Sabbat nicht kämpften – zumindest anfangs nicht. Es ist unklar, ob es sich dabei um eine eigene Gruppe handelte, oder ob sie mit einer der genannten identisch ist.

2.3 Der Aufstand

Eingeleitet wurde der Aufstand von der priesterlichen Familie der Hasmonäer oder Makkabäer. Mit ihnen verbündeten sich Leute aus unterschiedlichen Richtungen und Motiven. Die Hasmonäer gehörten allerdings nicht zur Familie der Hohepriester, sondern zur untergeordneten Priesterschaft.

> ***1Makk 2,1*** *Damals trat ein Priester auf aus dem Geschlecht des Jojarib namens Mattatias; sein Vater war Johanan, der Sohn Simeons. Er stammte aus Jerusalem, hatte sich aber in Modeïn niedergelassen ...*
> ***2,15*** *Da kamen die Beamten, die vom König den Auftrag hatten, die Einwohner zum Abfall von Gott zu zwingen, in die Stadt Modeïn, um die Opfer durchzuführen. 16 Viele Männer aus Israel kamen zu ihnen; auch Mattatias und seine Söhne mußten erscheinen ...*
> ***2,23*** *Kaum hatte er das gesagt, da trat vor aller Augen ein Jude vor und wollte auf dem Altar von Modeïn opfern, wie es der König angeordnet hatte. 24 Als Mattatias das sah, packte ihn leidenschaftlicher Eifer; er bebte vor Erregung und ließ seinem gerechten Zorn freien Lauf: Er sprang vor und erstach den Abtrünnigen über dem*

Altar. 25 Zusammen mit ihm erschlug er auch den königlichen Beamten, der sie zum Opfer zwingen wollte, und riß den Altar nieder; 26 der leidenschaftliche Eifer für das Gesetz hatte ihn gepackt, und er tat, was einst Pinhas mit Simri, dem Sohn des Salu, gemacht hatte. [vgl. Num 25,7.14] 27 Dann ging Mattatias durch die Stadt und rief laut: Wer sich für das Gesetz ereifert und zum Bund steht, der soll mir folgen. 28 Und er floh mit seinen Söhnen in die Berge; ihren ganzen Besitz ließen sie in der Stadt zurück ...
***2,42** Damals schloß sich ihnen auch eine Gemeinschaft von Hasidäern an; das waren tapfere Männer aus Israel, die alle dem Gesetz treu ergeben waren. 43 Auch alle anderen, die vor dem Unheil flohen, kamen zu ihnen und verstärkten ihre Reihen. 44 Sie stellten eine bewaffnete Streitmacht auf, und sie erschlugen die Sünder in ihrem Zorn, die Frevler in ihrem Grimm. Wer übrig blieb, mußte zu den Nachbarvölkern fliehen, um sein Leben zu retten. 45 Mattatias und seine Anhänger zogen durch das ganze Land und rissen die Altäre nieder. 46 Alle unbeschnittenen Kinder, die sie in dem Gebiet Israels fanden, beschnitten sie gewaltsam. 47 Sie verfolgten die frechen Frevler; in allem, was sie taten, hatten sie Glück. 48 Sie entrissen das Gesetz der Gewalt fremder Völker und der Hand der Könige. Dem Sünder ließen sie keine Macht. (EÜ)*

Die entsprechenden Passagen aus Makk sind auch aufschlussreich bezüglich offensichtlich strittiger Fragen im Judentum:
- Wie stand es mit der Verteidigung am Sabbat?
- Gegen wen war die Abtrennung verschiedener kultischer Zonen im Tempel (1Makk 9,54f) gerichtet?
- Welcher Kalender galt als der richtige?
  u.a.

Es kam zu ersten militärischen Erfolgen unter Judas Makkabäus (ab 166 v. Chr.) mit (Überraschungs-)Siegen über verschiedene Feldherrn des Antiochus (1Makk 3,27–4,25). Der Reichsverweser Lysias – Antiochus selbst befand sich im Kampf gegen die Parther – bot einen Vergleich an:

***2Makk 11,24** Andererseits haben wir erfahren, daß die Juden mit der von meinem Vater gewünschten Übernahme griechischer Sitten nicht einverstanden sind, es vielmehr vorziehen, auf ihre eigene Art zu leben, und verlangen, daß man ihnen wieder gestattet, ihren Gewohnheiten zu folgen. 25 Wir beschließen darum, daß auch dieses Volk ungestört bleibt, und verfügen, daß man ihnen ihr Heiligtum zurückgibt, und daß sie ihr Leben so einrichten können, wie es schon zur Zeit ihrer Vorfahren Brauch war ... **11,29** Menelaus hat uns wissen lassen, daß ihr nach Hause zu eurer Arbeit zurückkehren wollt. 30 Jedem also, der bis zum dreißigsten Tag des Monats Xanthikus heimkehrt, wird Friede angeboten mit der Zusicherung 31 daß die Juden ihre gewohnten Speisevorschriften und Gesetze befolgen dürfen; keiner von ihnen darf dabei irgendwie belangt werden für Vergehen, die er in Unkenntnis der Verhältnisse begangen hat. (EÜ)*

Der Vergleich endete also mit einer Generalamnestie und der Erlaubnis der freien Religionsausübung.

Judas zog in Jerusalem ein und weihte i.J. 164 v. Chr. den Tempel wieder ein. Darauf gründet sich das Chanukkafest. Dabei belagerte er auch die Akra, die schon erwähnte Verteidigungsanlage innerhalb der Stadt, in der sich nach wie vor seleukidische Soldaten befanden. Lysias, der die Belagerer vernichten wollte, musste seinen Feldzug wegen des Todes des Antiochus abbrechen, da er sich einen Teil der Nachfolge und der Herrschaft zu sichern suchte. Er wurde schließlich Reichsverweser für den unmündigen Sohn des Antiochus IV., Antiochus V. Eupator. Ein erneuter Vergleich mit Judas i.J. 162 endete mit der Hinrichtung des Menelaus und der wiederholten Zusicherung der freien Religionsausübung. Damit war ein modus vivendi erreicht, und so beendeten viele „Fromme" die Unterstützung des Judas: Sie hatten ihr Ziel erreicht. Vielleicht handelt es sich dabei um diejenigen, von denen es heißt, sie hätten sich den Makkabäern nur „heuchlerisch" angeschlossen (vgl. Dan 11,34). Ob diese mit den Frommen, den erwähnten Asidaioi oder Asidäern identisch waren und diese mit den „Essenern" (vgl. 1Makk 2,42–48), ist nicht sicher. Ganz nebenbei sei bemerkt, dass diese Fragen unabhängig von Qumran entschieden werden müssen, denn die alte Theorie, dass in den Gemäuern von Qumran mönchisch lebende Essener gewohnt hätten, ist heute zunehmend umstritten. Die Verbindung der Qumranliteratur mit den Essenern gilt bis in die Gegenwart als fraglich. Möglicherweise handelt es sich bei diesen Schriften um eine eingelagerte Bibliothek, vielleicht um die Tempelbibliothek von Jerusalem.

Diese und die weitere Zeit der Makkabäer soll im Folgenden kurz tabellarisch dargestellt werden.

2.4 Aufstieg und Ende der Makkabäer

Natürlich wird man diese Tabelle nicht auswendig lernen. Deutlich wird jedoch: Es ging drunter und drüber und jeder scheint gegen jeden gekämpft zu haben. Die Priesterfamilie der Makkabäer führte sich jedenfalls zunehmend wie eine ganz „normale" Despotenfamilie auf, die mit Krieg, beliebigem Bündniswechsel und Diplomatie noch einmal ein „Jüdisches Reich" zustande brachte und für ca. 100 Jahre führte. Eine „Beruhigung" trat ein, als die Römer ihr Einflussgebiet nach Palästina ausdehnten und Herodes an die Macht kam. Es war sicher eine Zeit der Unterdrückung, aber eben auch eine Zeit der (erzwungenen) Ruhe.

In der Zeit der Makkabäer und in den darauffolgenden Jahren entstand ein Großteil der sogenannten **zwischentestamentarischen Literatur**. Damit ist gemeint, dass diese Literatur nach dem (weitestgehenden) Abschluss des AT einerseits und vor den Anfängen des NT andererseits entstand.

Der Stammbaum der Makkabäer

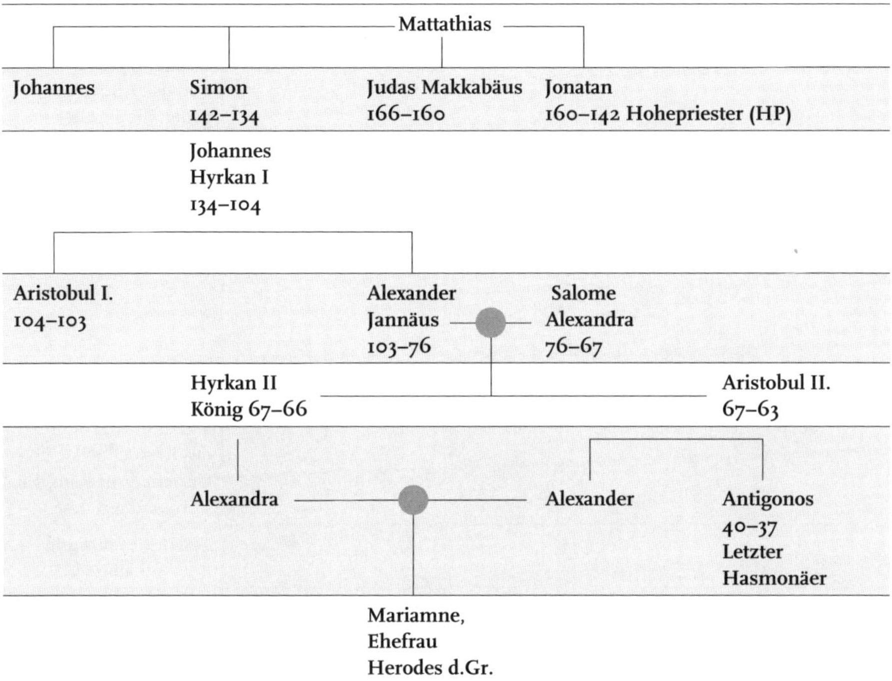

Die Aktivitäten der Makkabäer

Makkabäer	Aktionen	Gegner	Weitere/andere Aktionen der Gegner und deren Schicksal
Judas	Sieg gegen	Apollonius (Schatzmeister des Antiochus IV.)	
Judas	Sieg gegen	Seron (Gouverneur)	
			Antiochus IV. gegen die Parther
Judas		Lysias (Reichsverweser) sendet Generäle Ptolemaios und Georgios	
(Schlacht bei Emmaus)	Sieg gegen	Ptolemaios u. Georgios	

Makkabäer	Aktionen	Gegner	Weitere/andere Aktionen der Gegner und deren Schicksal
Judas	gegen	Lysias	
			Tod des Antiochus IV. gegen die Parther Thronbesteigung des 8-jährigen Sohnes Antiochus V. Eupator Reichsverweser Lysias
Judas	Kompromissfriede; Tod des Menelaus; Zadokide Alkimos als HP.	Lysias	
			Rückkehr des Demetrius, Sohn des Seleukos und Neffe des Antiochus IV. aus Geiselhaft in Rom mit Thronansprüchen
			Tod des Lysias und des Antiochus V.
			Regentschaft des Demetrius I. mit Feldherr Bakchides
		Bakchides besetzt Jerusalem	
Judas	Sieg gegen	Nikanor; Tod des Nikanor	Feldherr Nikanor
Judas Tod des Judas	gegen	Bakchides	
		„Lehrer der Gerechtigkeit“ zwischen Alkimos und Jonathan HP?	
Makkabäer Jonathan	gegen	Bakchides	Auftreten des Alexander Ballas als angebl. Sohn des Antiochus IV.
	Kompromisslösung		
Jonathan	Bündnis mit	Demetrius I.	
	mit	Alexander Ballas	

Makkabäer	Aktionen	Gegner	Weitere/andere Aktionen der Gegner und deren Schicksal
Jonathan HP (152)		HP-Würde von Ballas zugesprochen – von vielen als illegitim bewertet, weil nicht aus HP-Geschlecht; Kritik an weltl. und geistl. Amt in einer Hand	
			Tod des Demetrius I.; Regentschaft des Alex. Ballas
Jonathan	Sieg gegen	Apollonios	Demetrius II., Sohn von I. fordert Thron. Feldherr Apollonios
Jonathan	erhält Ekron	von Ballas	
			Sieg Demetrius II. über Ballas; Tod des Ballas
Jonathan	tributpflichtig	an Demetrius II.	
			Demetrius gegen Diodotos Tryphon (Höfling); Tryphon verbündet sich mit Sohn des Ballas, regiert als Antiochus VI.
Jonathan	Bündnis mit	Diodotos Tryphon	
Jonathans Tod (142)	durch	Diodotos Tryphon	
Simon (142–134)	Bündnis mit	Demetrius II. gegen Diodotos Tryphon	Demetrius II. von Parthern gefangen. Antiochus VII., Bruder des Demetrius mit General Cendebäus
Simon erobert Akra, Joppe, Sichem.	schafft	Ruhe für das Land; Großer HP, Stratege und Hegemon der Juden. Zeitdatierung nach seinem Regierungsantritt	

Makkabäer	Aktionen	Gegner	Weitere/andere Aktionen der Gegner und deren Schicksal
			Tod des Tryphon durch Antiochus VII.
Simons Söhne Johannes und Judas	Sieg gegen	Cendebäus	
Tod des Simon und Johannes durch Schwiegersohn			
Johannes Hyrkan I. 134–104	Niederlage gegen – muss sich im belagerten Jerusalem ergeben	Aniochus VII.	
			Tod des Antiochus VII. gegen die Parther. Rückkehr des Demetrius II.
Johannes Hyrkan		Erfolgreiche Eroberungskriege rund um Judäa; Eroberung von Sichem und Zerstörung des Tempels auf dem Garizim	
Aristobul I. 104–103, Sohn des Hyrkan; Ehefrau: Alexandra Salome		Sperrt Mutter und Brüder bei Machtübernahme ein. (Stief?-)Mutter verhungert im Kerker; Mord an einem der Brüder	sadduzäerfreundlich
Alex. Jannäus 103–76, Bruder von Aristobul I.; erstmals Münzen mit dem Titel „König“	heiratet Witwe von Aristobul, Alex. Sal., entgegen HP-Recht	diverse Eroberungskriege v.a. im Ostjordanland erfolgreich. Zwangsjudaisierung der unterworfenen Bevölkerung	sadduzäerfreundlich Bürgerkrieg 93–88 (durch Pharisäer?) Kreuzigung von 800 (Pharisäer?-)Führern
	Niederlage gg.	Demetrius III.	Antipater als Statthalter von Idumäa bestellt
	Siege u. Niederlage gg.	Aretas III. Kg. der Nabbatäer	Qumranschriften nennen ihn „Zornes-löwen“(?)

Makkabäer	**Aktionen**	**Gegner**	**Weitere/andere Aktionen der Gegner und deren Schicksal**
Alexandra Salome, Witwe des Alex. Jan. 76–67		Alexandra setzt Sohn Joh. Hyrkan II. als HP und dann auch als Regenten ein	beide pharisäer-freundlich
Aristobul II. 67–63	Krieg gegen Sieg des Aristobul II.	Joh. Hyrkan II. Krieg zwischen Hyrkan/Antipater und Nabatäer Aretas III. gegen Aristobul II.	Antipas, (Antipater) Sohn des Antipater als Statthalter und Berater von Hyrkan II. Pompejus im Nahen Osten (63)
Hyrkan II. nur noch Ethnarch und HP – Ende des Makk. Königtums		von Pompejus bestätigt; Aristobul gefangen nach Rom; Verkleinerung des Staatsgebietes	ab 63: Judäa unter römischer Vorherrschaft; Pompejus erobert Jerusalem und betritt den Tempel
	Mehrere Kriege von Söhnen des Aristobul II. und ihm selbst zur Wiedergewinnung der Macht gegen	Römer Gabinius; Marc Anton, Crassus, Cassius Longinus	54 v. Crassus in Jerusalem, plündert den Tempel. Tod des Crassus im Partherkrieg Tod des Aristobul II. als Parteigänger Cäsars durch Pompejus
Hyrkan II. von Cäsar bestätigt		Parteinahme Hyrkans und Antipaters für Cäsar	48: Cäsar in Ägypten. Cäsar und Kleopatra; Antipater befördert Söhne Herodes und Phasael zu „Strategen“ von Judäa und Galiläa

Makkabäer	Aktionen	Gegner	Weitere/andere Aktionen der Gegner und deren Schicksal
40: Antigonos, Sohn von Aristobul II. kommt mithilfe der Parther an die Macht		Flucht des Herodes nach Rom. Gefangenschaft und Verstümmelung des Hyrkan II. durch Antigonos Eroberung Judäas durch Herodes 38/37	Tod Cäsars 44 Enthauptung des Antigonos
Herodes d. Große an der Macht: 37–4 v. Chr.		Ermordet HP Aristobul III. und seine eigene Ehefrau Mariamne, Enkelin des Hyrkan II. Ende der Makk.	

Es wurde schon deutlich: Die Zersplitterung des Judentums, ausgelöst durch die Hellenisierung, setzte sich in der Zeit der Makkabäer fort. Es fanden sich die verschiedensten Positionen innerhalb des Judentums, von Akzeptanz für die Makkabäer bis hin zu erbittertem Widerstand aus unterschiedlichsten Gründen:

- wegen der illegitimen Ausübung des Hohepriesteramtes,
- wegen gleichzeitiger Ausübung des Hohepriester- und Königsamt,
- aus politischen Gründen,
- wegen Machtfragen etc.

Dazu kam das Entstehen der Pharisäer als politisch-gesellschaftliche Gruppe und deren wachsende Einflussnahme auf die Hasmonäer, insbesondere unter der regierenden Witwe von Alexander Jannäus/Jannai namens Salome.

Vorstellbar ist ferner, dass sich unter diesen Umständen auch die Partei der Sadduzäer gebildet hat, die für sich bewusst den Namen des Zadok zugrundelegte, um ihre Herkunft zu betonen und ihre Ansprüche zu zementieren. Möglicherweise handelte es sich dabei aber auch um eine Gruppe, die schon seit der Zeit Salomos existierte und sich zu Recht auf den Priester Zadok zurückführte (s.u.).

Welche sonstige Gruppierungen darüber hinaus in jener Zeit noch auftraten und literarische Spuren hinterließen, entzieht sich weitgehend unserer Kenntnis. Es dürfte jedoch weitere Gruppen gegeben haben, die v.a. Literatur mit eschatologischem oder apokalyptischem Einschlag produzierten, wie etwa das Buch der Jubiläen, das Henochbuch u.a.

Zusammenfassung

Mit Krieg, viel Glück, erheblichem diplomatischen Geschick und nicht zuletzt aufgrund von Rivalitäten im Lager ihrer seleukidischen Gegner gelang es den verschiedenen Mitgliedern der Hasmonäer/Makkabäerfamilie, das Land ab 150 v. Chr. als Hohepriester und Könige zugleich für knapp 100 Jahre zu regieren. Diese Familie war in den Augen konservativer Kreise aus dynastischen Gründen nicht berechtigt, das Hohepriesteramt wahrzunehmen. Ebenso war die Verbindung von Königtum und Hohepriestertum in einer Hand nicht statthaft: So wie David als König den Tempel nicht bauen durfte, hätte ein hasmonäischer König nicht zugleich Hohepriester sein dürfen, weil unweigerlich Blut an seinen Händen klebte. Somit kam es in den Kreisen der antiseleukidischen Allianz zu Auseinandersetzungen und zu Brüchen, die zur Entstehung von verschiedenen Parteien und Gruppen führten. Diese Gruppen sprachen sich gegenseitig teilweise das Jude-Sein ab und betrachteten sich als „heiliger Rest" Israels. Damit wurde die Vorstellung, Mitglied des auserwählten Volkes und damit automatisch Adressat von Gottes Heilswillen zu sein, fundamental infrage gestellt.

3. Die jüdischen Parteien in frühjüdischer Zeit

Das Neue Testament nennt eine ganze Reihe von verschiedenen Gruppen seiner Zeit: Die Pharisäer, Sadduzäer, Zeloten und Sikarier, Herodianer, Johannesjünger und schließlich auch die Samariter oder Samaritaner. Sie sollen im Folgenden genauer betrachtet werden.

3.1 Die Pharisäer

Diese jüdische Gruppierung ist vor allem durch (sehr divergierende!) Aussagen des Josephus und durch das NT bekannt geworden. Hier wiederum sind es in erster Linie die Evangelien und mit einigen Abstrichen die Apg, die über die Pharisäer berichten. Es ist davon die Rede, dass die Pharisäer die Überlieferung der Alten besonders pflegten und in der Auslegung besonders genau gewesen seien. Das NT prägt dabei freilich ein Bild von dieser Gruppe, das kaum einer historischen Betrachtung standhalten kann: Die Pharisäer werden als Gegner Jesu, als stets misstrauische Beobachter seines Wirkens und als kleinlich und unerbittlich streng denkende Spürhunde dargestellt, denen nichts wichtiger zu sein scheint, als Jesus bei einer „falschen" Interpretation der Überlieferung zu ertappen.

Bei näherem Hinsehen ergeben sich freilich deutliche Unterschiede zwischen den einzelnen Evangelien: Während Mt etwa alle Gegner Jesu in einen Topf wirft, darunter eben auch die Pharisäer, die auch im Kontext der Passion auftauchen, differenziert Lk deutlich. Bei ihm sind die Pharisäer nicht unbedingt mit Jesus befreundet, aber Jesus nimmt häufig an ihren Gastmählern teil, lässt sich von ihnen einladen und diskutiert mit ihnen – und dies keineswegs mit negativen Vorurteilen. Am Tod Jesu wie überhaupt am gesamten Prozess sind sie laut Lk – vermutlich historisch zutreffend – überhaupt nicht beteiligt. In der Apostelgeschichte beschreibt Lk die Pharisäer als konservative jüdische Gruppe, von denen aber durchaus auch etliche den christlichen Glauben angenommen haben, nunmehr aber Wert darauf legen, dass auch die Heidenchristen sich nach dem jüdischen Gesetz richten. Nach Lk sind es gar die Pharisäer, die Jesus vor den Nachstellungen des Herodes warnen (Lk 13,31).

Bei Mk werden die Pharisäer eher negativ dargestellt, spielen aber, vergleichbar mit Lk, im Prozess keine Rolle. Somit zeigt besonders Lk ein positives oder zumindest neutrales Verhältnis zwischen Jesus und den Pharisäern. Bei den anderen Evangelisten, und hier besonders Mt, dürfte das negative Bild der Pharisäer unter dem Eindruck der allmählichen Lösung des Christentums vom

Judentum stehen. Es war wohl die Gruppe der Pharisäer, die zur Zeit des Mt am ehesten als Gegner der frühen christlichen Gemeinden in Palästina auftraten. Dies dürfte sich in seiner Darstellung widerspiegeln. Joh erscheint eher der Position des Mt verwandt: Jesus geht mit ihnen mehrfach hart ins Gericht.

Die Entstehung der Partei oder Gruppe der Pharisäer liegt im Dunkeln. Ins Blickfeld geraten sie laut Josephus in der Zeit der Makkabäer, in der sie in Opposition zu diesem Herrscherhaus stehen und dies mit Verfolgungen und Hinrichtungen unter Alexander Jannai büßen müssen. Angeblich habe Alexander 800 führende Köpfe der Pharisäer kreuzigen lassen – ein skandalöses Novum in der Geschichte Israels – und beim Essen dabei zugeschaut. Seine Witwe, Salome Alexandra, söhnt sich mit den Pharisäern aus, die fortan das Herrscherhaus unterstützen oder sich zumindest loyal verhalten.

Zur Zeit Jesu gelten sie als eine Gruppierung, die im Volk Ansehen genießt. Ihr Bestreben ist es, das Gesetz so zu gestalten, dass es im Alltag der Menschen auch umgesetzt werden kann. Es kann daher davon ausgegangen werden, dass sie einer Interpretation der atl. Weisungen durchaus positiv gegenüberstanden und zu jenen Gruppen gehören, die für die Entstehung und/oder Tradierung der sogenannten mündlichen Tora, der „Tradition“ im weitesten Sinne, verantwortlich sind. Wenn Lk Jesus daher oft zu Gast bei den Pharisäern zeigt, geschieht dies nicht nur, um die Verwurzelung des Christentums im Judentum zu demonstrieren. Daran ist Lk nämlich sehr gelegen. Vielmehr dürfte Jesus mit seiner Interpretation der Tora gerade den Pharisäern von allen jüdischen Gruppen am nächsten gestanden haben. Gleichwohl ist es nicht so, dass die Pharisäer grundsätzlich immer eine „leichtere“ Interpretation der Tora verfolgen (und die Sadduzäer eine strengere). Dies geben die Texte der rabbinischen Tradition nicht her, zumal die Pharisäer ohnedies nur selten genannt werden. Und: Nicht immer, wenn von Peruschim (= die Abgesonderten) die Rede ist, müssen damit Pharisäer gemeint sein (Näheres hierzu vgl. Stemberger, Pharisäer S. 41ff.):

> *„Wie kann man begründen, daß die Pharisäer so selten in der Mischna vorkommen, deren Meister doch die Nachfolger der pharisäischen Bewegung sein sollen? Man könnte damit argumentieren, daß der Ausdruck bewußt vermieden wird und die Rabbinen, auch wo sie sich in der Nachfolge der Pharisäer sehen, die Ausdrücke soferim, chakhamim oder chaberim [Schreiber/Schriftgelehrte, Weise, Genossen; K. Dorn] als Gruppenbezeichnung bevorzugen bzw. einfach die Vertreter einer bestimmten Halakha [religiöses Gesetz, v.a. aus der Mischna] beim Namen nennen. Mag auch manches an dieser Auffassung stimmen, so ist ihre unkontrollierte allgemeine Annahme doch eine petitio principii, ein Zirkelschluß, der für eine historische Auslegung unbrauchbar ist“ (Stemberger, Pharisäer 50).*

Es wird immer wieder behauptet, nach der Zerstörung des Tempels durch die Römer im Jahre 70 seien die Pharisäer als einzige ernstzunehmende Gruppe im Judentum übrig geblieben, weil sie im Gegensatz zu anderen nicht auf den Tempel angewiesen waren. Stemberger (z.B. S. 150) wie auch Schäfer (S. 122–131) haben hingegen aufgezeigt, dass dies in dieser Absolutheit nicht gesagt werden kann: Auch die Sadduzäer hatten ihre Schriftgelehrten und diese wirkten wie die der Pharisäer auch nach 70 durchaus noch weiter. Zudem ist die frühe rabbinische Tradition auch noch von priesterlichem Interesse und mit dem (zerstörten) Heiligtum verbunden. Dies ist für die Pharisäer, die ja angeblich gerade deshalb überlebt haben, weil sie dem Tempel fernstanden, eben nicht anzunehmen. Allerdings ist nach 70 zunehmend weniger von den verschiedenen Gruppen und Richtungen die Rede. Zu beobachten ist auch, dass die Auslegung der Gebote und deren Beachtung im Alltag nach dem Krieg neuen Aufschwung erhalten hat und jene Weisungen, die sich ursprünglich auf den Tempel und den Kult bezogen, von diesem losgelöst nunmehr – zumeist in einem übertragenen Sinne – eine neue Deutung erfuhren. Aber immerhin ist die Tradition noch so weit vom Tempel geprägt, dass die entsprechenden Texte und Gebetszeiten *grundsätzlich* beibehalten werden und auch die Reinheitsproblematik ist zunächst und vor allem aus *priesterlicher* Sicht weiterhin von Bedeutung.

Es beginnt die Zeit des Rabbinats, und möglicherweise sind die Pharisäer im Laufe der Zeit weitgehend in dieser Bewegung aufgegangen. Die einzige Schrift, die von manchen Forschungskreisen den Pharisäern zugewiesen wird, sind die sogenannten Psalmen Salomos, in denen sich auch einige Stellen mit antisadduzäischer Polemik finden.

3.2 Die Sadduzäer

Der Name Sadduzäer geht möglicherweise auf den Priester Zadok oder Zadoq zurück, der in 2Sam 8,17 erstmals erwähnt wird. Dort erscheint er noch neben Ahimelech, der David einst auf der Flucht vor Saul (unwissentlich) geholfen hatte. Als es um die Thronnachfolge Davids geht, bilden sich zwei Parteien heraus: Zum einen Prinz Adonia mit dem judäischen Landadel, mit den alten Weggefährten Davids, nämlich Davids Cousin Joab und dem Priester Abjatar aus der Familie des Ahimelech (oder umgekehrt!) und den übrigen Söhnen Davids. Auf der anderen Seite steht die Jerusalemer Stadtpartei mit ihrem Protegé Salomon, mit Natan, dem Propheten, dem Jerusalemer Priester Zadok und Benaja ben Jehojada, dem Befehlshaber der Kreter und Peleter, der Leibwache Davids, sowie Batseba, der Jerusalemerin und Mutter Salomos. Bekanntermaßen setzt sich die Salomon- und damit die Stadtpartei durch und Zadok wird unangefochtener Priester in Jerusalem sowie am späteren Jerusalemer Tempel und somit Gründer einer Priesterdynastie.

2Kön 15,33 nach zu schließen, ist König Usija von Juda mit einer gewissen Jeruscha, Tochter des Zadok, verheiratet. Sie wird Königinmutter von König Jotam von Juda.

Damit sind die Zadokiden aber keineswegs von der Bildfläche verschwunden, denn in den Büchern Esra und Nehemia tauchen weitere Zadoksöhne als Priester auf, auch im nachexilischen Juda. Sogar im Buch Jesus Sirach (51,12) wird ein Loblied auf sie gesungen. Damit reicht die Familie nachweislich bis in die nachexilische Zeit hinein und so ist es keineswegs ausgeschlossen, dass die Zadokiden im Jerusalemer Stadt- und Priesteradel fortbestehen. Die Oniaden jedenfalls, die bis ins 2. Jh. v. Chr. die Hohepriester stellen, können sich laut Josephus Ant XI,347 über Jaddua (Neh 12,10f) und Jochanan (Neh 12,10.22) genealogisch auf den Priester Zadok zurückführen. Gleichwohl muss offenbleiben, ob die „Söhne Zadoks“, die in Esr/Neh genannt werden, tatsächlich genealogisch mit *diesem* Zadok verwandt sind oder sich als Priester einfach nur so bezeichnen. Einige Informationen über sie erhält man neben dem NT aus Josephus und einigen rabbinischen Texten. Sie scheinen zeitweise mit den Makkabäern sympathisiert zu haben, vielleicht auch deren Parteigänger gewesen zu sein, obwohl die Makkabäer das Hohepriesteramt selbst für sich beanspruchten und nicht wieder in die Hände der „rechtmäßigen“ Oniaden zurückgaben. Inwiefern die Sadduzäer mit den Boethusiern der jüdischen Tradition zu identifizieren oder in Beziehung zu setzen sind, jener Hohepriesterfamilie, die von Herodes dem Großen eingesetzt wurde, ist gleichfalls nicht eindeutig zu klären. Gelegentlich wird erwogen, ob die Makkabäerbücher nicht aus sadduzäischer Feder stammen.

Josephus beschreibt die Sadduzäer als konservativ. Sie glauben angeblich nicht an Engel und Auferstehung und erkennen auch sonst ausschließlich die geschriebene Tora an. Dafür spricht ein Streitgespräch zwischen ihnen und Jesus, wie es in Mk 12 überliefert wird. Zudem gehen sie von einem Tun-Ergehen-Zusammenhang aus, denn das Korrektiv eines endzeitlichen Gerichts, das sich nicht in der Tora findet, muss dann ja ebenfalls von ihnen abgelehnt worden sein: So lange der Tun-Ergehen-Zusammenhang funktioniert (oder postuliert wird) erhält jeder Mensch hier in seinem Leben den Lohn oder die Strafe für sein Tun. Er lebt entsprechend lange, ihm geht es gut (oder schlecht) und er stirbt ggf. im hohen Alter und lebenssatt. Nur unter der Voraussetzung, dass dieses System nicht mehr funktioniert oder bestritten wird, bedarf es einer Korrektur durch ein postmortales Gericht (nach dem Tod) mit folgendem Lohn oder Strafe für den Verstorbenen. Da Tote nicht zu richten sind, muss eine Auferstehung vorausgehen. Dennoch kann die Mitteilung des Josephus so nicht ganz stimmen, denn auch in der Tora finden sich Engel (z.B. bei Jakob in Beth-El) und die Auferstehung lässt sich mit einiger Mühe ebenfalls aus der Tora ableiten. Und wenn die Sadduzäer priesterlich orientiert sind, dann müssen sie auch in irgendeiner Weise die Psalmen in ihr Wirken einbezogen haben. Vielleicht geht es lediglich um eine andere Art des Umgangs mit der Überlieferung und um eine andere Form der Auslegung.

Es soll freilich darauf hingewiesen werden, dass diese Überlegungen nicht überall Zustimmung erfahren. Bisweilen betrachtet man die Sadduzäer auch als eine jüdische Richtung, die sich erst um 150 v. Chr. gebildet habe, denn in diese Zeit verlegt Josephus ihr Auftreten. Die Tatsache, dass sie zu dieser Zeit aber bereits als eine etablierte Gruppe erscheinen, lässt auf ein deutlich höheres Alter schließen.

3.3 Zeloten und Sikarier

Es handelt sich dabei um jüdische Aufstandsgruppen. Der Name der erstgenannten geht auf das griechische Wort ζηλωτής/*zēlotēs* = eifern, Eiferer = hebr. *Kanaim* zurück. Somit befindet sich in der Zwölfertruppe Jesu mit Judas Kanaanäus oder Judas dem Zeloten ein Mann aus dieser Partei. Josephus bezeichnet mit seiner römisch gefärbten Brille und seinem Sponsor Vespasian zuliebe diese Gruppe als „Räuber". Dies waren die Zeloten allerdings nicht, zumindest nicht im klassischen Sinne. Ihnen ging es keineswegs um Raub zur eigenen Bereicherung, sondern wir haben hier eine antirömische Aufstandsgruppe vor uns, die mit Überfällen und Angriffen der römischen Besatzungsmacht das Leben schwer machte. Es waren also Terroristen oder Freiheitskämpfer – je nach Standpunkt.

Ob die sogenannten Sikarier eine Untergruppe der Zeloten darstellen oder nicht vielmehr eine mit diesen rivalisierende Gruppe mit sozialen Absichten, während die Zeloten aus Priesterkreisen stammen sollen, ist umstritten. Die Sikarier, am besten mit „Dolchmänner" zu übertragen, sollen Josephus zufolge am Anfang des Aufstandes das Schuldarchiv verbrannt haben, eine Maßnahme, die natürlich den Schuldnern und Armen zugutekam. Ihren Namen haben diese Leute mit Wahrscheinlichkeit durch den Gebrauch eines besonders geformten Dolches, lat. *Sica* genannt, mit dem sie vor allem im Gedränge oder bei Menschenaufläufen „arbeiteten". Sie suchten sich Römer aus oder Leute, in denen sie Kollaborateure vermuteten, stachen in der Menge zu und verschwanden im Gewühl (vgl. Josephus, Bellum II 13,3; IV 7,2; VII 7–11). Beide Aufstandsgruppen hatten ihren je eigenen Anführer und spielten eine zentrale Rolle bei der Verteidigung Jerusalems im Jüdisch-Römischen Krieg.

3.4 Die Herodianer

Diese Gruppe wird in Mk 3,6; 12,13 und Mt 22,16 erwähnt, wo es heißt:

> ***Mk 3,6*** *Und die Pharisäer gingen hinaus und hielten mit den Herodianern sofort Rat gegen ihn, wie sie ihn umbringen könnten.*
> ***12,13*** *Und sie senden einige der Pharisäer und der Herodianer zu ihm, um ihn in der Rede zu fangen.*
> ***Mt 22,16*** *Und sie senden ihre Jünger mit den Herodianern zu ihm und sagen: Lehrer, wir wissen, daß du wahrhaftig bist und den Weg Gottes in Wahrheit lehrst und dich um niemand kümmerst, denn du siehst nicht auf die Person der Menschen.*

Darüber hinaus gibt es keine Informationen zu dieser Gruppe. Vermutlich sind es einfach Parteigänger des herodianischen Königshauses. Natürlich handelt es sich im Jahre 30 n. Chr. nicht mehr um Leute von Herodes dem Großen. Unter seiner Herrschaft dürfte es so etwas wie eine Geheimpolizei gegeben haben. Ohne einen solchen Apparat hätte Herodes vermutlich nicht so erfolgreich gegen jede Art von Aufständen und Messiasanwärter vorgehen können, wie dies von Josephus berichtet wird. Ob es eine solche Agentengruppe in der Zeit Jesu noch immer gab, lässt sich nicht beantworten. Es ist dabei zu beachten, dass Judäa zu dieser Zeit unter der Regentschaft der römischen Prokuratoren und nicht (mehr) der Herodessöhne stand.

Nach Herodes dem Großen wurde das Land aufgeteilt. Die Königswürde, welche die Römer Herodes zuerkannt hatten, beschränkte sich offensichtlich auf die Person des Herodes des Großen. Herodes war zudem in seinem Aktionsradius deutlich eingeengt: Als Klientelkönig durfte er keine eigene Außenpolitik verfolgen, und das Land war gegenüber Rom tributpflichtig. Auch bei der Verurteilung seiner Söhne hätte Herodes eigentlich den Cäsar informieren, vielleicht sogar ausdrücklich dessen Erlaubnis einholen müssen. Ansonsten hatte Herodes aber durchaus die Kapitalgerichtsbarkeit in seinem Land inne.

Herodes versuchte sich bei allen beliebt zu machen: Prachtvolle hellenistische Städte und Städteneugründungen mit heidnischer Bevölkerung entstanden in seiner Herrschaftszeit, der Jerusalemer Tempel wurde umfassend renoviert – de facto handelt es sich um einen Neubau (Bauzeit: 22 v. bis 68 n. Chr., zerstört 70 n. Chr.) Darüber hinaus beachtete Herodes weitgehend jüdische Vorschriften, zumindest solange er sich in Jerusalem aufhielt, wie etwa das Bilderverbot. Dennoch scheint er nicht übermäßig beliebt gewesen zu sein, denn letztendlich war er kein Jude und damit als König nicht geeignet:

> ***Dtn 17,15*** *dann sollst du nur den König über dich setzen, den der HERR, dein Gott, erwählen wird. Aus der Mitte deiner Brüder sollst du einen König über dich setzen. Du sollst nicht einen Ausländer über dich setzen, der nicht dein Bruder ist.*

Übel genommen hat man ihm auch seine Grausamkeit – obwohl der Kindermord zu Bethlehem nicht auf sein Konto geht; er ist kaum historisch. Wegen seiner Brutalität gegenüber der eigenen Familie soll es das folgende Sprichwort gegeben haben: *Lieber ein Hund (oder eine Sau) als ein Sohn des Herodes.* Ob die Steuerlast außergewöhnlich hoch war oder durchaus dem durchschnittlichen Niveau entsprach, ist unter den Fachleuten strittig. Bei den „Frommen" dürfte sich sein Ansehen in Grenzen gehalten haben, weil er keinen Zadokiden als Hohepriester einsetzte, sondern vielmehr dieses Amt mit beliebigen Kandidaten besetzte.

Das Testament, das Herodes verfasst hatte, wurde von den Römern nicht akzeptiert und umgesetzt: Keiner seiner Söhne und Erben erhielt die Königswürde. Stattdessen herrschten sie als Ethnarch (Volksfürst) oder Tetrarch (Viertelfürst) in dem aufgeteilten Staatsgebiet.

In seinem letzten Testament jedenfalls – er soll mehrere verfasst haben – verfügte er, dass Archelaos, Sohn einer Samariterin(!), den Königstitel und die Herrschaft über die Gebiete Judäa, Samaria und Idumäa, dem Herkunftsland des Herodes, und somit über die Hälfte des Reiches erben solle. Sein Sohn Antipas sollte Tetrarch von Galiläa und Peräa werden und Philippus schließlich Tetrarch der Gaulanitis (Golan), Trachonitis, Batanäa (hauptsächlich Baschan – die jordanische Hochebene) und Panias. Dabei handelt es sich um Gebiete mit geringer jüdischer Bevölkerung. Salome erhielt Aschdod, einen Palast in Aschkelon und eine halbe Million Silberstücke. Ob Herodes mit dieser Aufteilung nur Streitigkeiten nach seinem Tod verhindern wollte oder aber die Alleinherrschaft eines seiner Söhne, ist unklar.

Unmittelbar nach dem Tod des Herodes forderten Konservative die Hinrichtung der Ratgeber des Herodes, die für den Tod von strenggläubigen Juden verantwortlich gemacht wurden, welche ein Adleremblem über dem Zugangsportal des Tempels heruntergeholt hatten. Archelaos schlug den Aufstand blutig nieder und verbot das Paschafest. Danach zog er nach Rom, um sich das Testament bestätigen zu lassen.

Trotz aller Vorsorge gab es nach dem Tod Herodes d.Gr. also offensichtlich Streitigkeiten, die vor Augustus getragen wurden. Während der Verhandlungen in Rom kam es zu verschiedenen Aufständen in Palästina, u.a. in Jerusalem, die vom Statthalter Syriens, Quintilius bzw. Quinctillius Varus, dem späteren Gegner des Arminius im Germanenkrieg, brutal niedergeschlagen wurden: Es sollen 2000 Aufrührer gekreuzigt worden sein.

Rom entschied folgendermaßen:

- **Archelaos** erhält den Großteil des testamentarisch vermachten Gebietes, dazu die Städte Gaza, Gadara und Hippos. Er erhält den Titel Ethnarch mit Aussicht auf den Königstitel bei positivem Verlauf seiner Regentschaft. Im Jahre 6 n. Chr. wird er nach Anklage von Juden und Samaritern jedoch abgesetzt und nach Gallien verbannt. Gründe und Gegenstand der Anklage sind unbekannt. Sein Gebiet wird römische Provinz und von einem Präfekten, später einem Prokurator verwaltet.
- **Antipas** ist der Landesherr Jesu und des Täufers. Er gilt als verschlagen, grausam, prachtliebend und prunksüchtig. Sephoris lässt er als Hauptstadt bauen/ausbauen und gründet Tiberias, unter anderem wegen der dortigen warmen Quellen. In Tiberias muss er den jüdischen Anteil der Bevölkerung zwangsweise ansiedeln, denn die Stadt wurde auf dem für Juden unreinen Areal eines früheren Friedhofes errichtet. Zudem ist er auch jener Herodes, der seine Frau, eine nabatäische Prinzessin, wegen Herodias verstößt. Dies führt zum Krieg gegen die Nabatäer und endet mit seiner totalen Niederlage. Auch er wird verbannt. Im Jahre 39 n. Chr. fällt sein Reich an seinen Neffen **Agrippa I.**, der von 41–44 das Reich in den Grenzen seines Vorfahren Herodes des Großen regiert. Kurioserweise ist Agrippa ein Nachkomme der Makkabäer.
- **Philippus** tat sich nicht besonders und v.a. nicht negativ hervor. Er ist der Erbauer von Cäsarea Philippi und von Bethsaida. Er stirbt im Jahre 34 kinderlos.

Wenn einer der drei Jesus verfolgte, kommt demnach in erster Linie Antipas infrage: Er war der Landesherr über Galiläa, aus dem Jesus stammte und könnte nicht nur die Tätigkeit des Täufers Johannes, sondern auch von dessen Schüler Jesus von Nazareth misstrauisch verfolgt haben. Von ihm heißt es jedenfalls in Lk 13:

> *31 In derselben Stunde kamen einige Pharisäer herbei und sagten zu ihm: Geh hinaus und zieh fort! Denn Herodes will dich töten. 32 Und er sprach zu ihnen: Geht hin und sagt diesem Fuchs: Siehe, ich treibe Dämonen aus und vollbringe Heilungen heute und morgen, und am dritten Tag werde ich vollendet.*

3.5 Die Johannesjünger – Anhänger des Täufers

Von den Johannesjüngern ist im NT mehrfach die Rede: Mt 9,14; 14,12; Mk 2,18.16; 6,29; Lk 5,33; 11,1; Apg 4,13; Joh in 1,35.40; 4,1.

Joh 1,40 zufolge sind zwei ehemalige Johannesjünger zu Nachfolgern Jesu geworden; einer davon ist Andreas, der Bruder des Simon Petrus. Dieser Stelle zufolge hat Jesus zeitgleich mit Johannes getauft – erst mit dem nachklappenden Vers Joh 4,2 wird diese Behauptung wieder relativiert, in dem es heißt, Jesus selbst habe nicht getauft, sondern nur seine Jünger. Wenn der Evangelist Joh damit recht hat, dass Johannesjünger die Seiten gewechselt haben und zu Jüngern Jesu wurden, scheint es zunächst verständlich, dass sie die Praxis des Täufers beibehielten. Freilich stellt sich dann die Frage, wie die anfängliche Botschaft Jesu ausgesehen hat, denn laut der Evangelien bedurfte es in der Reich-Gottes-Botschaft keiner Taufe: Der Mensch, der von Gott ohne Bedingungen angenommen ist, braucht keine wie auch immer gearteten Praktiken, um den Gottesbezug herzustellen. Deshalb ist es durchaus möglich, dass das Joh-Ev mit 4,1 richtig erzählt, dass Jesus selbst (ursprünglich als Johannesjünger) getauft hat und seine Botschaft sich folglich erst im Verlaufe seiner Verkündigung vom Täufer Johannes abgesetzt und somit verändert hat.

Eine Überlieferung der Johannesjünger im Hinblick auf ihren Meister dürfte in Lk 1,17f vorliegen, denn hier ist keineswegs davon die Rede, dass Johannes der Vorläufer Jesu ist. Er ist vielmehr der Vorläufer des Herrn, des Höchsten (1,76), der diesem vorausgeht und das Volk auf ihn vorbereitet. Mag Lk oder die christliche Überlieferung sich unter dem „Herrn" Jesus vorgestellt haben: Zunächst einmal ist der Herr Gott selbst und die Bezeichnung Kyrios verwendet die LXX dann, wenn im hebräischen Text der Gottesname Jahwe genannt wird. Die Tatsache, dass Johannes im NT und besonders bei Lk zum Vorläufer Jesu „herabgestuft" wird, macht deutlich, dass es sich hier in der Kindheitsgeschichte um einen Abschnitt aus einer Johannes-Tradition handelt, den Lk aufgegriffen hat. Auch an anderen Stellen wird ein gewisses Spannungsverhältnis zwischen Jesus und Johannes, zwischen Jesu Jüngern und den Johannesjüngern deutlich (vgl. Mk 2,18). Besonders im Lk-Ev wird die Spannung dadurch gemindert, dass Jesus erst nach der Verhaftung des Täufers öffentlich auftritt und dann auch bald von seiner

Verhaftung (Lk 3,20) und seinem Tod die Rede ist (Lk 9,7). Wenn der Täufer jedoch im Kontext der Scheidung des Herodes von seiner nabatäischen Frau aktiv war und gefangen gesetzt wurde, dann muss Johannes Jesus um etliche Jahre überlebt haben, denn diese Scheidung fand mit hoher Wahrscheinlichkeit erst kurz vor dem Krieg des Herodes mit seinem einstigen Schwiegervater Aretas IV. im Jahre 36/37 statt.

Wie lange es nach dem Tod des Johannes noch Johannesjünger gab, und diese als Gruppe neben den frühen Christen existierten, ist nicht bekannt. Ebenso wenig ist festzumachen, ob die Rede von der Auferstehung des Täufers (Mk 6,16 parr) aus Täuferkreisen kommt oder aus den Reihen des frühen Christentums.

3.6 Die Samaritaner und das Samaritanische Schisma

Während in vielen deutschen Übersetzungen des NT von den „Samaritern" gesprochen wird, setzt sich zur Bezeichnung der Religionszugehörigkeit in der Forschung inzwischen eher die Bezeichnung Samaritaner durch, während die Bewohner der Landschaft Samarias „Samarier" genannt werden. Die Samaritaner als Religionsgruppe existiert noch heute, ihre Mitglieder wohnen allerdings nur noch zum Teil in Samaria. Sie stellen im heutigen Israel eine Gruppe von ca. 700 Personen dar, die sich in den beiden Ortschaften Sichem (in Samaria) und Holon nahe Tel Aviv konzentrieren. Die beiden Gruppen, die lange Zeit voneinander getrennt waren, wobei die Gruppe aus Holon zu Pascha nach Sichem reisen durfte, haben seit der Besetzung des Westjordanlandes (auch Westbank genannt) durch Israel freien Zugang zueinander.

Der augenfälligste Unterschied zwischen den heutigen Samaritanern und den Juden besteht darin, dass Erstere nach wie vor ein Pascha feiern, bei dem Lämmer geschlachtet, gebraten und verzehrt werden. Ein zweiter wichtiger Unterschied liegt in der Beschränkung des Kanons auf den Pentateuch, der einige Abweichungen zum jüdischen aufweist.

Wer oder was sind die Samaritaner?

Woher kommen sie und ab welcher Zeit kann von ihrer Eigenständigkeit bzw. einem „Schisma" zum Judentum gesprochen werden?

Erstens stellt sich die Frage, ob die Samaritaner

- ihren Ursprung in **heidnischen Kolonisten** nach der Zerstörung des Nordreiches haben,
- auf ***Nordreichisraeliten*** zurückgehen, die nicht deportiert wurden und die jahwistische Religion bewahrt haben (Selbsteinschätzung der Samaritaner),
- von ***Dissidenten oder Flüchtlingen aus dem Südreich***, die nach Norden auswanderten, abstammen.

Selbstverständlich sind dies bei Weitem nicht alle Möglichkeiten, die Herkunft der Samaritaner zu bestimmen, denn es kommen ja auch Mischvarianten infrage.

Dazu bietet Dexinger (Samaritaner, S. 70) eine Übersicht:

Die Samaritaner stammen von: ▶ / Einfluss ging aus von: ▼	I. Heiden-Kolonisten	II. Nordreich-Israeliten	III. Südreich-Dissidenten
a) Nordreich-Israeliten	I a		III a
b) Heiden-Kolonisten		II b	III b
c) Südreich-Dissidenten	I c	II c	
d) repatriierten Priestern	I d		
e) Judäern	I e	II e	III e
f) kein Einfluss		II f	III f

Für die Theorie, es handele sich um Südreich-Dissidenten, gibt es Hinweise im Kontext der Sanballat-Affäre und der versuchten Beteiligung am Jerusalemer Tempelbau (s.u.). Zu dieser Zeit scheinen etliche Priester aus Jerusalem in den Norden gezogen zu sein, angeblich vor allem jene, die mit nichtjüdischen Frauen verheiratet waren. Die Durchsetzung der Priesteraristokratie (mit einem Hohepriester auch als weltlichem Regenten) nach dem Exil scheint zu einigen Verwerfungen zwischen Nord und Süd geführt zu haben.

Eine zweite Frage zu den Samaritanern:

- Hängt ihre **Trennung von Juda mit dem Bau eines eigenen Tempels zusammen,**
- ist der Tempelbau erst der **Schlusspunkt einer langsamen Absonderung**
- oder hat beides nichts miteinander zu tun?

Und schließlich ein Drittes: Wie sind die Nachrichten schriftlicher und archäologischer Art zu bewerten? Wie zuverlässig sind sie und welche Erkenntnisse sind überhaupt möglich?

Als Texte für die Frühzeit der Samaritaner kommen hierbei in Betracht:

- 2Kön 17,24–48
- Esr 4,1–24
- Jos Ant. XI,7,2–8,7 / §§ 302–347
- Sir 50,25–26
- 2Makk 6,1–2
- Ant IX,14,3 / §§ 288–291

Der erste der erwähnten Texte, 2Kön 17, enthält polemische Aussagen gegen Beth-El und die NR-Israeliten. Er geht von einer Totaldeportation der Bevölkerung im Jahre 722 durch die Assyrer aus, die so nicht wahrscheinlich ist. Er richtet sich gegen den angeblichen Synkretismus der Kolonisten, also der fremd zugewanderten Bevölkerung des NR. 2Kön 17,32–33 dient als redaktionelle Klammer. Die Polemik gegen die Kolonisten wird nun gegen die Gesamtbevölkerung ausgeweitet.

Von einem totalen Erlöschen des Jahwe-Kultes im NR nach der Deportation im Jahre 722 kann aber überhaupt nicht die Rede sein. Das belegt die Geschichte der Wallfahrer in Jer 41,4ff.

Das aber heißt: Selbstverständlich blieb im ehemaligen NR eine jahwetreue Bevölkerung zurück, die auch weiterhin an ihrem Glauben festgehalten haben dürfte. Nicht zuletzt zeigt die heute praktizierte Religion der Samaritaner und der dort gebrauchte Pentateuch eben keine synkretistischen Tendenzen. Diese Bevölkerung hatte offensichtlich auch weiterhin ihre Priester.

Dass es im Zuge der Zwangsumsiedelung von nichtisraelitischen Bevölkerungsgruppen nach 722 durch die Assyrer auch zur Einführung neuer Kulte kam, ist nicht zu bestreiten. Eine synkretistische Vermischung ist damit aber noch nicht bewiesen, auch wenn sie vom Autor von 2Kön 17 vorausgesetzt und unterstellt wird. Mit gleichem Recht könnte man auch jenen Menschen, die in die babylonische Gefangenschaft geführt wurden, Synkretismus, also die Vermischung ihrer Religion mit babylomischen Elementen andichten.

Der Text aus 2Kön 17 schreibt die Ressentiments gegen das NR, wie sie sich auch sonst in den Königsbüchern finden, einfach fort, obwohl den Autoren oder Redaktoren natürlich bekannt gewesen sein dürfte, dass die NR-Heiligtümer vom SR-König Joschija bei dessen Reform in den Jahren 641–609, also fast 100 Jahre nach der Zerstörung des NR, geschleift wurden, und zwar „bis zum heutigen Tag" (2Kön 23,15–20).

Die Tatsache, dass die Pilger aus dem NR, von denen Jeremia berichtet, nirgends abgewertet werden, ihre Ermordung als Freveltat bezeichnet und nirgends entschuldigt wird, lässt erkennen, dass diese Menschen als jahwetreu angesehen und akzeptiert wurden. 2Kön 17 ist demnach alles andere als ein zuverlässiger Bericht zur Entstehung der Samaritaner – und will es wohl auch gar nicht sein.

Eine negative Sicht der Samaritaner (oder meint er die nichtsamaritanischen Bewohner von Samaria?) liefert auch Josephus Flavius, der die Vorbehalte der Juden gegen die Bewohner von Samarien offensichtlich teilt und von 2Kön 17 abhängig sein dürfte. Er spricht hier davon, dass die im Zuge des Assyrischen Exils 722 verschleppte Bevölkerung durch Zuzüge aus dem Assyrischen Reich ersetzt wurde:

> *Als aber die Chutäer (sogenannt von dem Lande Chuta in Persien, wo auch ein Fluss desselben Namens sich befindet) nach Samaria übergesiedelt waren und ihre Götter mitgebracht hatten (sie bestanden aus fünf Völkerschaften, von denen jede ihren besonderen Gott verehrte), erregten sie den Zorn des allmächtigen Gottes.*

Infolgedessen brach bei ihnen die Pest aus, an der sie zahlreich dahinstarben, und gegen die es kein Heilmittel gab. Da wurden sie durch eine Weissagung ermahnt, sie sollten sich zur Verehrung des allmächtigen Gottes bekehren, dann werde das Übel weichen. Sie schickten daher Gesandte zum König der Assyrer und ließen ihn bitten, er möge ihnen von den gefangenen Priestern der Israëliten einige zusenden. Als das geschehen und sie in dem Dienste Gottes unterrichtet waren, fingen sie an, ihn eifrig zu verehren, worauf die Pest auch bald verschwand. Diesen Gebräuchen der Chutäer (so heißen sie im Hebräischen, während sie die Griechen Samariter nennen) sind sie in der Folge stets treu geblieben. Übrigens nennen sie sich, sobald sie sehen, dass es den Juden gut geht, deren Verwandte, da sie von Joseph abstammten und also gleichen Ursprung mit ihnen hätten. Bemerken sie indes, dass es den Juden schlecht geht, so behaupten sie, sie hätten zu ihnen keinerlei Beziehungen, weder freundschaftliche noch verwandtschaftliche, sondern sie seien Ausländer und stammten von einem fremden Geschlechte ab. Doch es wird sich später noch Gelegenheit finden, hiervon ausführlicher zu sprechen (Jos Ant. 9,14,3 vgl. 11,8,6).

Hier liegt doch die Frage nahe, wer denn den importierten Priestern die rechte Gottesverehrung beigebracht hat, denn angeblich praktizierte die Bevölkerung des Nordreiches von Anfang an, seit der Reichstrennung, einen nicht akzeptablen Kult. Wenn aber nach Ausübung des neu gelernten Kultes durch die Bevölkerung die Plage aufhört, sollte dies als Zeichen gewertet werden, dass der Kult in Ordnung ist und von Gott so akzeptiert wird. Dann aber ist es auch keine schismatische, häretische oder blasphemische Verehrung und die „Gebräuche" in der Folgezeit dürften eigentlich kein Grund für die Trennung zwischen Juden und Samaritanern sein.

Die Nordreich-Leute nach Esra und Chronik

Esr 4,1–5 berichtet davon, dass der Wiederaufbau des Tempels von Leuten des NR behindert worden sei, nachdem ihr Angebot, sich beim Aufbau zu beteiligen, abgelehnt worden war. Ein präziser Grund für die Ablehnung wird im Übrigen nicht genannt. Es ist aber auch davon die Rede, dass das Volk des Landes zur Verzögerung beigetragen habe. Damit sind aber doch wahrscheinlich die im Lande Juda Verbliebenen gemeint, die sich gegen den Tempelneubau stellen. Dieser scheint in erster Linie ein Anliegen der Rückkehrer gewesen zu sein. Es kann nur vermutet werden, dass das Volk vom Lande in seinen „geordneten Verhältnissen", die es sich geschaffen hatte, (zu Recht!) einen vermehrten Einfluss der auf einen Tempel gestützten neuen Priesteraristokratie fürchtete.

Die in Esra genannten Gründe für die Verzögerung sind zudem nur die halbe Wahrheit: Wie aus Hag zu erfahren ist, lag der Grund für Verzögerungen auch bei den Heimkehrern selbst. Sie hatten – zumindest zunächst – überhaupt kein Interesse am Wiederaufbau eines Tempels, weil sie erst einmal selbst ein Dach über dem Kopf haben wollten.

Aufgrund dieser Erzählung kann aber immerhin vermutet werden, dass es zu dieser Zeit im NR keinen Tempel gab, sonst hätte man sich nicht am Bau des SR-Heiligtums beteiligen wollen. Somit gab es auf dem Berg Garizim, dem späteren Platz des Samaritanischen Tempels, vielleicht ein Heiligtum, aber – zumindest zunächst – keinen Tempel.

Einen Schritt weiter führt vielleicht Esr 6,21:

> *So aßen die Söhne Israel, die aus der Wegführung zurückgekehrt waren, das Passah sowie jeder, der sich von der Unreinheit der Nationen des Landes zu ihnen abgesondert hatte, um den HERRN, den Gott Israels, zu suchen.*

Diese Notiz geht davon aus, dass nicht nur die Heimkehrer und nicht nur die verbliebenen Judäer, sondern alle, die sich als Juden und Jahwegläubige verstanden und entsprechend lebten, an diesem Pascha teilnahmen, d.h. es kann sich zumindest dabei durchaus auch um Jahwetreue aus dem NR gehandelt haben.

Grundsätzlich aber gilt, dass man im – Gegensatz zu 2Kön und Josephus – unterscheiden muss zwischen jahwetreuen Bewohnern einerseits und heidnisch-synkretistischer Bevölkerung andererseits. Die Bewohner Samariens sind nicht einfach gleichzusetzen mit den durch die Assyrer ausgelösten Zuzügen von heterogenen Bevölkerungsteilen. Esr 4,1–5 muss als Versuch der Samaritaner gewertet werden, sich aus Gründen des religiös-politischen Einflusses am Tempelbau zu beteiligen bzw. dadurch Einfluss zu gewinnen, aber sicherlich auch deshalb, um dort den Glauben auszuüben. Diese Differenzierung zwischen Jahwegläubigen und Synkretisten ist auch für die Folgezeit von Bedeutung.

Ein punktueller, unüberbrückbarer Bruch zwischen NR und SR-Israeliten scheint nicht aus dieser Situation erwachsen zu sein, möglicherweise aber dort seinen Anfang genommen zu haben.

Der Tempelbau der Samaritaner und das Problem der Hohepriester nach Josephus

In der Folgezeit kommt es zum Bau eines eigenen Tempels auf dem Berg Garizim, in der Nähe der heutigen palästinischen Stadt Nablus.

Laut Josephus wurde dieser Tempel im Rahmen des Alexanderfeldzuges gebaut. Ein gewisser Sanballat, Statthalter von Samarien, der mit der Familie des HP von Jerusalem verschwägert war, sei bei der Belagerung von Tyros durch Alexander von den Persern abgefallen und habe sich Alexander zugewandt, ihm Truppen gestellt und bei dieser Gelegenheit die Erlaubnis erhalten, auf dem Garizim einen Tempel zu bauen.

> ***Jos Ant. 11,8,4*** *Da nun der König [Alexander] ihn [Sanballat] gnädig aufnahm, fasste Sanaballetes Mut und sprach von seinem eigentlichen Vorhaben, indem er*

> *berichtet, er habe einen Schwiegersohn Manasses, den Bruder des jüdischen Hohepriesters Jaddus, und es befänden sich bei ihm noch viele Juden, die gern in seiner Provinz einen Tempel bauen möchten. Das könne aber dem König nur von Vorteil sein, da so die Kräfte der Juden zersplittert würden, während dieses Volk, wenn es zusammenhalte und einig sei, den Königen viel zu schaffen machen könne ... Als Alexander darauf seine Einwilligung gab, baute Sanaballetes den Tempel in aller Eile, setzte Manasses als Priester ein und glaubte dadurch, den Kindern seiner Tochter eine besondere Ehre verschafft zu haben ...*

In 8,2 hatte Josephus schon erklärt, dass die Ehe des Manasse in Jerusalem Anstoß erregt hatte. Manasse wollte sich daher von der Tochter des Sanballat wieder trennen. Daraufhin versprach Sanballat seinem Schwiegersohn einen eigenen Tempel und die Regentschaft der Provinz Samarien, wenn er an der Ehe festhielte. Daraufhin begab sich Manasse zu seinem Schwiegervater und wartete auf die Einlösung dieses Versprechen – noch unter Darius III. Dort heißt es dann weiter:

> *Da es nun noch viele Priester und Israëliten gab, die solche Ehen eingegangen waren, entstanden zu Jerusalem nicht geringe Unruhen: denn sie alle gingen zu Manasses über und wurden von Sanaballates mit Geld, Ackerland und Bauplätzen unterstützt, weil dieser seinem Schwiegersohn gerne jede Gefälligkeit erwies.*

Die Verwandtschaftsverhältnisse werden etwas einsichtiger, wenn man den Stammbaum der Priesterschaft nach Josephus etwas genauer betrachtet:

```
            Elijaschib (HP)
                  |
          Jojada/Judas (HP)
             /          \
    Joannes (HP)        Jesus
       /      \         (von Joannes im Tempel erschlagen)
      /        \
  Jaddus    Manasse ∞ Nikaso, Tochter des Sanballat
```

> **vgl. Neh 13,28** *Und einer von den Söhnen Jojadas, des Sohnes Eljaschibs, des Hohepriesters, war der Schwiegersohn des Horoniters Sanballat; den jagte ich von mir weg. 29 Gedenke es ihnen, mein Gott, wegen der Verunreinigungen des Priesteramtes und des Bundes der Priester und der Leviten! 30 So reinigte ich sie von allem Ausländischen, und ich stellte die Dienstordnungen für die Priester und Leviten auf, für jeden in seinem Arbeitsbereich.*

Zum Ersten ist zu vermuten, dass Josephus hier zeitlich einiges verwechselt: Es ist zwar durchaus möglich, dass es mehrere persische Provinzfürsten namens Sanballat gegeben hat, aber dass mehrere auch mit dem HP verschwägert gewesen sein sollen, ist doch unwahrscheinlich. Immerhin ist Papyrifunden aus dem Wadi

Daliyeh, 40 km nördlich von Jericho, aus der Zeit Alexander des Großen zu entnehmen, dass es diesen Statthalter Sanballat gegeben hat. Es steht zu vermuten, dass Josephus ein Ereignis aus der Zeit des Nehemia mit den späteren Ereignissen aus der Zeit Alexander des Großen vermischt.

Zum Zweiten trieft die Darstellung des Josephus von Polemik:

- Der Tempel der Samaritaner sei ein Tempel von des (Heiden) Alexanders Gnaden. (Nach anderer Darstellung habe er zur Zeit des Alexander allerdings schon bestanden: Ant. 11,8,6f.)
- Er sei zudem für einen schismatischen Hohepriester eingerichtet worden.
- Bauunternehmer sei der Nichtisraelit Sanballat gewesen, der ihn aus politisch-familiären Gründen errichten ließ.
- Nicht nur der HP sei schismatisch, sondern auch andere Priester, die dort Dienst leisten. Stillschweigend zugegeben wird hier freilich, dass der Tempel zwar mit schismatischen Priestern betrieben werde, dass es sich aber doch auch um Jahwekult handelte.
- Das Schisma wäre somit in letzter Konsequenz (wieder einmal) von Frauen verursacht worden, denn die abtrünnigen Priester seien zu Sanballat übergewechselt, weil sie sich nicht von ihren nichtisraelitischen Frauen scheiden lassen wollten: Es seien Weiberhelden, die dort ihr Unwesen treiben.
- Der Tempel sei bewusst eingerichtet worden, um die Juden zu entzweien. Es ist zu betonen, dass Josephus hier offensichtlich nicht bestreitet, dass es sich grundsätzlich um Juden handelt! Nach seiner Diktion sind es aber keine „guten" Juden, da sie an Mischehen festhalten und ihr Fähnchen nach dem Wind hängen.
- Ein jüdisch-positiver Aspekt ist bei Jos natürlich auch enthalten: Wären die Juden nur einig, dann wären sie unschlagbar – dies sicher auch mit Blick auf den jüdischen Krieg, der nach Josephus wegen der Uneinigkeit der Juden verloren ging. Noch im von den Römern belagerten Jerusalem brachten sich die Juden der unterschiedlichen Parteien gegenseitig um, schreibt er.

Die Samaritanische Chronik

Die Sache mit den Priestern sehen die Samaritaner laut ihrer Chronik freilich völlig anders (G.W.E.Nickelsburg; – M.E.Stone, Faith 14f):

> *J. Als der Hohepriester Uzzi [auch Usi] das Hohepriesteramt in der Nachfolge seiner Väter übernahm, lebte ein Mann namens Eli, Sohn des Jephunneh aus der Nachkommenschaft von Itamar, des Sohnes des Priesters Aaron. Er war das Familienoberhaupt des Hauses Itamar.*

[vgl. den Aaronitischen Stammbaum in 1 Chr 5,27–41:

> ***1 Chr 5,27*** *Die Söhne Levis waren: Gerschon, Kehat und Merari. 28 Die Söhne Kehats waren: Amram, Jizhar, Hebron und Usiël. 29 Die Kinder Amrams waren: Aaron, Mose und Mirjam. Die Söhne* **Aarons** *waren: Nadab, Abihu, Eleasar und* **Itamar.** *30 Eleasar zeugte Pinhas, Pinhas zeugte Abischua, 31 Abischua zeugte Bukki, Bukki zeugte* **Usi,** *32 Usi zeugte Serachja, Serachja zeugte Merajot, 33 Merajot zeugte Amarja, Amarja zeugte Ahitub, 34 Ahitub zeugte Zadok, Zadok zeugte Ahimaaz, 35 Ahimaaz zeugte Asarja, Asarja zeugte Johanan, 36 Johanan zeugte Asarja – dieser war es, der im Tempel, den Salomo in Jerusalem erbaute, das Priesteramt verwaltete –, 37 Asarja zeugte Amarja, Amarja zeugte Ahitub, 38 Ahitub zeugte Zadok, Zadok zeugte Schallum, 39 Schallum zeugte Hilkija, Hilkija zeugte Asarja, 40 Asarja zeugte Seraja, Seraja zeugte Jozadak. 41 Jozadak zog fort, als der Herr Juda und Jerusalem durch Nebukadnezzar in die Verbannung führte.]*
>
> **K.** *Dieser Eli opferte am steinernen Altar und unter seiner Obhut befand sich der gesamte Zehnte, den die Israeliten dem Herrn darbrachten. Er war ein Prinz über den ganzen Stamm Levi unter dem Hohenpriester Uzzi. Uzzi war nun aber ein junger Mann, Eli, Sohn des Jephunneh war dagegen im fortgeschrittenen Alter. Eli strebte danach, die Hohepriesterwürde an sich zu reißen ... Zu jener Zeit taten die Israeliten wieder was böse war in den Augen des Herrn. Vor allem Eli, der Sohn des Jephunneh war von bösen Plänen besessen, mit dem Ergebnis, dass viele Israeliten vom Weg der Wahrheit abwichen. Er verführte sie und sie verehrten Götzen, gingen Mischehen mit Heiden ein und gaben ihnen sogar ihre Töchter als Frauen. Ebenso nahmen sie Töchter der Heiden für sich selbst als Frauen.*
>
> **L.** *Eli war ehrgeizig und er ließ verbreiten, dass er die Hohepriesterwürde übernehmen werde ... Eli gewann viele Israeliten für sich, indem er sagte: „Ist es etwa recht, daß ich einem jüngeren dienen soll? Ich bin dazu nicht bereit und erwarte von euch, daß ihr meine Ansicht teilt und euch mir anschließt.“ Dies schrieb Eli an alle Städte rings um den Berg Garizim Bethel und richtete diese Worte an sie. Sie aber scharten sich alle um ihn und antworteten: „Wir stimmen dir zu. Wir werden deine Weisungen nicht ablehnen. Wir werden alles tun, was du befiehlst.“ Und sie schlossen mit ihm folgenden Vertrag ...*
>
> ***Zu dieser Zeit spalteten sich die Israeliten, die sich in den Städten Sichem, in den Städten von Philistäa und den Städten von Jebus aufhielten, in zwei Lager. Die eine Seite folgte dem Hohen Priester Uzzi, Sohn des Bahqi*** *[auch Bukki]* ***und die andere schloss sich Eli, Sohn des Jephunneh, an.*** *Die Letzteren wurden böswillig und folgten alle nur noch ihren eigenen Neigungen. ...* ***Die Josephiten [vom Stamme Josef] folgten dem Hohen Priester Uzzi, dem Sohn des Bahqi, und die Judäer dem Eli, dem Sohn des Jephunneh. Die Ephraimiten und Manassiten vertrieben Eli und seinen Anhang vom auserwählten Ort, dem Berg Garizim Bethel*** *[Hervorhebung K. Dorn].*

> *Eli und sein Anhang verteilten sich mit ihren Familien und ihrem Vieh und wohnten als Gast im Gebiet des Stammes Juda in Schilo. Eli ließ sich dort nieder und fertigte sich eine Lade aus Gold nach dem Vorbild der Lade des Zeugnisses [Bundeslade]. Ebenso machte er einen Gnadenstuhl, Cheruben, einen Tisch und einen Leuchter sowie einen ebensolchen Altar, wie er sich im Heiligtum des Mose am auserwählten Ort auf dem Berg Garizim Bethel befand.*
> *Eli schrieb Briefe und sandte sie an die Führer der Israeliten mit folgendem Inhalt: Wer immer Zeichen und Wunder zu sehen wünscht, komme zu mir nach Schilo, denn die Lade des Zeugnisses, die die [Gesetzes-] Tafeln enthält, ist in meiner Hand. Er legte in die Lade die Gesetzbücher in der Fassung des Itamar, des Sohnes des Eleazar, Sohn von Aaron, dem Priester, Friede sei mit ihm. Eine große Schar von Israeliten versammelte sich um ihn und er baute in Schilo ein Zelt nach dem Vorbild des Begegnungszeltes. Dieser Eli änderte* ***kein einziges Wort des Textes des heiligen Gesetzes, sondern nur die Reihenfolge der Worte*** *[Hervorhebungen K. Dorn]. Eli fuhr fort, auf dem Altar zu opfern, den er gemacht hatte. Jedes seiner Feste stimmte mit den Vorschriften des heiligen Gesetzes überein. [Übersetzung aus dem Englischen K. Dorn]*

Gestützt werden die Aussagen des Josephus in gewissem Maße durch archäologische Zeugnisse, welche die Neubesiedelung Sichems für das 4./3. Jh. v. Chr. belegen: Nach einer Siedlungspause von ca. 480 bis 330 und der erneuten Zerstörung Sichems unter Ptolemäus II. (285–246), ist eine Besiedelung zwischen 330 und 250 also durchaus wahrscheinlich. In dieser Zeit ist vielleicht auch mit einem Tempelbau zu rechnen. Die Existenz eines Tempels wurde inzwischen archäologisch nachgewiesen.

Doch wie schon gesagt: Ein Grund für ein Schisma muss dieser Tempel nicht gewesen sein: Einen Jahwetempel gab es auch schon früh auf der Nilinsel Elephantine und später in Leontopolis im Nildelta; keiner wurde Grund eines Schismas. Selbst Josephus macht das Schisma nicht am Tempel, sondern an den Priestern fest.

Die Samaritaner nach den Makkabäerbüchern

Von den Samaritanern ist in den Makkabäerbüchern nur sehr wenig die Rede: Laut 1Makk 3,10 habe Apollonius – ein Feldherr der griechischen Herrscher über Palästina – ein Heer aufgestellt, um gegen Juda in den Krieg zu ziehen.

> ***1Makk 3,10*** *Apollonius sammelte Truppen aus den fremden Völkern und dazu ein großes Heer aus Samarien, um gegen Israel Krieg zu führen.*
> (EÜ)

Dass in diesem Heer auch Leute aus Samarien als Soldaten agierten, ist kaum zu bestreiten; dass es aber Samaritaner waren, ist weniger wahrscheinlich. Aufgrund der Gemeinsamkeiten mit Juda wären diese viel zu unsichere Kandidaten gewesen, die ggf. zu ihren „Brüdern" übergelaufen wären.

Die zweite Stelle ist:

> **2Makk 6,1f** *Nicht lange darauf schickte der König einen alten Athener; der sollte die Juden zwingen, die Gesetze ihrer Väter aufzugeben und ihr Leben nicht mehr durch Gottes Gesetze lenken zu lassen. 2 Auch sollte er den Tempel zu Jerusalem schänden und ihn Zeus, dem Herrscher des Olymp, weihen; ähnlich sollte er den Tempel auf dem Berg Garizim nach Zeus, dem Hüter des Gastrechts, benennen, was der (gastfreundlichen) Art der Einwohner jenes Ortes entgegenkam.*
> (EÜ)

Sicherlich darf man Lk 9,60–62 nicht als Argument gegen diese Behauptung anführen, aber es ist auch eine andere Übersetzung des Textes und besonders des Wortes „gastfreundlich" möglich: a) „weil die Ortsbewohner Fremde waren und Gastrechtsstatus hatten"; b) **„Wie sie es erbeten hatten!"** Dies würde übereinstimmen mit Ant. XII,5,5, wonach die Samaritaner die Umwandlung des Tempels beantragt hatten.

Fakt ist jedenfalls, dass dieser Tempel sowie die Hauptstadt Samaria unter dem Makkabäer Johannes Hyrkan (134–104) im Zuge der Ausdehnung seiner Reichsgrenzen nach Süden wie nach Norden zerstört wurde. Das militärische Vorgehen des Johannes Hyrkan musste bei allen Samaritanern den Eindruck entstehen lassen, dass man nicht mehr als Brudervolk galt, unabhängig von der Bedeutung des Tempels.

Unter Umständen war dies der letzte Grund für die Lösung der Samaritaner vom Jerusalemer Jahwekult und Motivation, den Weg in die Eigenständigkeit zu gehen. Wie mir scheint, gibt es jedoch keinen verbürgten, eindeutigen Zeit*punkt*, ab dem die Separierung erfolgte. Vielmehr wird man von einem allmählichen Loslösungsprozess ausgehen können, der schleichend verlief und durch Animositäten und ruppigen Umgang miteinander hervorgerufen und verstärkt wurde.

3.7 Die Essener [Esséner]

Im Jahre 1947 suchte ein Hirte in der Gegend des Toten Meeres ein Schaf, das sich wohl verlaufen hatte. Er kam an eine Höhle und warf einen Stein hinein, um das Tier ggf. aufzuscheuchen. Das Geräusch, das der Stein verursachte, klang wie das Zerbrechen eines Kruges. Er ging in die Höhle und fand in der Tat getöpferte Krüge, in denen Schriftrollen steckten. Die Findungslegende von Qumran war geboren. Bei den späteren systematischen Ausgrabungen entdeckte man in verschiedenen Höhlen in der weiteren Umgebung eine Unmenge an Schriften, teilweise gut geborgen in Krügen, z.T. ohne jeden Schutz, z.T. in Hebräisch, aber auch in Griechisch, z.T. auf Leder, aber auch auf Papyrus. Insbesondere die Papyri aus Höhle Nummer 4 waren in kleine und kleinste Fragmente zerfallen und sind trotz modernster Technik bis heute nicht zuzuordnen. Es fanden sich Schriften, deren Existenz vor den Funden noch nicht einmal mit Namen bekannt war. Es gab aber auch Hinweise darauf, dass einzelne Höhlen wohl nicht zum ersten Mal „entdeckt“ worden waren. Nach den ersten Funden, die in die Zeit zwischen dem 2. Jh. v. Chr. bis ins 1. Jh. n. Chr. datiert wurden, begannen Archäologen aus dem damals noch geteilten Ostjerusalem mit der Suche nach weiteren Höhlen und weiteren Schriften und mit der Ausgrabung einer Gebäudeanlage in der Nähe der Höhlen. Die Ausgräber arbeiteten unter der Leitung des Dominikaners Roland de Vaux aus der École biblique et archéologique française de Jérusalem. Die Funde waren eine Sensation. Mit wenigen Ausnahmen und soweit man die Schriften rekonstruieren kann, handelt es sich durchweg um „religiöse Literatur“, um Bücher aus der Bibel und deren Kommentare, um apokryphe Schriften eschatologischer und apokalyptischer Prägung, Kalender, liturgische Texte und u.a. auch um eine Art Ordensregel, die, wie es schien, das Zusammenleben einer Gemeinschaft organisieren sollte. Eigens erwähnt werden muss die „Kupferrolle“, die ein Schatzverzeichnis (des Jerusalemer Tempelschatzes?) enthält. Bei den Ausgrabungen fand man einen mit einer Mauer umgebenen Gebäudekomplex mit einem respektablen Turm im Eingangsbereich, auf dem Areal selbst eine ganze Anzahl von diversen verputzten Gruben, die zweifellos dazu dienten, Wasser zu speichern. In der Nähe wurden über tausend Gräber von Männern, Frauen und Kindern gefunden. Aus verschiedenen Gründen und unter Berücksichtigung der Aussagen antiker Historiker identifizierte de Vaux die ganze Anlage als Siedlung einer Gruppe von Essenern.

Kurz skizziert glaubte man über die Essener folgende Aussagen als Ergebnis des Abgleichs der antiken Texte und der so genannten Sektenregel machen zu können: Es handelte sich um eine Gruppe, die in priesterlicher Reinheit zu leben suchte (daher die vielen Wasserbecken, die als Tauchbäder/Mikwen gedient hätten). Zum Tempel und der dortigen Priesterschaft seien die Quranessener kritisch eingestellt gewesen, evtl. wegen der Besetzung des Hohepriesteramtes durch einen nicht legitimen weil makkabäischen Hohepriester. Deshalb habe man sich in die Abgeschiedenheit Qumrans zurückgezogen. Die Gemeinschaft habe hier ähnlich wie in einem Kloster gelebt mit dem „Lehrer der Gerechtigkeit“ als Leiter der Einrichtung. Aus der Ordensregel/Sektenregel sei auch zu entnehmen, wie das Zusammenleben ohne eigenen Besitz und das Aufnahmeritual vonstattenging. Die Gemeinschaft verstand sich angeblich als heiliger Rest in der Endzeit und hoffte auf das Einbrechen des Endes, das mit einer kriegerischen Schlacht zwischen Gut und Böse einsetzen werde. Nach der Entdeckung der Frauengräber wurden die Aussagen über die Essener u.a. dahingehend modifiziert, dass es einerseits einen zölibatär lebenden inneren Zirkel und eine erweiterte Gruppe verheirateter Mitglieder gegeben habe. Den antiken Historikern zufolge müsste es allerdings auch Essener in verschiedenen Städten gegeben haben. Die Schriften der Höhlen seien jedenfalls weitgehend in der Gemeinschaft von Qumran entstanden. Sie seien dann ca. 68 n. Chr. vor dem Anrücken der Römer in den

Höhlen versteckt worden, auch die Kupferrolle. Wie ein solches Dokument aus dem oppositionellen Tempel nach Qumran gekommen sein soll, ist nur eines von vielen Rätseln.

Im Laufe der Zeit wurde immer wieder einmal die Zugehörigkeit Johannes des Täufers (Leben in der Wüste; Reinigung durch Wasser in der Taufe) zu den Essener behauptet, manchmal auch von Jesus. Auch glaubte man, auf einem kleinen Papyrusabschnitt mit der Nummer 7Q5 (7 = Nummer der Höhle; Q steht für Qumran und 5 bezeichnet das Fragment) einen Text aus dem Mk-Evangelium gefunden zu haben. Alle diese Thesen, auch die Zuordnung der Schriften zu den Essenern, sind nach wie vor umstritten und reichen von der völligen Ablehnung der Essenerhypothese bis zur völligen Zustimmung.

Zusammenfassung

Es gibt in der nachexilischen Zeit zwei verschiedene Tempel: Zum einen den wiederaufgebauten Tempel von Jerusalem und zum anderen einen Tempel auf dem Garizim. Damit sind auch zwei verschiedene Kultgemeinden verbunden, wobei an beiden Kultzentren der Jahwekult begangen wurde. Ab wann und warum es zur Trennung kam, ist nicht punktuell an einem Ereignis festzumachen. Vielmehr dürfte es durch verschiedene Maßnahmen von beiden Seiten zur allmählichen Entfremdung gekommen sein.

Die verschiedenen religions- und gesellschaftspolitischen Parteien resultieren somit aus der Disparatheit des Judentums im Kontext, aber auch in der Folge der seleukidischen Herrschaft. Einige dieser Parteien sind uns auch aus dem NT bekannt. Die Gruppierungen, von denen es weitere gegeben haben wird, die wir heute allerdings nicht mehr zuordnen und rekonstruieren können, waren z.T. heillos untereinander zerstritten, wie dies auch im weiteren Verlauf der Geschichte, so im Kontext des Jüdisch-Römischen Krieges, zu beobachten ist. Auf (etwas zu) humorvolle Weise wird letzteres im Film „Das Leben des Brian" dargestellt mit der „Judäischen Volksfront", der „Volksfront von Judäa (VVJ)", der „Kampagne für ein freies Galiläa" und der „Populären Front".

4. Die Zeit der Jüdisch-Römischen Kriege und ihre Folgen

Mit Alexander dem Großen und den Römern existierten zwei Großmächte, die tiefgehende Spuren im Judentum hinterlassen haben.

Zum einen wird der Alexanderfeldzug im Buch Daniel als ein Ereignis verarbeitet, das in der Zukunft nicht mehr überboten werden kann. Selbst die Zeit der Assyrer oder Babylonier tritt in ihrer Bedeutung für das Judentum hinter die Zeit der Griechen zurück. Das griechische Weltreich wird vom Buch Daniel als das letzte, grauenvolle und unüberbietbare Tier dargestellt, das alles Bisherige in den Schatten stellt und letztlich in Israel wie auch in Persien und in Ägypten zur Ausprägung jener Weltdeutung führt, die als Apokalyptik bekannt ist.

Apokalyptik versteht sich als eine Geschichtsdeutung, die nichts von der Vergangenheit und alles von einer Neusetzung durch Gott erwartet. Man hatte es sich abgewöhnt, immer wieder auf die nächste Weltmacht als Befreier zu hoffen, denn alles in allem veränderten sich die Verhältnisse nicht. Eine Erlösung im Rahmen einer (Heils-) Geschichte wird daher verworfen. Der rasante Siegeszug Alexanders und erst Recht die Maßnahmen des seleukidischen Herrschers Antiochus IV. Epiphanes, der als äußerste Zuspitzung der Gottesferne erfahren wird, hatten der Geschichte einen eigenen Stempel aufgedrückt.

Wie schon dargestellt, ist der Alexanderfeldzug jedoch nicht nur das Ende von Heilsgeschichte und gleichzeitig Beginn apokalyptischen Denkens, sondern auch der Beginn des Zerfalls des Judentums als religiöse, staatliche und gesellschaftliche Einheit. In der Folge der Makkabäer kann sich Herodes der Große nur mit Gewalt und unterbrochen von immer wieder aufflackernden Aufständen an der Macht halten, während sich die Polarisierung im Lande fortsetzt. Sie findet ihren gewaltsamen Ausbruch im ersten Jüdisch-Römischen Krieg in den Jahren 66 bis 70 (72/73) n. Chr., in dem sich die verfeindeten jüdischen Gruppen selbst im von den Römern belagerten Jerusalem noch gegenseitig bekämpfen.

Der Krieg endet mit einem schwer erkämpften Sieg der Römer. Der Tempel wird abgebrannt, angeblich entgegen dem ausdrücklichen Befehl des Feldherrn Titus, die Mauern Jerusalems werden geschleift. Die Bevölkerung ist stark dezimiert. Von der Beute aus diesem Krieg beginnt Kaiser Vespasian, Vater des Titus, den Bau des Kolosseums zu finanzieren. Ganz nebenbei gilt daher: In der neronischen Verfolgung sind keine Christen im Kolosseum umgekommen. Das gab es zu dieser Zeit noch nicht, und Nero starb bereits 68 n. Chr.

Dass der Tempel „zufällig" und unbeabsichtigt durch die Fackel eines einfachen Soldaten in Brand geraten sei, wie dies Josephus behauptet, erscheint äußerst unglaubwürdig. Es dürfte sich dabei um eine Schutzbehauptung zugunsten des Feldherrn handeln. Kein Soldat würde es wagen, einen ausdrücklichen Befehl des

Feldherrn zu ignorieren, denn der habe mit Nachdruck die Erhaltung des Tempels befohlen. Zudem gehörte es zur römischen Staatsideologie, den Tempel eines besiegten Volkes und damit auch des besiegten Gottes zu vernichten und auf diese Weise die Macht der eigenen Götter zu demonstrieren. Wenn des Weiteren auf dem Titusbogen in Rom eine ganze Reihe von Gegenständen gezeigt wird, die aus dem Jerusalemer Tempel stammen und im Triumphzug mitgeführt wurden, bedeutet dies zumindest, dass der Tempel vor seiner Vernichtung sorgfältig geplündert wurde. Eine Versehen, das zum Tempelbrand führte, ist daher zumindest zweifelhaft.

Der Krieg endet letztlich erst im Jahre 72 oder 73, als die letzte Festung im Land, Masada, das in der Jordansenke am Westufer des Toten Meeres liegt, erobert ist. Das geschieht allerdings nicht mehr durch Titus persönlich, sondern durch dessen General Silva. Die ca. 900 Personen starke Besatzung der Felsenfeste, bestehend aus zelotischen Männern, Frauen und Kindern, soll sich nach Josephus am Vorabend vor dem Generalangriff der Römer durch kollektiven Selbstmord deren Zugriff entzogen haben.

Abb. 2: Abtransport der Schätze, Replik eines Reliefs vom Titus-Bogen von Jean-Guillaume Moitte, Foto: Museum Associates/LACMA

Die Folgen für das Judentum waren verheerend: Das Land war teilweise entvölkert, die großen Städte nahezu komplett zerstört. Der Tempel, der noch als Verbindungsglied zwischen den verschiedenen Gruppen fungiert haben mochte, war in Trümmer gelegt, die Elite in Gefangenschaft, gefallen oder geflohen. Ohne Tempel gab es zudem keinen Kult mehr, keinen Hohepriester als Staatsoberhaupt und auch keine Priesterschaft. Ohne Opferkult aber musste die Religion noch mehr zu einer individuellen Bekenntnisreligion werden, die religiöse Gemeinschaft nur noch in Form des gemeinsamen (synagogalen) Gebets pflegen konnte. Viele Juden wurden in die Sklaverei verkauft und gelangten damit in alle Regionen des römischen Reiches. Da Teile von ihnen später die Freiheit wiedererlangten, wuchs die Zahl der Diasporajuden im Reich, insbesondere in den größeren Städten.

Die Christen scheinen sich dem Aufstand nicht angeschlossen zu haben. Jedenfalls ist dazu nichts in Erfahrung zu bringen. Wahrscheinlich führt dieses „unsolidarische" Verhalten der Judenchristen nach 70 auch zu einer weiter fortschreitenden Abgrenzung von Judentum und Christentum, zumindest in Palästina.

Unter Trajan kommt es in der Zeit zwischen 115 und 117 n. Chr. zu einem großen Diasporaaufstand, der bisweilen auch als zweiter Jüdisch-Römischer Krieg bezeichnet wird. Wie der Name schon sagt, war die Jüdische Diaspora davon betroffen, insbesondere die in Ägypten, auf Zypern, in der Kyrenaika (dem heutigen Libyen) und auch in Mesopotamien. Auch dieser Aufstand forderte Hunderttausende von Opfern, wurde aber nicht ins Mutterland nach Palästina selbst getragen. Zum einen dürfte das Judentum in Palästina noch zu schwach gewesen sein, um sich dem Aufstand anzuschließen, zum anderen könnte der Krieg vor allem auf Grund von Reibereien mit den nichtjüdischen Nachbarn vor Ort entstanden sein. Eventuell ging es um Privilegien, die das Judentum im römischen Reich in verschiedener Weise als „erlaubte Religion" genoss: Das Judentum war bestrebt, seine Privilegien zu erhalten oder ggf. noch auszubauen, die heidnische Umwelt versuchte das Gegenteil zu erreichen. Der genaue Anlass aber ist nicht bekannt.

Der Krieg brach jedenfalls fast zeitgleich in den genannten Gebieten aus, scheint aber in der Kyrenaika begonnen zu haben. Dort hatte er messianische Züge, denn es tat sich ein Einzelner als Anführer hervor, dessen Name Andreas/Lukas war.

Die römischen Geschichtsschreiber berichten Schauermärchen von der Brutalität der Juden, denen die Römer bei der Niederschlagung des Aufstandes aber kaum nachstanden.

Zu einem dritten und letzten Aufstand kam es in den Jahren 132 bis 135 in Palästina. Anführer war ein Mann namens Bar Koseba, der unter dem Namen Bar Kochba, d.i. Sternensohn, vom bedeutendsten Rabbi seiner Zeit, von Rabbi Akiba, als Messias anerkannt wurde. Die Umdeutung des Namens Bar Koseba zu Bar Kochba geht vermutlich auf eine Prophetie aus dem Buch Numeri zurück. Dort heißt es in 24,17:

> *Es tritt hervor ein Stern aus Jakob, und ein Zepter erhebt sich aus Israel und zerschlägt die Schläfen Moabs und zerschmettert alle Söhne Sets.*

Ganz nebenbei sei bemerkt, dass eine davidische Herkunft offensichtlich keineswegs erforderlich war, um einen Anführer als Messias auszuweisen.

Auch hier ist der Grund für den Aufstand bis zur Stunde nicht restlos geklärt. Möglicherweise ist ein Beschneidungsverbot durch Kaiser Hadrian die Ursache, wobei sich natürlich die Frage stellt, warum Hadrian ein solches Verbot erlassen haben soll. Deshalb wird auch vermutet, dass das Beschneidungsverbot erst die Reaktion des römischen Staates auf den Aufstand gewesen sein könnte.

Nach anfänglichen Erfolgen der Aufständischen – eine ganze römische Legion wurde dezimiert – setzten die Römer ihre militärische Übermacht ein und schlugen den Aufstand blutig nieder. Die Aufständischen flohen in die unzugänglichen Gebiete im Jordangraben, aber auch in die Berge Galiläas. Die Römer räucherten die Höhlen, in die sich Aufständische geflüchtet hatten, eine nach der anderen im wörtlichen Sinne aus, indem sie beispielsweise Körbe mit stark rauchenden Feuern an Seilen vor die Höhleneingänge hinunterließen. Andere Verstecke wurden einfach durch lange Belagerung ausgehungert. Aus dieser Epoche gibt es reichlich Funde, die heute im Israelmuseum in Jerusalem ausgestellt sind, inklusive Briefe, die von Bar Kochba persönlich geschrieben worden waren. Bar Kochba selbst wurde in der Festung Betar/Bitir etwa 10 km südwestlich von Jerusalem eingeschlossen. Die Festung wurde nach römischer Weise mit einem Ringwall umgeben, um den Eingeschlossenen die Flucht zu unmöglich zu machen. Auch ein Wall wurde aufgeschüttet, um Belagerungsmaschinen an die Mauer heranführen zu können. Beides ist heute noch mit bloßem Auge erkennbar.

Mit dem Fall der Festung starb auch Bar Kochba, der *nach* seinem erfolglosen Aufstand auch als Bar Kosiba (= Lügensohn) bezeichnet wurde. Der Platz in Bitir konnte leider bis zur Stunde noch nicht hinreichend archäologisch erforscht werden, da das Gelände von den Bewohnern des nahegelegenen palästinensischen Dorfes agrarisch genutzt wird.

Mit dem Ende dieses Aufstandes endet der jüdische Staat – bis 1948, bis zur Neugründung des Staates Israel. Jerusalem wird zu einer heidnischen Stadt mit dem Namen Aelia Capitolina, auf dem Gelände des Tempels wird ein Jupitertempel errichtet und Juden wird es bei Todesstrafe verboten, die Stadt zu betreten. Einen Einblick in das Aussehen der Stadt gibt die → *Madaba*-Karte, vermutlich aus dem 6. Jh., die bereits eine breite Hauptstraße, den Cardo zeigt, der Jerusalem von Nord nach Süd durchschneidet.

Da die Diaspora bereits vernichtet war, blieben den Überlebenden keine Orte mit größerem jüdischem Bevölkerungsanteil, um sich dort neu anzusiedeln, aber auch keine größere Stadt in Palästina. So entstand in Galiläa eine neue kleine jüdische Zentrale, geleitet durch die zwei bedeutenden Gelehrten ihrer Zeit, Rabi Meir und Schimon ben Jochai, die einen neuen Sanhedrin/ein Synedrium als jüdisches Selbstverwaltungsgremium begründeten.

In die Zeit der Aufstände fällt auch die endgültige Loslösung des Christentums von seiner Mutterreligion, dem Judentum. Ebenso wie für die Separierung der Samaritaner vom Judentum ist auch für diese Trennung kein exaktes Datum

Abb. 3: Jerusalem. Ausschnitt aus der Madaba-Karte, Foto: Klaus Dorn

anzugeben. Sie erfolgt vielmehr allmählich, mit mehr oder weniger großen Auseinandersetzungen zwischen beiden Religionen.

Schon in der Apg wird davon berichtet – und Paulus bestätigt dies in 1Thess –, dass es zu Konfrontationen zwischen Juden und den christlichen Verkündigern kommt. Dabei ist zu beachten, dass weder das Judentum dieser Zeit noch das Christentum eine homogene Größe darstellten. Wiederum in der Apg wird davon berichtet, dass sich Paulus mit angeblich pharisäisch ausgerichteten Judenchristen auseinandersetzen musste, die von den Heidenchristen deren Beschneidung fordern. Der Galaterbrief gibt einen Eindruck von der Heftigkeit der Auseinandersetzung. Die Quintessenz seiner Ausführungen lautet: Das Heil Gottes kommt nicht aufgrund des Gesetzes zu den Menschen, sondern durch den Glauben an Jesus Christus – mehr noch: Wenn das Heil durch das Gesetz käme, wäre Christus umsonst gestorben. Für Paulus gibt es nur diese Alternative: Entweder (jüdisches) Gesetz oder Christus.

Andere Christen, die aus dem Judentum kommen, sehen das keineswegs so. Sie würden sich vielleicht als messianische Juden bezeichnen, die in Jesus Christus den verheißenen Messias sehen, dabei aber keineswegs darauf verzichten, Jude zu sein und zu Gottes erwähltem Volk zu gehören.

Es ist vor allem der Evangelist Lukas, der diese Vorstellung so lange wie möglich aufrechterhalten möchte und die Unterschiede zwischen Judentum und Christentum bagatellisiert, um für den „neuen Weg“ den alten – jüdischen – Status der „erlaubten Religion“, der → *religio licita* beanspruchen zu können.

Die Lösung oder Trennung von Juden und Christen erfolgte aus mehreren Gründen, wobei die eben genannten Auseinandersetzungen sicher einen gewichtigen Anlass darstellten. Ein Grund dürfte darin bestehen, dass die Zahl der Judenchristen im Vergleich zu den Heidenchristen nicht im gleichen Ausmaß anwuchs und somit die Judenchristen zunehmend eine Minderheit darstellten. Eine nicht zu unterschätzende Ursache dürfte auch darin gelegen haben, dass insbesondere Menschen aus dem Umfeld des Judentums, Proselyten, aber vor allem die sogenannten *Gottesfürchtigen* nunmehr eher für das Christentum als für das Judentum zu gewinnen waren und sich somit eine Konkurrenzsituation im Bereich der Mission ergab. Inwieweit dabei auch finanzielle Interessen eine Rolle spielten – Gottesfürchtige scheinen laut archäologischen Belegen das Judentum auch materiell sehr unterstützt zu haben –, sei zumindest als Frage angesprochen.

Schließlich lag eine der Ursachen auch im Judentum selbst: Es musste sich nach den beiden Aufständen, die die Diasporasituation massiv verstärkte, neu sortieren. Jede Identitätsfindung ist jedoch mit Abgrenzung verbunden. Diese Abgrenzung erfolgte nicht nur gegenüber dem Christentum, sondern auch gegenüber anderen Gruppen, wie der sogenannte „Ketzersegen“ aus dem beginnenden zweiten Jahrhundert vermuten lässt. Er ist Teil des Achtzehnbitten-Gebetes und richtet sich allgemein gegen die „Minim“ (Sekten; Häretiker).

Vielleicht ist es auch gerade der niedergeschlagene Aufstand 135 n. Chr., der, wie erwähnt, von einem „anerkannten Messias“ vorangetrieben wurde, in dessen Folge das Judentum auf jegliche Ansätze mit messianischem Charakter allergisch reagierte, also auch auf das Christentum (vgl. Frankemölle, Frühjudentum 23–36).

Die Gesamtsituation war nicht nur für das Judentum eine Katastrophe, sondern in ökologischer Hinsicht auch für das Land: Das nach den Kriegen dünn besiedelte Land wurde von Schafen und Ziegen abgeweidet, zuvor schon schlugen die Römer Holz für die Belagerungsmaschinen, dann auch für das Beheizen ihrer Bäder. Im Kontext der Kriege dürfte vermutlich ein großer Teil des Baumbestandes gefällt worden sein. Dies führte unweigerlich zu Bodenerosion und schließlich zur Verkarstung der Landschaft – wie in anderen Mittelmeerländern auch (Griechenland, Kroatien, Spanien). Was noch übrig war, fiel vermutlich später den Kreuzzügen zum Opfer.

Zusammenfassung

Das Judentum führte in den letzten beiden vorchristlichen Jahrhunderten in der Frage nach Tradition und Moderne eine Art Kulturkampf. Von einem „Volk“ Gottes war man weit entfernt, denn die unterschiedlichen Gruppen nahmen vielfach für sich in Anspruch, der auserwählte Rest Israels zu sein, einen Anspruch, den Jesus übrigens nie erhoben hat. Mit einem biblischen Ausspruch muss man im Blick auf die heterogene Gesellschaft in Israel leider hinzufügen: Und so ist es bis zum heutigen Tag.

Somit stellt sich das Judentum dieser Zeit als ein äußerst vielfältiges Gebilde dar, mit unterschiedlichsten Glaubensrichtungen. Einigkeit war nicht mehr zu erreichen. Es beginnt die Diskussion darüber, „wie viel“ Jude man sein muss, um noch als solcher zu gelten und wie viel von den väterlichen Vorschriften beibehalten werden müssen, um nicht seine jüdische Authentizität aufzugeben. Aus diesem Kulturkampf geht keine neue Volks- oder eine Nationalreligion hervor und auch keine Renaissance des ursprünglichen Glaubens „Israels“, sondern eben das Judentum, das die Überlieferungen tradiert, aber auch diskutiert und weiterführt. Daher wird die Zeit nach dem Exil bis etwa 200 n. Chr. als (Früh-) Judentum bezeichnet.

Mit dieser Heterogenität war eine geographische Zerstreuung des Judentums verbunden: Schon seit Jeremia, wahrscheinlich sogar schon früher, gab es eine jüdische Diaspora in Ägypten, die im Kontext der Trennung zwischen ptolemäischen und seleukidischen Anhängern und des verlorenen Krieges der Ptolemäer um Palästina dort deutlich anwuchs. In dieser Zeit ging aus dem Judentum Alexandrias die Abfassung *der* Septuaginta (LXX) hervor. Zunächst nur als griechische Übersetzung der Tora konzipiert, wuchs sie im Laufe von zwei Jahrhunderten zu einer Edition des gesamten AT und enthielt darüber hinaus auch Schriften, die vom Judentum nicht in den (hebräischen) Kanon aufgenommen wurden. Diese Schriften haben daher nur in griechischer Fassung überdauert, wenngleich viele in der Bibliothek von Qumran zumindest fragmentarisch auch in hebräischer Sprache vorhanden waren.

Darüber hinaus fanden sich nennenswerte jüdische Ansiedelungen auch in Babylon sowie in vielen Städten und Gebieten rings um das Mittelmeer. Dabei siedelte man sich vor allem in Städten an. Man sprach Griechisch als Muttersprache, verwendete aber, besonders in Gelehrtenkreisen, auch noch das Hebräische und das Aramäische. Immerhin ist der Talmud (s. S. 160) in beiden Sprachen abgefasst.

Mit der Sprache fanden auch griechische Vorstellungen Eingang in das Judentum dieser Zeit, wie etwa in den Schriften des Philo von Alexandrien ansichtig wird. Eine Rückbesinnung auf die Bibel in der Originalsprache ist allerdings bereits gegen Ende des 1. Jh. n. Chr. im Kontext der allmählichen Trennung von Juden und Christen auszumachen. Die Tatsache der (fehlerhaften) Übersetzung der Immanuel-Prophetie des Jesaja, in der die griechische Fassung im Gegensatz zum Original nicht von einer „jungen Frau“ (hebr. Alma), sondern von einer Jungfrau (griech. Parthenos; hebr. Betula) spricht, dürfte ein wesentlicher Grund für die zunehmende Vernachlässigung der LXX durch das Judentum gewesen sein. Es werden einige neue jüdische griechische Übersetzungen ediert, aber sie erreichen nicht den Rang der LXX, denn diese wird nun von den Christen übernommen und ist bis zur Entstehung der christlichen Bibel deren (einzige) „heilige Schrift“. Das Judentum wendet sich mehr und mehr ausschließlich der hebräischen Bibel zu.

In der Folge der beiden Kriege nahm die Diaspora weiter zu, teils durch freiwillige Auswanderung, teils durch Versklavung und Deportation von Juden im ganzen römischen Reich. Von Nero wird überliefert, dass er u.a. mit Gefangenen des beginnenden ersten Jüdisch-Römischen Krieges seinen Plan verwirklichen wollte, die Meerenge von Korinth, den Isthmus, zu durchstechen, um auf diese Weise den Umweg der Schiffe um den Peleponnes zu umgehen.

II. Geschichte des Judentums nach dem Ende des jüdischen Gemeinwesens bis zum Staat Israel

5. Vom Jüdisch-Römischen Krieg bis heute

5.1 Die Gemeinde von „Babylon"

In Folge der Kriege kam es im gesamten römischen Reich zur Ansiedelung von Juden, und dies nicht nur in Griechenland und in Kleinasien. Auch Trier und andere Städte in Deutschland wie Speyer, Worms, Mainz und Köln weisen schon früh jüdische Spuren auf. Ansonsten dürfte im Mittelalter und in der frühen Neuzeit in Spanien die größte jüdische Diaspora entstanden sein. Mit dem Untergang des Oströmischen Reiches im Zuge der Ausbreitung des Islam war es Juden andererseits auch wieder möglich, sich in Palästina niederzulassen. Sie wurden dort zumindest toleriert.

Zunächst aber gewannen nach 135 n. Chr. die Juden in „Babylon" großes Ansehen. Zu denjenigen, die nach dem Exil dort geblieben waren, strömten neue Wellen an Auswanderern im Kontext der verschiedenen Aufstände und Kriege, sodass die dortige Diaspora an Stärke zunahm. Die Juden im neupersischen Reich der → *Sassaniden* verstanden sich als loyale Staatsbürger und hatten nur gelegentlich unter Verfolgung – etwa durch Einflüsse der → *zoroastrischen* Priesterschaft – zu leiden.

Ab etwa dem 7. Jh. n. Chr. finden sich die geistig führenden Köpfe des damaligen Judentums v.a. in den Städten Sura und Pumpedita (heute Faludscha), beide im heutigen Syrien gelegen. Die Leitung dieser Diasporagemeinden erfolgte durch die Akademieoberhäupter der beiden Städte, die man als → *Gaon* (= Herrlichkeit; Plural: Geonim) bezeichnete. Es waren dies die religiösen Oberhäupter des Judentums schlechthin.

In Schreiben trafen stets neue Anfragen zu besonderen und außergewöhnlichen Fällen und Fragen ein, die diskutiert und eben auch schriftlich beantwortet wurden. Auf diese Weise kam es zur Gattung der → *„Responsenliteratur"*. Etliches davon wurde in der → *Kairoer Geniza* gefunden. Es ist daher auch nicht überraschend, dass der Talmud gerade in Babylon entstand bzw. der babylonische Talmud gegenüber dem Jerusalemer (Talmud Jeruschalmi) höheres Ansehen genießt. Die Zeit des Gaonats endete Anfang bzw. Mitte des elften Jahrhunderts.

„Diaspora" bedeutet jedoch nicht, dass es in Palästina selbst keine Juden mehr gegeben hätte. Dort, v.a. in Tiberias, wurde intensiv an der hebräischen Bibel gearbeitet.

5.2 Gelehrsamkeit im Land: Der Hebräische Text der jüdischen Bibel – Sopherim und Massoreten

Mit dem Beginn christlicher Zeitrechnung beginnt in Palästina die Arbeit der Sopherim, der Schreiber, die durch die → *Massoreten* (Massora = Überlieferung) fortgeführt und abgeschlossen wurde. Diese Arbeiten brachten den heute vorliegenden massoretischen Text, d.h. einen kanonisierten hebräischen Text mit Vokalzeichen hervor.

Bereits in der nachexilischen Zeit verlor das (Alt-)Hebräische als Umgangssprache und auch als Schrift seine Bedeutung und wurde zunehmend, protegiert durch das persische Reich, durch das „Reichsaramäisch" ersetzt. Ein Vergleich der althebräischen Schrift und der aramäischen „Quadratschrift" macht den Unterschied deutlich:

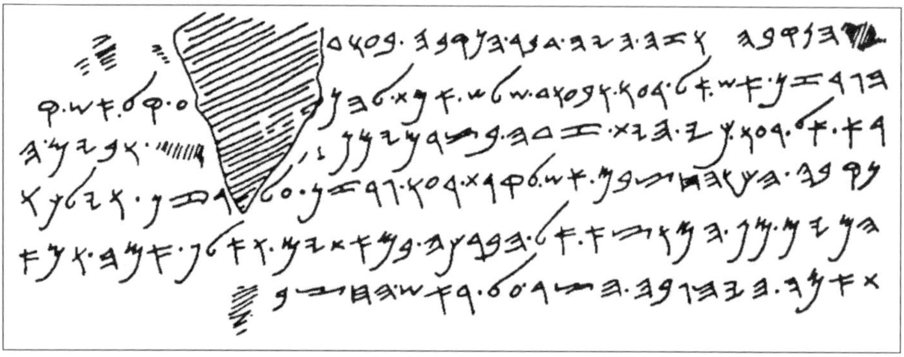

Abb. 4 und 5: Die Althebräische Schrift, die der phönizischen Schrift sehr ähnlich ist; im Vergleich die heute noch verwendete, ursprünglich aramäische Quadratschrift, Foto: Daniel Tibi

Bei dem Text in Althebräisch handelt es sich um eine Inschrift aus dem sogenannten Shiloahtunnel in Jerusalem, der vermutlich in der Zeit des Königs Hiskija (ca. 725–698 v. Chr.) gebaut wurde und heute noch begehbar ist. Die Inschrift wurde offensichtlich von den Arbeitern in den Fels geritzt und schildert den Grabungsvorgang kurz vor dem Durchbruch, als man bereits einander hören konnte (man arbeitete von den beiden entgegengesetzten Seiten aus aufeinander zu). Die Inschrift befindet sich heute im archäologischen Museum in Istanbul.

Da der Tunnel vielfach gewunden ist und man von zwei Seiten arbeitete, ist zu vermuten, dass hier ein im Fels vorhandener Riss oder Spalt erweitert und für den Wasserfluss nivelliert, d.h. ein gleichmäßiges Gefälle eingearbeitet wurde.

Die Übersetzung lautet:

> *1 [Zu Ende ist (?)] die Durchbohrung. Und dies war die Geschichte der Durchbohrung: Als noch [die Arbeiter] 2 die Hacke [erhoben] einer zum andern hin und als noch drei Ellen durchbohrt [werden mussten, hörte] man, wie einer 3 dem anderen zurief, dass ein Loch(?) im Felsen entstanden sei nach rechts und [nach links (?)]. Und am Tage der 4 Durchbohrung schlugen die Tunnelarbeiter einer nach dem anderen entgegen, Hacke gegen Hacke; da strömten 5 die Wasser aus der Quelle in den Teich an 1200 Ellen, und 100 Ellen 6 Ellen war die Höhe des Felsens über dem Haupt der Tunnelarbeiter.*
> *(Gressmann: Altorientalische Texte 445; eine weitgehend im Wortlaut übereinstimmende Übersetzung bieten neuerdings Finkelstein und Silbermann 121f)*

Mit Änderung von Sprache und Schrift bestand die Gefahr, dass auch die heiligen Schriften nicht mehr eindeutig gelesen und verstanden (man schrieb nur die Konsonanten) oder, schlimmer noch, in Vergessenheit geraten würden.

Im Gottesdienst wurden die atl. Lesungen schon bald spontan mündlich in die aramäische Sprache übersetzt, zunächst ohne schriftliche Aufzeichnung (→ *Targum* = Übersetzung) und häufig auch ausgelegt. Der hebräische Text der heiligen Schrift wurde durch die Arbeit der → *Sopherim* (= Schreiber) sorgfältig kopiert, vervielfältigt und hinsichtlich seiner fehlerfreien Wiedergabe überwacht. Diese Arbeit wurde möglicherweise schon im 4. Jh. v. Chr. aufgenommen und endet etwa um 500 n. Chr. Auf die Sopherim geht auch bereits eine erste Vokalisierung zurück: Dazu benutzten sie bestimmte Konsonanten, wie z.B. den Buchstaben waw (= w) und das jod (= j), um damit Vokale auszudrücken: das waw für die Vokale u und o, das jod für i und e.

Ab 500 n. Chr. beginnt die Arbeit der Massoreten, die daran gingen, in zunächst unterschiedlichen Systemen Vokalzeichen in den Text einzuarbeiten. Dies geschah sowohl über als auch unter den Konsonanten, z.T. auch auf halber Höhe. Dabei beließ man allerdings die Hilfsvokale, die von den Sopherim eingesetzt worden waren und nun bereits zum festen konsonantischen Text gehörten, an ihrem Ort, sodass es nunmehr im Text häufig zu einer doppelten Vokalisierung kommt. Durchgesetzt hat sich dabei das System einer → *Massoreten*familie aus Tiberias, der Familie der Ben Ascher im 9. und 10. Jahrhundert. Die von den Ben Ascher vokalisierten und korrigierten Ausgaben bilden in Gestalt des → *Codex Leningradensis und des Codex Aleppo* die Grundlage der heutigen gedruckten hebräischen Bibel, die somit „nur“ ca. 1000 Jahre alt ist. Nicht weiter vertieft werden soll, welche sonstigen Arbeiten die Massoreten am Text vornahmen, wie etwa sprachliche und inhaltliche Korrekturen oder die Zählung von Worten und Buchstaben des Textes, die zu dessen Eindeutigkeit und Unversehrtheit beitragen sollten und sich heute in den gedruckten Ausgaben am rechten und linken Rand des Textes finden.

Abb. 6: Codex Aleppo, ca. 920 n. Chr.

5.3 Das Judentum Westeuropas

Das Judentum in Westeuropa besaß, regional unterschiedlich, zunächst durchaus auch eigenen Grund und Boden. Dies wurde allerdings u.a. dadurch zunehmend erschwert, weil ein Landbesitzer, der das Land als Lehen empfing, einen christlichen Eid zu leisten hatte – für Juden natürlich eine völlig inakzeptable Bedingung. Die lokalen Vertreibungen nach dem ersten Jahrtausend taten ein Übriges, den Juden Grund und Boden zu entziehen. Regional verschieden fand man Juden auch als Handwerker, Ärzte, Händler und Bankiers. In Deutschland allerdings war den Juden das Handwerk verschlossen, da die Zünfte keine Nichtchristen aufnahmen.

Nur wenige Juden erkletterten die Karriereleiter und wurden z.B. Finanzminister oder Kämmerer an großen und kleinen europäischen Fürstenhöfen. Es kam immer wieder vor, dass sich Adelige durch Vertreibung (oder Ermordung) von Juden, in deren Schuld sie standen, ihrer Schulden entledigten. Die großen Vertreibungswellen betrafen vor allem die Iberische Halbinsel, wo es bereits im 6. Jh. mit der Christianisierung der Westgoten zu Pogromen und Zwangstaufen der Juden kam, sowie England.

Doch der Reihe nach: Im Zuge der Kreuzzüge im 11. Jh. kam es in Europa, vor allem in Frankreich und Deutschland, wiederholt zu Pogromen und Übergriffen an und gegen Juden. Unter der Parole, man solle doch zunächst die Ungläubigen im eigenen Land und vor der eigenen Haustür beseitigen, wurden in vielen Städten gerade des deutschen Reiches Juden ermordet. Zwar ist überliefert, dass kirchliche Würdenträger „ihre" Juden zu schützen versuchten, von denen sie i.d.R. profitierten, aber es kam trotzdem zu Massenmorden.

Bereits 1290 vertrieb König Edward alle Juden aus England. In Frankreich wurden sie 1306 vertrieben, unter Ludwig X. ab 1315 wieder geduldet und 1394 unter Karl VI. erneut vertrieben.

Etwas besser ging es in dieser Zeit – ab dem 10. Jh. – den Juden auf der Iberischen Halbinsel, wo es mit der Blüte des Islam auch zu einem Aufschwung des Judentums kam, der sich nicht allein in der muslimisch-jüdischen, sondern auch der christlich-jüdischen Zusammenarbeit äußerte. Trotzdem kommt es auch dort zur Vertreibung der Juden im 14. und 15. Jahrhundert (1492: Alhambra-Edikt) im Zuge der sogenannten Reconquista, der Rückeroberung der Halbinsel durch die Christen. Die Juden lassen sich daraufhin in Italien, den Niederlanden, in Frankreich, in Osteuropa und schließlich vor allem an der Küste rund um das Mittelmeer nieder. Auch nach Palästina zieht es viele.

5.4 Das Judentum unter dem Islam

Zum Leben der Juden unter der Herrschaft des Islam müssen an dieser Stelle einige Bemerkungen genügen:

Unter Mohammed kam es nach anfänglicher Werbung für den neuen Glauben schon bald zur Ermordung von Juden, da diese sich weigerten zu konvertieren. In der weiteren Geschichte des Islam wurde das Judentum – zumeist – toleriert. Als Schutzbürger mussten sie allerdings eine eigene Steuer abführen, wie dies dann auch unter christlichen Herrschern üblich wurde. Darüberhinaus waren die Juden keine gleichwertigen Bürger sondern mussten – regional unterschiedlich – eine Reihe von Nachteilen in Kauf nehmen. Auch die farbliche Kennzeichnung der Kleidung geht schon auf muslimische Regenten zurück. Insgesamt scheint es den Juden unter dem Islam jedoch besser ergangen zu sein als unter christlichen Herrschern.

Das je andere Umfeld, in dem die Juden lebten, führte natürlich auch zu regional unterschiedlicher Lebensweise und zu Unterschieden in der Religionsausübung, und diese Unterschiede haben sich bis heute gehalten. Deshalb ist es kaum möglich von „dem“ Judentum zu sprechen. Es existiert genauso wenig wie *das* Christentum. Ebenso verkehrt ist es, die verschiedenen Richtungen des Judentums, die sich vor allem in der Neuzeit herausbildeten, an Äußerlichkeiten wie etwa am Tragen des → *kleinen Tallit* oder von Schläfenlocken festzumachen. Beides sind Zeichen des orthodoxen Judentums, aber sie bedingen einander nicht.

Im Deutschland des späten 19. Jahrhunderts kristallisierten sich drei Richtungen des Judentums heraus, die bis heute bestimmend sind: die Orthodoxie, das konservative und das reformierte Judentum, wobei die Grenzen zwischen den einzelnen Richtungen fließend sind. Auch deshalb ist es verfehlt, von *dem* Judentum zu sprechen

5.5 Das Mittelalter und die frühe Neuzeit in Europa

Diese Epoche ist von zweierlei geprägt: zum einen von relativer Ruhe und einer – zumeist nur lokalen – Blüte des Judentums und zum anderen von einer steten Diskriminierung, Verfolgung und Vernichtung, dies alles verbunden mit immer wieder neuen Wanderbewegungen. Schon genannt wurde die Auswanderungswelle von der Iberischen Halbinsel im 15. Jh. Bevor es aber dazu kam, muss wenigstens eine Person genannt werden, der bis zum heutigen Tag die allerhöchste Ehrerbietung entgegengebracht wird: „Von Moses bis Moses gibt es keinen größeren als Moses“, heißt ein jüdisches Sprichwort und meint: Vom biblischen Moses bis zu einem erwarteten eschatologischen Moses gibt es keinen größeren Gelehrten als Moses Maimonides, ein Jude aus Cordoba des 12. Jh., der aber vor allem im nördlichen Afrika tätig war. Sein Name Rabbi Mosche ben Maimon wird auch abgekürzt als RaMBaM wiedergegebenen. Man kann ihn ohne Frage als Universalgelehrten seiner Zeit bezeichnen. Auf ihn gehen unter anderem ein jüdisches Glaubensbekenntnis und ein Mischnakommentar zurück, beide bis heute von hoher Bedeutung. Er starb 1204 in Kairo und ist in Tiberias begraben.

Im Zuge der Vertreibung aus Spanien und Portugal und der Flucht der Juden kommt es zur Gettoisierung. Das Getto ist keineswegs eine von der Umwelt aufgezwungene Kasernierung, sondern auch und vor allem von jüdischer Seite gewollt. Es handelt sich ganz einfach um ein jüdisches Viertel innerhalb einer Ortschaft, wie es vermutlich so auch schon im ägyptischen Alexandria in frühchristlich-römischer Zeit bestand. Man wohnte zusammen, weil dies zu einer ganzen Reihe von Erleichterungen im jüdischen Leben führte: Die Synagoge war rasch zu erreichen, innerjüdische Geschäfte konnten ohne Probleme abgewickelt werden, die Lebensmittel, die man für den täglichen Bedarf brauchte, konnten in koscherem Zustand in unmittelbarer Nachbarschaft produziert und verkauft werden. Man bewegte sich unter seinesgleichen und fiel nicht auf. In der vorösterlichen Passionszeit, in der es mehr als einmal zu Übergriffen auf die „Gottesmörder“ kam, konnte man sich in das Getto zurückziehen. Es besaß mancherorts sogar eigene Tore, die in dieser Zeit einfach geschlossen gehalten wurden.

Erst im 16. Jahrhundert wird das Getto zu einer Einrichtung, die den Juden von außen aufgezwungen wurde, indem Gesetze erlassen wurden, die den Juden die Ansiedelung außerhalb des jüdischen Viertels untersagten. Je nach Größe des Gettos und nach Bevölkerungszuwachs führte dies teilweise zu katastrophalen baulichen wie auch hygienischen Zuständen. Einen Eindruck eines solchen Gettos kann man in Prag noch erahnen, insbesondere auf dem jüdischen Friedhof, wo mangels weiterer Freiflächen für Gräber mehrere Grablagen übereinander zu einer deutlichen Erhöhung des Areals über Straßenniveau führten. Auf Stadtplänen des heutigen Prag ist der Umfang des ehemaligen Gettos, die sogenannte Josefsstadt (Josefov), noch deutlich zu erkennen.

Der Name Getto stammt vermutlich aus Venedig, wo Juden des 16. Jh. nach ihrer Flucht aus Spanien in einem Viertel angesiedelt wurden. In dem Viertel befand sich eine Gießerei (Getto/Ghetto = Guss). Dieser Name wurde auf das ganze Viertel übertragen und später allgemein als Bezeichnung eines Stadtbezirkes, in dem eine bestimmte Bevölkerungsgruppe oder -Schicht wohnt, verwendet.

5.6 Antijudaismus und Antisemitismus – Veränderungen im Selbstverständnis des Judentums

Der Unterschied zwischen den beiden Vorstellungen und Richtungen lässt sich kurz umreißen:

Von Antijudaismus spricht man, wenn von Vorbehalten oder Feindschaft gegen die *Religion* des Judentums die Rede ist. Antisemitismus dagegen geht davon aus, es gäbe eine *semitische Rasse*, wobei damit ausschließlich das Judentum gemeint ist. Dies aber ist von vorneherein unrichtig, denn de facto gehören auch die Araber zu den Semiten, Arabisch ist eine semitische Sprache. Deutlich wird dies z.B. am Namen des jordanischen Königshauses: Haschemitisches Königreich Jordanien. Während man eine Religion wechseln kann – v.a. in Spanien und Portugal wurden massenhaft Zwangstaufen von Juden und auch Muslimen vorgenommen, wie es auch umgekehrt Zwangsbekehrungen zum Islam gibt –, kann eine Zugehörigkeit zu einer „Rasse“, die ethnisch begründet wird und der bestimmte Merkmale zugeschrieben werden, nicht geändert werden. Antisemitismus ist so gesehen wesentlich umfassender als Antijudaismus.

In der Kirchengeschichte war die Judenfeindschaft durchweg religiös geprägt. „Die Juden“ waren die Gottesmörder, die nur deshalb nicht ausgerottet wurden, weil Gott an ihnen ein Exempel statuieren wollte und sie die Strafe Gottes für die Schuld am Tod Jesu, z.B. in Form ihrer Zerstreuung unter die Völker, durch die Zeiten zu tragen hatten. Man konnte sich dieser Feindschaft entziehen, indem man Einsicht in das Heilswirken Gottes zeigte und sich taufen ließ.

Allerdings misstraute man den zwangsgetauften „Neuchristen" und verdächtigte sie vielfach, ihren alten Glauben im Geheimen weiterhin zu praktizierten. So kam es angeblich zu Kontrollen, ob etwa am Sabbat Rauch aus dem Kamin kam (Juden entfachen am Sabbat kein Feuer) und ob statt tierischer Fette ersatzweise (Oliven-)Öl verwendet wurde. Dennoch war der Wechsel der Religion für lange Zeit grundsätzlich erst einmal ein Schutz vor Verfolgungen und auch eine Möglichkeit, gesellschaftliche Anerkennung zu erreichen – dies galt besonders im Zeitalter der Aufklärung, bis ins späte 19. Jahrhundert. Zwei bekannte Namen seien in diesem Kontext genannt: Zum einen der Musiker und Komponist Felix Mendelsohn-Bartholdy (1809–1847) und zum anderen der Schriftsteller Heinrich Heine (1797–1856), die beide den Wechsel vom Judentum zum Christentum vollzogen.

Im Zuge der Entstehung von Nationalstaaten bezeichneten sich Juden auch nicht mehr als „Juden" sondern z.B. als „Deutsche jüdischen Bekenntnisses" und nahmen als solche selbstverständlich je für ihr Land an den Kriegen teil, auch am Ersten Weltkrieg.

Dabei war der Antijudaismus kein Problem, das auf eine bestimmte christliche Konfession beschränkt war. Martin Luther etwa verstand die Juden zwar zu Beginn seines Wirkens als Adressaten seiner Botschaft und warb um sie mit der Absicht, sie zum protestantischen Glauben zu bekehren. Er war der Auffassung, dass das von ihm propagierte Christentum, nunmehr von vielen Irrtümern befreit, für Juden attraktiv sein müsse. Doch nach ca. 25 Jahren erfolglosen Bemühens startete er in seiner Spätschrift „Von den Juden und ihren Lügen" einen Generalangriff gegen sie und machte Vorschläge, wie mit ihnen zu verfahren sei. Das Papsttum des 16. Jahrhunderts und die Gegenreformation waren nicht weniger antijüdisch eingestellt.

Es ist eine Ironie der Geschichte, dass die Christen im Laufe der Jahrhunderte den Juden vergleichbare Schandtaten zuschrieben, wie sie dem frühen Christentum von der heidnischen Umwelt vorgeworfen wurden: Genuss von Menschenblut nach Ritualmord an christlichen Kindern, Absonderung, Geheimlehren u.ä. Im Hochmittelalter kam noch der Vorwurf des Hostienfrevels dazu, d.h. die Schändung konsekrierter Hostien etwa durch „Kreuzigung" oder Durchbohrung derselben, Versuche der Zerstörung auf einem Amboss und Ähnliches. Und obendrein galten die Juden auch als Brunnenvergifter und Verursacher von Seuchen und anderen Widerfahrnissen. Es half den Juden gar nichts, dass sie selbst auch Opfer der Seuchen wurden. Man brauchte einfach einen Sündenbock.

Der Handel und das Kapitalwesen, das auch, aber keineswegs ausschließlich, von Juden in Ermangelung anderer Tätigkeiten als privilegierte „Hofjuden" oder auch als „Finanzminister" der Herrscher ausgeübt wurden, trugen nicht eben zur Beliebtheit der Juden bei: zum einen nicht bei den christlichen Händlern und den europäischen Handelsstädten, zum anderen bei den Kreditnehmern, gleich welchen Standes. Es ist zu erwähnen, dass die in Deutschland wohl bekanntesten Geldhäuser, wie z.B. das der Fugger im Augsburg des 14. und 15. Jh., die Kaiser,

Königen und Päpsten Kredit gewährten, eben *keine* Häuser jüdischer Bankiers waren. Von den sprichwörtlichen jüdischen Wucherzinsen kann im Übrigen auch nicht die Rede sein: Die Zinsen waren, am heutigen Stand gemessen, erschreckend hoch, aber letztlich orientierten sie sich an dem ebenso hohen Risiko des totalen Kapitalverlustes.

Ausgerechnet im Kontext einer zunehmend naturwissenschaftlichen Weltsicht, die eine Klassifikation von Lebewesen und Pflanzen nach bestimmten äußeren Merkmalen betrieb, kam es zum Rassegedanken, der keineswegs nur in Deutschland zum Antisemitismus führte, dort aber durch die Nationalsozialisten am umfassendsten betrieben wurde. Genährt wurde dieser Antisemitismus einerseits durch den verbreiteten Chauvinismus der Nationalstaaten und zum anderen durch die Idee des Sozialdarwinismus, der nicht nur das Recht des Stärkeren, sondern auch dessen Überlebensrecht propagierte. Die „naturwissenschaftliche" Bestimmung einer Rasse führte denn auch dazu, dass jüdische „Eigenschaften" oder auch jüdisches „Aussehen" Gegenstand „wissenschaftlicher" Beschäftigung wurden. Wie man sich dergleichen vorstellte ist z.B. aus Karikaturen – auch bei Wilhelm Busch! – zu entnehmen, in denen ja grundsätzlich Eigenschaften einer Person überzeichnet werden.

Im Zuge der „wissenschaftlichen" Erforschung der „Rassen" vermaß man Gliedmaßen, rekonstruierte Prototypen und bewertete diese unterschiedlich in ihrem Rang und ihrer Bedeutung. Es ist wohl weithin bekannt, dass die Nationalsozialisten der arischen oder germanischen Rasse den höchsten Rang (als „Herrenrasse") in ihrem abstrusen Weltbild einräumten. Die „jüdische Rasse" wurde dagegen als äußerst minderwertig eingestuft, als ein Parasit, der sich von seinem Wirt ernährt und diesen ausbeutet.

Da die negativen Eigenschaften nicht als Eigenart einer bestimmten Person, sondern als Eigenart der ganzen „Rasse" und damit auch als vererbbar bestimmt wurden, gab es aus diesem System kein Entrinnen, etwa durch Wechsel der Religion. Je nach Vorfahre war man Jude, Halb- oder Vierteljude, je nachdem ob sich in der Vergangenheit auch „arische" Mitglieder in der Genealogie fanden.

Dazu kamen Verschwörungstheorien, die propagierten, „das Judentum" wolle die Weltherrschaft an sich reißen, indem zentrale Schaltstellen des Kapitalverkehrs besetzt und manipuliert würden. Eine andere Verschwörungstheorie wurde zum Ende des Ersten Weltkrieges in Form der ebenfalls antisemitisch eingefärbten „Dolchstoßlegende" in die Welt gesetzt. Sie besagt, dass das deutsche Heer nicht auf dem Kriegsschauplatz besiegt wurde, sondern durch „vaterlandslose Gesellen" in der Heimat, welche der Armee die moralische und finanzielle Unterstützung versagten. Sie fielen dem Heer in den Rücken. „Schuld" daran waren vor allem die Sozialdemokraten, die Demokraten und – wieder einmal – die Juden bzw. das internationale Judentum.

In den Karikaturen findet man dann den „braven" Soldaten in seinem Schützengraben, dem ein wohlbeleibter Zivilist mit schwarzem Bart und Hakennase einen Dolch in den Rücken stößt.

Die Absurdität, eine „jüdische Rasse“ zu postulieren, wird schon dadurch deutlich, dass sich das Judentum als zur semitischen (Sprach-)Familie gehörig, zu Recht mit seinen Nachbarn, den Ammonitern, Moabitern, Edomitern u.a. nahe verwandt fühlte, deren Nachfahren aber keineswegs in das Räderwerk nationalsozialistischer Rassevorstellungen gerieten.

Das Judentum selbst versteht sich – zumindest im Rahmen des konservativen wie auch des reformierten Judentums – sowohl als Volk wie auch als Religion: Man kann durch Wechsel der Religion Jude werden, heute freilich erst nach einem umfänglichen Verfahren und einer Art Katechumenat (Vorbereitungszeit), in dessen Verlauf man sich die hebräische Sprache wie auch die wichtigsten religiösen und kultischen Inhalte aneignen muss. Für einen Mann ist zudem die Beschneidung obligatorisch. Im Gegensatz zur ntl. Zeit ist das Judentum heute freilich nicht mehr missionarisch ausgerichtet, sondern im Gegenteil sehr restriktiv hinsichtlich der Aufnahme von Menschen aus einer anderen Religion.

Jude kann man also durchaus durch Religionswechsel werden, gleichzeitig wird man aber auch als Jude geboren, wenn man Kind einer jüdischen Mutter ist. Und dies bleibt man auch, selbst als – nur scheinbar paradox – atheistischer Jude.

Das Judentum ist damit ein Zweifaches: sowohl Volk als auch Religion. Vielleicht ist es daher angebracht, mit Küng (Das Judentum S. 44–47), vom Judentum als einer „Schicksalsgemeinschaft“ zu sprechen.

Eine Richtung des Judentums, die sich durch mehrere Jahrhunderte zieht und deren Spuren bis zum heutigen Tag sichtbar sind, soll hier eigens behandelt werden: Es geht um die **Kabbala** oder auch Kabbalah (= [empfangene] Überlieferung) und den damit eng verbundenen Chassidismus.

5.7 Neue Strömungen: Kabbala und Chassidismus

Über das Alter der Kabbala und ihrer Ursprünge gehen die Meinungen auseinander. Die ersten Schriften dieser Richtung scheinen aber im Südfrankreich des 12. bis 14. Jh. entstanden zu sein und damit aus der Zeit und der Gegend der großen Reformbewegung der Albigenser bzw. Katharer zu stammen. Freilich ist bis zur Stunde nicht geklärt, ob die beiden Richtungen in irgendeiner Weise zusammenhängen oder sich gegenseitig befruchtet haben, denn immerhin stehen die christlichen Reformbewegungen in scharfer Opposition zur Kirche, während dies für die kabbalistische Richtung im Blick auf das Judentum in keiner Weise gilt. Im Gegensatz zur eigentlichen Bedeutung des Wortes Kabbala wurde das Wort zum Synonym für jüdische Geheimlehre, denn die so bezeichneten Schriften wollten genau dies sein. Durch Form, Sprache und Duktus versuchten die frühen Texte, ein hohes Entstehungsalter zu suggerieren. Dies wurde auch dadurch untermauert, dass man aus seinen eigenen Schriften zitierte.

Es ist im Judentum üblich, den Text, besonders den biblischen, nicht nur als Textinformation zu verstehen. Vielmehr versucht man aus ihm durch Interpretation von Form, Wortstellung, Häufigkeit bestimmter Worte u.ä. zusätzliche Erkenntnisse zu gewinnen. Zwei Beispiele: Wenn Gott zu Abraham sagt: „Höre auf deine Frau." und sich diese Aussage nur an dieser einen Stelle des AT findet, so kann daraus gefolgert werden, dass ein Mann ansonsten *nicht* auf seine Frau hören soll. Das habe ich wörtlich so von einem jüdischen Religionslehrer gehört! Wenn sich im Bruderzwist von Kain und Abel kein Grund finden lässt, weshalb Gott das Opfer des einen annimmt, das des anderen jedoch ablehnt, kann vielfach spekuliert werden: Es fehlte die rechte Haltung des Kain, er bot Gott nur fehlerhafte, minderwertige Früchte an u.v.m. Die gewonnenen Überlegungen werden tradiert, kommentiert und wieder tradiert. Und wenn sich schließlich in der Tora 613 Ge- und Verbote finden und diese Zahl angeblich der Anzahl der menschlichen Knochen entspricht, so wird daran deutlich, dass alles seinen tieferen Grund hat, vor allem aber ein Ordnungsprinzip vorliegt: eben die (präexistente) Tora als Bauplan des Menschen und schließlich auch der Schöpfung.

Die Kabbala geht über derartige Erklärungen jedoch noch hinaus. Es geht um ein besonderes Anliegen, das zum Ausdruck gebracht werden soll:

> *„Dabei bediente man sich weitgehend herkömmlicher Ausdrucksweisen, nicht zuletzt der Bibel, sodass für den Leser auf den ersten Blick alles wohlvertraut erscheint. Doch die Einzelelemente haben im Gesamtrahmen eine Bedeutung erhalten, die nur vom neuen System her begreiflich wird. Die Details erscheinen also nur als solche, für sich betrachtet, verständlich; was der Text heißen soll, in dem sie stehen, wird erst klar, wenn man die neue Gesamtsicht kennt. Von ihr her erhalten sie dann bis zu den einzelnen Wörtern hin und im Rahmen der Buchstaben- und Zahlensymbolik sogar bis zu den einzelnen Schriftzeichen hin einen ganz neuen Sinn. Ein – guter – kabbalistischer Text stellt also etwas wie ein kodierter Geheimtext dar ..." (Maier, Kabbalah S. 45).*

Der Kabbala geht es um einen postulierten höchsten oder tiefsten, verborgenen Sinn. Es geht um die Erkenntnis von Gott, seiner „Wirkungskräfte" oder „Wirkungsweisen", um die sogenannten „S^{e}firot" (Zählung) und damit auch um die Erkenntnis von Welt. „Um was immer es sich handelt, um Sachaussagen, Geschehnisse oder Personen, ob in der Bibel erzählt oder aktuell erlebt, alles und jedes wird vom Kabbalisten als Chiffre für ‚Höheres' zum kabbalistischen Gesamtsystem in Beziehung gesetzt und bekommt von diesem her seine angeblich ureigene Bedeutung. Und dieses Gesamtsystem überhöht den Rahmen des neuplatonischen Weltbilds, indem zwischen den geistigen Seinsstufen, beziehungsweise den neun oder zehn Sphären der aristotelisch durchsetzen neuplatonischen Tradition eine letzte Zwischenwelt als Übergang zur absolut jenseitigen Gottheit eingefügt wird: Die Welt der S^{e}firot, der göttlichen Wirkungskräfte. Ihre Funktionen und ihre Beziehungen untereinander und ihr Verhältnis zu den unteren Seinsstufen bilden den eigentlichen Inhalt und Gegenstand der klassischen Kabbalah." (Maier, Kabbalah, 46)

Die wichtigsten kabbalistischen Werke sind das Buch Bahîr (das hellscheinende Buch, Buch der Klarheit), das Buch Jetzira (Buch der Formung oder Schöpfung), auch J[e]çîra geschrieben, und das Buch Zohar (das Buch des Glanzes, des Strahlens). Bedeutende Kabbalisten des 14. Jh. sind Josef ben Abraham (Josef) Gikatilla sowie Moses ben Samuel de Leon.

Nach der Vertreibung der Juden von der Iberischen Halbinsel bildete sich ein Zentrum der Kabbalah in der Stadt Sfat, auch Zafet oder Safet geschrieben, im Norden Israels, und blieb dies bis zum heutigen Tag. Hier wirkte im 16. Jh. vor allem Isaak Luria, in dessen vollem Namen (Rabbi Jizchaq ben Schlomo Aschkenasi Lurja) seine Herkunft aus Polen oder Deutschland (→ *Aschkenas*) angedeutet wird. Obwohl er selbst kaum etwas von seinen Lehren schriftlich niedergelegt hat, fanden seine Ansätze weite Verbreitung. Er gilt als Asket und um seine Gestalt ranken sich eine ganze Reihe von Legenden, wie z.B. die von seiner außerordentlichen Weisheit bereits im Kindesalter. Der zwölfjährige Jesus im Tempel lässt grüßen.

Obgleich derartige Überlegungen und Studien eher zu einer individuellen Gottesnähe und Gottesschau geeignet zu sein scheinen, und in einer „introvertierte(n), sich abkapselnde(n), asketisch gefärbte(n) neuplatonisch-spekulative(n) Religiosität" zum Ausdruck kommen (Küng, Judentum 224f), finden doch auch messianische Gedanken Eingang in die aschkenasische Kabbala. Dies hängt damit zusammen, dass die Kabbala einerseits zwar grundsätzlich nicht politisch argumentiert, andererseits aber mittels ihrer Spekulationen natürlich auch das Auftreten eines Messias ansagen konnte. Darüber hinaus brachte die Kabbala aber auch immer wieder große Denker und Lehrer hervor, die einen eigenen Schülerkreis um sich versammelten. Etlichen dieser Lehrer werden sogar Wundertaten zugeschrieben, wie etwa Rabbi Löw aus Prag, der aus einer unbelebten Tonfigur durch das Einlegen des Gottesnamens in deren Mund eine lebende Gestalt schuf, den Golem, der für das Judentum des Prager Gettos Knechtsarbeiten verrichtete.

Es kamen allerdings auch äußere Anlässe hinzu, die einer Infizierung der Kabbala mit messianischen Ideen Vorschub leisteten: Dazu trugen sowohl die Vertreibung der Juden aus Spanien und Portugal als auch die Umbrüche der Reformation bei. Als weiterer Anlass muss das Pogrom in Galizien (südliches Polen und nördliche Ukraine) im Jahre 1648 im Kontext eines Bauern- und Kosakenaufstandes gegen die Juden (Anführer: Bogdan Chmielnicki) mit 100.000 Toten und dem Untergang von 300 jüdischen Gemeinden genannt werden. Denn in diesen Umwälzungen konnte man gut die Drangsale der Endzeit sehen, die nicht nur in der christlichen, sondern auch in der jüdischen Apokalyptik erwartet werden.

Untrennbar verbunden ist der messianische „Zweig" der Kabbala mit dem Namen des Sabbataj Zwi (1626–1667) der sich zum Messias ausrufen ließ und 1666 als das Jahr der Erlösung verkündete. Es sollte tatsächlich ein Schicksalsjahr werden, aber nicht so, wie er und seine Anhänger sich das vorgestellt hatten: Er wurde vom Sultan verhaftet und trat im Jahr 1666 zum Islam über, um sein Leben

Abb. 7: Schtreimelträger in Israel, 2010, Foto: Christopher Michael

zu retten. So manche seiner Anhänger, die als Sabbatianer bezeichnet werden, hielten auch nach seinem Tod an ihm fest und erhofften seine Wiederkehr. Dies ermöglichte es einem Sabbatianer mit Namen Jakob Frank (1726–1791), sich als Reinkarnation des Sabbataj Zwi auszugeben. Er wurde von einem rabbinischen Gericht exkommuniziert, floh in die Türkei, wurde dort ebenfalls Muslim, wechselte in Polen vom Islam zum Katholizismus und starb schließlich als orthodoxer Christ. Mit diesen beiden Messiasaspiranten geriet nicht nur die messianische Kabbala in eine Krise: Die ganze Richtung als solche fand ihren neuen Ausdruck im osteuropäischen Chassidismus (Chassid = Frommer).

Oben wurde schon angedeutet, dass sich diese Richtung auf prominente und auch wundertätige Rabbinen konzentrierte und sich mit einem starken Gefühl der Zusammengehörigkeit in einzelnen Schulrichtungen entfaltete. Eine der bedeutendsten Gestalten war der Charismatiker Israel ben Elieser, Schem Tov, ([Herr/Meister des] guten Namens) oder auch abgekürzt Bescht, genannt (1700–1760). Für das 20. Jahrhundert sind die Namen des Menachem Mendel Schneersohn aus der Chabbad- oder Lubawitscher Dynastie zu nennen, der von seinen Anhängern auch nach seinem Tod noch als Messias verehrt wird (gest. 1994 in New York), oder auch die Gemeinschaft der Belzer Synagoge, letztere verbunden mit dem Namen der Rokeach-Dynastie.

Der Chassidismus versucht durch intensives Torastudium, Gebet, Musik, Tanz, magische Elemente und auch Ekstase Gott näher zu kommen. Zum Studium gehört selbstverständlich auch, die literarischen Hinterlassenschaften der eigenen Rabbinerdynastien zu studieren. Eine Gegenbewegung zu dem in Galizien und der Ukraine verbreiteten Chassidismus ist die Bewegung der Mitnaggedim (Gegner), v.a. in Litauen, die sich betont gegen die verinnerlichte u.v.a. ekstatische Frömmigkeit wendet und stärker die reflektierte Einhaltung der Tora einfordert. Auch die besondere Position eines führenden Lehrers oder Schuloberhauptes, der als Mittler zwischen Gott und seinen Anhängern angesehen wird, lehnen die Gegner ab.

Es ist aber bis heute vor allem die Richtung des osteuropäischen Chassidismus, die die allgemeine Vorstellung vom Judentum prägt, denn in diesen Kreisen betrachtet man die traditionelle Kleidung des osteuropäischen Judentums als Teil der eigenen Identität. Dazu gehören z.B. der schwarze Kaftan mit Gürtel, weiße, gestrickte Wollstrümpfe oder auch der pelzbesetzte Hut (Schtreimel), letzterer v.a. am Sabbat getragen und dies sogar in Israel zur Sommerzeit. Diese ausgesprochen wertvollen und teuren Kopfbedeckungen verwendet man auch bei Regen, freilich dann mit einer durchsichtigen Plastikhaube überzogen, denn das Aufspannen eines Schirmes gilt als Bau eines kleinen Zeltes und ist am Sabbat verboten.

Durch die Filme „Die Abenteuer des Rabbi Jakob“ mit Louis de Funès (1973) sowie „Yentel“ mit Barbara Streisand (1983) wurde der in Deutschland fast völlig ausgestorbene Chassidismus zeitweilig wieder etwas ins Bewusstsein gerückt.

5.8 Der Zionismus

Als Reaktion auf den zunehmenden Antisemitismus ist auch die Zeit einer säkularen und politischen Richtung des Judentums, des sogenannten Zionismus zu nennen, der untrennbar mit dem Namen Theodor Herzl und seiner Publikation „Der Judenstaat. Versuch einer modernen Lösung der Judenfrage“ aus dem Jahre 1896 verbunden ist. Die säkulare Richtung fällt selbstverständlich auch nicht vom Himmel sondern erwächst aus dem Versuch Jude zu sein, ohne sich an eine ansonsten als antiquiert verstandene Tradition und auch Religion zu binden. Was aber bleibt, wenn diese beiden Elemente nicht weiter gelebt werden? Es bleibt die Hoffnung auf das Land, in dem Israel einst wohnte, die Hoffnung auf die Rückkehr dorthin und die Hoffnung auf einen säkularen Staat. Dabei wird diese Hoffnung von der orthodoxen Richtung gerade *nicht* mitgetragen, denn hier erwartete man die (Er-)Lösung von der Diaspora als eine der Aufgaben des Messias. Freilich hing Theodor Herzl auch nicht an Palästina. Ihm war es weitgehend gleich, wo denn nun ein Staat als Heimstadt der Juden entstehen sollte; wichtig war ihm allein, dass ein solches jüdisches Gemeinwesen überhaupt *irgendwo* entstehen sollte.

Dem Zionismus gingen einige Ereignisse voraus, die diese Richtung nährten und beschleunigten. Wie schon erwähnt hatte man gerade in den gebildeten Kreisen

Westeuropas versucht, sich zu assimilieren, das heißt, Franzose oder Deutscher jüdischen Bekenntnisses zu sein, wenn nicht sogar sich taufen zu lassen. Von Einfluss war auch die sogenannte Dreyfus-Affäre in Frankreich: Ein jüdischer Offizier im Generalstab namens Alfred Dreyfus, der dazu auch noch Elsässer war und damit für so manchen Franzosen ohnedies ein unsicherer Patriot, wurde der Spionage für Deutschland beschuldigt. Sogleich kam es zu antisemitischen Äußerungen aus unterschiedlichen Kreisen der Bevölkerung, denen auch Leute gegenüberstanden, die Dreyfus verteidigten. Dennoch wurde Dreyfus 1894 aufgrund fragwürdiger Dokumente und Falschaussagen für schuldig befunden, unehrenhaft aus der Armee entlassen und auf die Teufelsinsel vor Französisch Guayana verbannt – unter äußerst scharfen Haftbedingungen. Darüber kam es fast zu einer Staatskrise. Erst im Jahre 1906 kam es zu seiner Rehabilitation, zur Beförderung und zur Wiederaufnahme in das Militär.

Ein weiter wichtiger Grund für die Forderung nach einem jüdischen Staat dürfte in den umfangreichen Pogromen in den Siedlungsgebieten der Juden in Litauen, Polen, Weißrussland und der Ukraine gelegen haben, die von 1881 bis 1884 und von 1903 bis 1906 in zwei Wellen tobten. Ursachen hierfür waren der Mord an Zar Nikolaus I., an dem angeblich Juden beteiligt waren, und die insgesamt schlechte wirtschaftliche Lage im Zarenreich. Der Nachfolger, Alexander III., erließ antijüdische Verlautbarungen, die die Zustimmung weiter Teile der Bevölkerung fanden, welche die Schuld an der desaströsen Gesamtsituation den Juden in die Schuhe schoben. Neben der Auswanderung der osteuropäischen Juden v.a. in die USA brachten diese Ereignisse die Debatte um einen jüdischen Staat voran.

Ab dem Beginn des 20. Jh. setzt daher eine Auswanderung nach Palästina ein, die zeitweise von England, unter dessen Protektorat das Gebiet von 1920bis 1948 stand, behindert und zum Teil auch gewaltsam vereitelt wurde. Die Folge waren Anschläge jüdischer Terrorkommandos, z.B. gegen das King David Hotel in Jerusalem, welches das Britische Hauptquartier für die Administration Palästinas beherbergte: Im Jahre 1946 sprengten Mitglieder der → *Irgun*-Bewegung (Irgun = Organisation) Teile des Hotels in die Luft. Es gab 91 Tode und über 40 Verletzte. Irgun ist eine Abkürzung des Satzes „Nationale militärische Organisation im Lande Israel".

Einen Tag vor dem Ablauf des englischen Mandats rief Ben Gurion den Staat Israel aus, der sich sogleich militärisch gegen seine arabischen Nachbarstaaten und die palästinensische Bevölkerung behaupten musste. Weitere Kriege wie der Sechs-Tage-Krieg 1967 und der Yom-Kippur-Krieg 1973 hatten den Staat Israel in seinen heutigen Ausmaßen zum Ergebnis – und Probleme mit der zumeist muslimisch-arabischen palästinensischen Bevölkerung in den eroberten Gebieten.

Durch jüdische Siedlungen in der sogenannten Westbank, dem ehemals jordanisch-palästinensischen Gebiet, und der Annexion Ostjerusalems ist zurzeit ein Zustand geschaffen, der die Gründung eines Palästinenserstaates in einem geschlossenen Staatsgebiet, etwa der Westbank, völlig verunmöglicht und daher auch für die Zukunft einer friedlichen Lösung des Palästinenserproblems massiv im Wege steht. Die Integration der Palästinenser in den Staat Israel, d.h. als vollwertige Staatsbürger mit einem israelischen Pass – eine Lösung, die scheinbar neuerdings von Seiten Israels angestrebt wird – dürfte bei den palästinensischen Organisationen Hamas und Fatah, und nicht nur bei diesen, sondern auch auf orthodoxer israelischer Seite, kaum auf Gegenliebe stoßen.

5.9 Die Situation des Judentums im Deutschland des Nationalsozialismus

Es ist hier nicht möglich, den Umgang der Nationalsozialisten mit den Juden bis hin zum Holocaust eingehender darzustellen. Einige Kerndaten sollten allerdings bekannt sein:

1919 wird die Deutsche Arbeiterpartei gegründet, aus der die NSDAP, die Nationalsozialistische Deutsche Arbeiterpartei, hervorgeht.

Am **9. November 1923** versucht Hitler durch einen Putsch in München an die Macht zu kommen. Er wird verhaftet, vor Gericht gestellt und zu fünfjähriger Festungshaft in Landsberg am Lech verurteilt. Er wird jedoch nach neun Monaten schon wieder entlassen. Dort schreibt er Teile seines Buches „Mein Kampf", in dem seine antisemitische Grundhaltung bereits unverblümt deutlich wird.

1933 gelingt Hitler mit seiner NSDAP die „Machtergreifung". Korrekterweise handelt es sich um eine Machtübergabe: Hitler wird durch den Reichspräsidenten Hindenburg zum Reichskanzler ernannt und mit der Bildung einer Regierung beauftragt. Schon bei den Wahlen im Sommer 1932 wurde die NSDAP die stärkste Partei im Reichstag. Bei den darauffolgenden Wahlen im März des Jahres übernimmt sie mit der Deutschnationalen Volkspartei (DNVP) als Koalitionspartner die Regierung. Unmittelbar nach Hindenburgs Tod wird Hitler auch Reichspräsident.

In der Folgezeit – ohne hier Einzelheiten zu nennen – kommt es zunehmend zu Repressalien gegen die Juden in Deutschland. Sie werden aus Staatsämtern entlassen und mit den **Nürnberger Gesetzen 1935** zu Bürgern zweiter Klasse erklärt, indem sie u.a. sämtliche Bürgerrechte verlieren. Dies gilt ab 1938 mit dem Anschluss Österreichs auch für die Juden in Österreich.

Am **9. November 1938** werden durch Partei- und SA-Angehörige die Synagogen in Brand gesetzt – nach damaliger offizieller Leseart durch den deutschen Volkszorn. Erhalten bleiben dabei nur jene Bauwerke, die in dichter Bebauung nahe an Wohnhäusern stehen.

Jüdische Geschäfte werden zerstört und geplündert, 25.000 Juden in Konzentrationslager gebracht. Die Oranienburger Synagoge in Berlin bleibt erhalten, weil die Brandstifter von Wilhelm Krützfeld, Reviervorsteher des nahegelegenen Polizeireviers, an ihrem Werk gehindert werden. Ab 1939 müssen polnische Juden einen blauen Stern auf weißem Untergrund tragen und werden in Gettos zusammengepfercht.

Ab 1941 müssen auch die Juden des deutschen Reichsgebietes den gelben Stern, den *Magén David* (= David-Schild) als Erkennungsmerkmal tragen. Die

Auswanderung von Juden wird ab diesem Zeitpunkt verboten und statt Vertreibung verfolgt man nun – beschlossen am **20. Januar 1942 auf der Wannseekonferenz** – die sogenannte „Endlösung der Judenfrage" durch Massenvernichtung der europäischen Juden in Konzentrationslagern, vor allem im Osten. Dies geschieht durch Erschießung, mit Hilfe von Bussen, deren Abgase ins Innere der Wagen geleitet werden, durch schwere Zwangsarbeit bei gleichzeitiger Unterversorgung und vor allem durch Vergasung in den sogenannten „Duschräumen" durch das Gas Zyklon B auf Blausäurebasis.

Widerstand gegen die Deportationen gibt es von Seiten der Juden nur wenig. Am bekanntesten ist wohl der Aufstand der Juden im Warschauer Getto im April 1943, der fast einen Monat dauert und mit großer Heftigkeit geführt wird. Wenigen gelingt nach 1941 noch über verschiedenste Wege die Flucht ins Ausland, wenige werden durch die Zivilcourage von Deutschen oder Bewohnern der besetzten Länder gerettet. Der 27. Januar, der von Roman Herzog als Gedenktag für die Juden des Holocausts eingeführt wurde, ist der Tag der Befreiung von Auschwitz durch die Rote Armee im Jahre 1945. In der deutschen Öffentlichkeit wird dieser Gedenktag aber bis heute kaum wahrgenommen.

Die Gesamtzahl der ermordeten Juden wird auf 6 Millionen geschätzt. Hinzu kommt die Ermordung von Sinti und Roma, von Oppositionellen, Homosexuellen, Bibelforschern (Zeugen Jehovas), die Vernichtung „unwerten Lebens" (Ermordung von Behinderten), tödliche medizinische Experimente sowie Massenerschießungen von Zivilisten als „Vergeltungsmaßnahmen". Die Ermordung der Opfer wurde mit unglaublicher Akribie und mit gewissenhafter „Buchführung" vollzogen, wie ein Besuch eines Konzentrationslagers oder beim **Internationale Suchdienst** (ITS) in Bad Arolsen belegen können. Dem Plan der Nazis, nach dem „Endsieg" ein Museum der „ausgestorbenen Rasse" zu eröffnen, verdanken viele jüdische Kultgegenstände, angefangen von Torarollen bis hin zu Gebetbüchern, ihren Erhalt. Viele befinden sich heute im Jüdischen Museum in Prag, das in verschiedenen Gebäuden, in erster Linie in Synagogen, untergebracht ist.

Nach dem Ende des Krieges und der Befreiung der Überlebenden aus den Konzentrationslagern werden viele als „displaced persons" paradoxerweise wiederum in Lagern, in einigen Fällen sogar in ehemaligen Konzentrationslagern in Deutschland und den ehemals eroberten Gebieten, gesammelt. Der Begriff „displaced persons", verdrängte oder vertriebene Personen, kann durchaus auch mit „deplazierte Personen" wiedergegeben werden, denn niemand wusste, was mit diesen Menschen geschehen sollte. 1944 schätzten die Alliierten deren Zahl auf mehr als 11 Millionen. Erst im Laufe von Jahren wanderten diese Überlebenden aus, die Juden v.a. in die USA und nach Israel, andere zurück in ihre Heimatländer, wo sie nicht selten weiteren Anfeindungen ausgesetzt waren, u.a. von jenen, die sich ihres Eigentums bemächtigt hatten. Tausende, besonders sowjetische Soldaten in deutscher Kriegsgefangenschaft, wurden nach ihrer Heimkehr für Jahrzehnte in Straflager verschleppt oder gar als Kollaborateure hingerichtet.

Zusammenfassung

Die Geschichte des Judentums in der Diaspora ist eine Geschichte der Verfolgung, Vertreibung und der Ausgrenzung. Das Judentum versuchte in vielfältiger Weise darauf zu reagieren: Mit dem Rückzug in eigene Wohnbezirke (Getto), mit Auswanderung, mit Anpassung an die Kultur des Landes, in dem man lebte, mit dem Rückzug in eine esoterische Frömmigkeit, ggf. sogar mit einem Religionswechsel. Auch die Diskussion der eigenen Tradition in Gestalt von → *Midrasch* und Talmud diente letzten Endes dazu, ein Leben unter Nichtjuden zu ermöglichen und führte, z.B. durch die Spiritualisierung des Kultes, zu einem Überleben unter den neuen Gegebenheiten. All das bewahrte das Judentum jedoch letztlich nicht vor weiterer Verfolgung bis hin zum Versuch seiner gänzlichen und systematischen Vernichtung im Holocaust.

III. Jüdisches Leben

6. Der Lebenskreis

6.1 Geburt und Beschneidung

> **Num 3,12** *Und ich, siehe, ich habe die Leviten mitten aus den Söhnen Israel genommen anstelle aller Erstgeburt, die zuerst den Mutterschoß durchbricht unter den Söhnen Israel; und die Leviten sollen mir gehören. 13 Denn mein ist alle Erstgeburt: an dem Tag, da ich alle Erstgeburt im Land Ägypten schlug, habe ich alle Erstgeburt in Israel für mich geheiligt vom Menschen bis zum Vieh. Mir sollen sie gehören, mir, dem HERRN.*

Aus diesen Versen geht hervor, dass eine männliche Erstgeburt, – beim Vieh wie beim Menschen – Gott gehört und ausgelöst, das heißt aus dem Besitzrecht Gottes wieder freigekauft werden muss. Ursprünglich stellten bei einer menschlichen Erstgeburt die Leviten einen Ersatz dar, denn sie dienten dem Herrn am Tempel. Nun, da es keine Leviten mehr gibt, wird in traditionellen Familien der Erstgeborene durch die Zahlung einer bestimmten Summe an einen Priester, einen → *Kohen* ausgelöst (vgl. Num 3,47; 18,15ff; Ex 13 15). Die Auslösung geschieht heute, sobald der Sohn 31 Tage alt ist, mit fünf Silberschekeln, deren Reinsilbergewicht zusammen mindestens 100 Gramm beträgt. Solche Münzen wurden ursprünglich von der Bank von Israel geprägt. Mittlerweile soll deren Prägung aber eingestellt worden sein, denn es können auch andere Silbermünzen genommen werden.

Dabei wird die obige Anweisung wörtlich genommen: Es muss also nur der erstgeborener Sohn ausgelöst werden. Die Auslösung ist nicht erforderlich für einen Sohn eines Leviten oder eines Kohen, eines Priesters, und auch nicht bei Geburt durch Kaiserschnitt, weil in diesem Fall der Mutterschoß nicht durchbrochen wird. Dazu findet sich ein eigenes, kurzes Ritual im Sidur, dem jüdischen Gebetbuch (S. 288).

Während die Auslösung der Erstgeburt nicht an einem Sabbat vorgenommen wird, kann die am achten Tag vorgeschriebene **Beschneidung** durch keinen Feiertag und auch kein anderes Ereignis verschoben werden. Alleine eine Krankheit des Säuglings oder eine Frühgeburt führen zu einer Verschiebung des Termins. Bei einer Frühgeburt zählt man acht Tage, nachdem das Frühchen den Inkubator (Brutkasten) verlassen konnte. Somit wird also selbst am Yom/Jom Kippur beschnitten, sofern es sich dabei um den achten Tag nach der Geburt handelt.

Die Beschneidung erfolgt öffentlich durch einen → *Mohel*, einen Beschneider, der dafür eigens ausgebildet ist. Es muss ein → *Minjan*, d.h. ein Kreis von zehn Männern, vorhanden sein, wie bei einem gemeinsamen Gottesdienst. Der Pate, → *Sandak*, sitzt auf einem eigens dafür hergerichteten Stuhl und hält das Kind während der Beschneidung fest. Sie erfolgt ohne Narkose, doch flößt man dem Säugling nach dem Vorgang einen Tropfen süßen Weines ein. Nachdem die Beschneidung der Vorhaut erfolgt ist, wird der Name des Kindes verkündet. Aus der Windel, die das Kind bei diesem Anlass trägt, stellt man das Band her, mit dem die gerollte Tora der Gemeinde zusammengehalten wird.

Ein Urteil des Landgerichts Köln vom 26. Juni 2012 hat die Beschneidung in die öffentliche Diskussion gerückt. Dabei steht vor allem die Beschneidung von Säuglingen im Brennpunkt. Ein Muslim wird zwar auch beschnitten, aber zumindest in der Türkei geschieht dies erst im Alter von etwa zwölf Jahren, also zur Zeit, in der ein Jude durch die Bar Mitzwa ins Mannesalter eintritt. Bei der Säuglingsbeschneidung besteht eine Diskrepanz zwischen körperlicher Unversehrtheit einerseits und freier Religionsausübung andererseits, die beide durch das Grundgesetz geschützt sind.

Abb. 8: Türkischer Junge am Tag seiner Beschneidung. Istanbul 2010, Eyüp Sultan Moschee. Die Schärpe trägt i.d.R. die Aufschrift „Maschalla", d.i. „Wie (oder was) Gott will". Maschallah ist auch ein Ausruf der Verwunderung bei einer Überraschung, der Zustimmung, oder wenn sich etwas besonders Schönes, Gottgefälliges ereignet hat.

6.2 Der Eintritt in das Erwachsenenalter: Bar/Bat Mitzwa

Ein bedeutender Termin im Leben eines jungen Mannes ist der Übertritt ins Erwachsenenalter. Dieser erfolgt zu seinem 13. Geburtstag, an dem er ein **Bar Mitzwa**, ein Sohn des Gesetzes oder der Weisung, wird. Ab diesem Datum zählt er in der Gemeinde als vollwertiger Mann, er gehört zu einem Minjan, d.h. zu der Zehnzahl von Männern, die sich zusammenfinden müssen, um einen gemeinsamen Gottesdienst feiern zu können. Am Tag seiner Bar Mitzwa darf er erstmals aus der Tora vorlesen. Dabei wird er auch erstmals mit seinem jüdischen Namen zur Lesung aufgerufen. Bis zu diesem Tag muss er in der Lage sein, den unvokalisierten hebräischen Text aus der Rolle zu lesen. Dies geschieht bisweilen nach mehr oder weniger ausdauerndem Training an der für diesen Tag infrage kommenden Textstelle.

Wenn im Lk-Evangelium berichtet wird, Jesus habe bereits mit zwölf Jahren mit den Gesetzeslehrern im Tempel diskutiert, so wird damit seine große Weisheit bereits vor Erreichen des Bar-Mitzwa-Alters zum Ausdruck gebracht. Nebenbei sei erwähnt, dass auch in anderen Religionen in diesem Alter der Eintritt in die religiöse Selbstverantwortung vollzogen wird. Im Katholizismus findet ab dieser Zeit (zumeist aber später) die Firmung statt, in der die Jugendlichen eigenständig das Glaubensbekenntnis sprechen, das bei der Kindertaufe noch von der Taufgemeinschaft stellvertretend gesprochen wurde. Die evangelische Kirche feiert die vergleichbare Konfirmation. Nach bürgerlichem Recht ist ein junger Mann/ eine junge Frau mit 14 Jahren religionsmündig und kann somit die eigene Religion, in der die Sozialisation erfolgte, nach eigenem Entschluss, beibehalten oder auch wechseln.

In weniger konservativen und vor allem in den reformierten Gemeinden gibt es eine vergleichbare Zeremonie auch für Frauen, die Bat Mitzwa (Tochter der Weisung) genannt wird und bereits mit der Vollendung des zwölften Lebensjahres gefeiert wird. Selbstverständlich darf ein solches Mädchen in den reformierten Gemeinden ebenfalls aus der Tora lesen.

6.3 Die Eheschließung

Während in früheren Zeiten die Ehe durch die Eltern vereinbart wurde, ggf. unter Einbeziehung eines Heiratsvermittlers, des → *Schadchen*, wie er im osteuropäischen Judentum genannt wird, ist heute in liberalen Kreisen die Liebesheirat die Regel. Insbesondere in der Diaspora war ein solcher Vermittler bisweilen durchaus notwendig und sinnvoll, um für einen jüdischen Mann ein jüdisches Mädchen als Braut zu finden. Heute geht es selbst in orthodoxen Kreisen etwas einfacher zu: Mann und Frau treffen sich an einem neutralen Ort, etwa in einem Café, und nehmen dort Sondierungsgespräche auf – über Ehe- und Lebensvorstellungen. Ggf. werden derartige Gespräche wiederholt und führen zum Erfolg und einer Verbindung oder eben zu einer Absage und zum Abbruch der Gespräche.

In Israel gibt es keine klare Trennung von Staat und Religion. Deshalb können Ehen nur religiös vor einem Rabbi geschlossen und ebenso auch aufgelöst werden. Wer eine reine Zivilehe eingehen möchte, fliegt in der Regel mit seiner Braut nach Zypern. Dem Vernehmen nach ist diese Flugroute gut frequentiert.

In Israel gibt es eigene Restaurants, die sich auf Eheschließungen eingestellt haben, denn die Trauung muss nicht in einer Synagoge stattfinden. Auch ein Minjan ist nicht erforderlich, jedoch zwei Trauzeugen. Die Trauung findet unter einer *Chuppa*, einem Baldachin, statt, unter dem Braut und Bräutigam stehen. Die Chuppa besteht normalerweise aus einem Stück Stoff – oder einem *Tallit*, einem Gebetsschal –, der an den vier Ecken an Stangen befestigt ist und von Mitgliedern der Festgesellschaft über das Brautpaar gehalten wird. Er gleicht einem „Himmel", wie er bei Fronleichnamsprozessionen über dem Allerheiligsten in der Monstranz getragen wird. Auch eine Torarolle wird bei einem Umzug oder bei ihrer Einholung in die Synagoge unter den Schutz eines solchen Baldachins gestellt. Die eigentliche Trauung geschieht durch die Eheformel, die vom Mann gesprochen wird und durch das Anstecken eines einfachen, d.h. nicht mit Steinen oder anderem Dekor verzierten Ringes an die Hand der Braut.

Die Trauformel lautet: „Durch diesen Ring bist Du mir angelobt nach dem Gesetz des Mose und Israels." Im Anschluss daran wird die *Ketuba(h)* (= die Geschriebene), d.h. der Ehevertrag, öffentlich vorgelesen und vom Bräutigam der Braut ausgehändigt. Ohne Ketuba gibt es keine gültige Ehe. Alte vorchristliche Texte dieser Art wurden u.a. auf der Nilinsel Elephantine gefunden, auf der sich ein Grenzposten befand, der von jüdischen Soldaten gehalten wurde. Diese alten Texte räumen der Braut zum Teil auffällig viele Rechte ein und sprechen für ein hohes Maß an Emanzipation. Die Ketuba enthält die Verpflichtungen des Mannes gegenüber seiner Frau hinsichtlich ihrer Versorgung. Auch die Mitgift der Frau wird festgelegt.

Abb. 9: Geschmückte Chuppa in der Washingtoner Synagoge, 2006

Die Ketuba bot der Frau eine gewisse Versorgung im Falle des Todes des Ehemannes wie auch im Falle einer Scheidung, die durch die Forderungen, die in der Ketuba an den Mann gestellt werden, aber erschwert wurde. Der Talmud diskutiert eine Reihe von Fällen einer Scheidung und differenziert dabei, in welchem Falle die „Ketuba" – in diesem Falle Bezeichnung für die Mitgift – auszuzahlen ist und damit dem Mann oder der Frau zufällt.

Schließlich spricht der Rabbiner die Hochzeitssegen:

> **Gelobt** *Du – EWIGER*
> *unser G'tt – König der Welt,*
> *Schöpfer der Frucht der Rebe!*
> **Gelobt** *Du – EWIGER*
> *unser G'tt – König der Welt,*
> *der alles erschaffen – zu seiner Ehre!*
>
> **Gelobt** *Du – EWIGER*
> *unser G'tt – König der Welt,*
> *Schöpfer des Menschen!*
> **Gelobt** *Du – EWIGER*
> *unser G'tt – König der Welt,*
> *der den Menschen in seinem Bilde erschuf!*
> *In Gestalt und Form seines Vorbilds*
> *und ihm gegeben von sich, Erbauung in ewiger Ewigkeit.*
> *Gelobt Du – EWIGER*
> *Schöpfer des Menschen!*
>
> *Zion! Glücklich und jubelnd wird sein die Unfruchtbare*
> *bei Versammlung ihrer Kinder – in ihr – in Freude.*
> **Gelobt** *Du – EWIGER*
> *der erfreut Zion durch ihre Kinder.*
>
> *Erfreue die sich in Liebe erkennenden*
> *so wie Du Deine Schöpfung erfreut hast*
> *vormals im Gan Eden.*
>
> *Es sei diesen, Deinen beiden Kindern,*
> *vergönnt ein Haus in Israel zu erbauen,*
> *zu Ehren Deinen Namen.*
> **Gelobt** *Du – EWIGER – der erfreut*
> *Bräutigam und Braut!*
>
> **Gelobt** *Du – EWIGER*
> *unser G'tt – König der Welt,*
> *der erschaffen hat Freude und Fröhlichkeit,*
> *Bräutigam und Braut,*
> *Liebe und Gemeinsamkeit*

und Friede und Freundschaft.

Bald EWIGER unser G›tt
erschalle in den Städten Jehudahs
und in den Straßen Jeruschalajims
die Stimme des Glücks und die Stimme der Freude,
die Stimme des Bräutigams und die Stimme der Braut!

Gelobt *Du – EWIGER*
der erfreut Bräutigam und Braut!

(Aus: http://www.hagalil.com/judentum/gebet/hochzeit/7-segen.htm 10.1.2014)

Nach einem gemeinsamem Schluck Wein zertritt der Bräutigam ein Glas, das gewöhnlich zum Schutz vor Splittern in ein Tuch eingewickelt ist. Vielfach existiert auch ein spezieller Chuppa-Stein, an dem das Glas zerschellt wird.

Abb. 10: Chuppa-/Hochzeitsstein der Alten Synagoge in Eppingen, Foto: Peter Schmelzle. Inschrift oben: Mazel tov = viel Glück. Die Inschrift unten stellt die Abkürzung eines Textes aus den sieben Berachot, den sieben Segenssprüchen bei der Trauung dar:
Qol Sason veQol Simchah,
Qol Chathan veQol Khalah, d.h.:
die Stimme des Glücks und die Stimme der Freude,
die Stimme des Bräutigams und die Stimme der Braut!

Für das Zerbrechen des Glases werden – wie üblich – verschiedene Gründe genannt, wobei – wie ebenfalls üblich – der ursprüngliche und historische Hintergrund, den es irgendwann einmal gegeben hat, weitgehend oder völlig aus dem Blickfeld gerät und nur noch die symbolischen Erklärungen vermittelt werden: Zum einen soll damit an die Zerstörung des Tempels erinnert werden, zum anderen soll die Freude etwas gedämpft werden, weil man noch immer nicht in Jerusalem ist. Auch auf die Erinnerung an Zerstörung allgemein oder die Trennung von Liebespaaren im Laufe der jüdischen Geschichte soll hingewiesen werden.

Der Mann erhält von seiner Frau zur Eheschließung zudem einen Tallit, einen Gebetsschal, der ihm einst auch als Totenhemd dienen soll.

6.4 Der Tod

Stirbt ein Mensch, so wäscht man, nachdem der Tod festgestellt worden ist, seinen Leichnam, bekleidet ihn mit weißem Hemd, Hose, Strümpfen, Gürtel u.a., bedeckt ihn mit seinem Tallit, an dem die Quasten abgeschnitten werden und legt ihn in einen Sarg. Dieser Sarg besitzt keinerlei Schmuckelemente und ist ganz einfach gearbeitet. Der Tote wird nach Möglichkeit noch am gleichen Tag begraben.

Diese Maßnahmen werden von besonders geschulten Mitgliedern der Gemeinde, bei einem Mann von Männern, bei einer Frau von Frauen, vorgenommen. In Ortschaften mit einem größeren jüdischen Bevölkerungsanteil gibt es bis zum heutigen Tag die *Chewra kadischa, die heilige Bruderschaft*, die diese Vorbereitungen zum Begräbnis – aber auch schon die Begleitung von Sterbenden, möglichst durch einen Minjan – vornimmt. Auch das Ausheben des Grabes, die Versenkung des Sarges und das Zuschaufeln des Grabes geschieht durch Mitglieder der *Chewra*. Nach Möglichkeit wird dem Toten ein kleines Säckchen mit Erde aus Israel mit ins Grab gegeben. Die vielleicht etwas merkwürdig erscheinende Bezeichnung dieser Beerdigungsbruderschaft hängt damit zusammen, dass sie laut jüdischer Überlieferung einen Dienst aus übt, den Gott selbst an Mose erbracht hat, denn in Dtn 34,6 heißt es: *Und er begrub ihn im Tal, im Land Moab, Bet-Peor gegenüber; und niemand kennt sein Grab bis auf diesen Tag*. Bei diesem „er" kann es sich nur um Gott handeln, denn sonst wüsste man, wo sich das Grab des Mose befindet. Mose ist somit der erste und einzige Mensch, der von Gott selbst begraben wurde.

Die Bruderschaft arbeitet ehrenamtlich, ggf. wird sie durch Spenden unterstützt. Verbürgt sind derartige Bruderschaften seit dem 16. Jh. Diese Arbeit gilt also als sehr verdienstvoll. Eine letzte Aufgabe der Bruderschaft ist der Besuch der trauernden Hinterbliebenen in der Trauerzeit.

Die Hinterbliebenen trauern sieben Tage. Dies wird als *Schiwa-Sitzen* bezeichnet und leitet sich von dem hebräischen Wort scheba, d.h. sieben ab. Üblich ist es auch, sich als Zeichen der Trauer sein Kleid oder seinen Anzug ein Stückchen einzureißen, je nach örtlicher Tradition bereits im Augenblick des Todes. Während der Schiwa bleiben die Trauernden zu Hause, sie sind von religiösen Pflichten befreit und es wird auch nicht gearbeitet. Man wäscht und rasiert sich nicht und verzichtet auch auf den ehelichen Verkehr. Vielfach werden auch die Spiegel mit einem Stoff verhängt. Der Hintergrund für diesen Brauch ist ungewiss – nach neuerer Leseart möchte man jede Form von Eitelkeit in der Trauerwoche vermeiden. Ein ursprünglicher Grund könnte darin liegen. dass sich der Tote nicht im Spiegel sehen soll und auf diese Weise im Haus verbleibt und damit keine Ruhe findet, denn dem Spiegelbild maß man durchaus auch eine Art von selbständiger Realität zu. Diese Praxis wurde regional verschieden auch von Christen gepflegt: Nachgewiesen ist dieser Brauch z.B. im Marburger Umland (Dorfmuseum Oberrosphe).

Besondere Erinnerungstage sind nach dem Begräbnis der 30. Tag nach dem Tod und der erste Jahrestag, besonders bei Kindern. Auch hier ähneln sich christliche und jüdische Bräuche.

Der jüdische Friedhof weist Gemeinsamkeiten, aber auch viele Unterschiede zum christlichen auf. Der grundlegendste Unterschied besteht wohl darin, dass der jüdische Friedhof ein *bet olam*, ein Haus der Ewigkeit ist. Jüdische Gräber werden also nicht nach einer 25-jährigen oder wie auch immer bemessenen Belegungszeit aufgelassen und neu verwendet.

Als Gemeinsamkeit fällt auf, dass sich trotz aller Schlichtheit jüdische Grabmale kaum von christlichen ihrer Zeit unterscheiden. Die jeweilige zeitgenössische Mode bei der Herstellung von Grabmalen wurde demnach auch von den Juden übernommen, zumal, besonders in der Diaspora, die gleichen Steinmetze mit deren Herstellung beschäftigt waren. Auch Fehler in den hebräischen Inschriften auf den Grabsteinen erklären sich daraus. In Deutschland sind hebräische Grabsteine gewöhnlich zweifach beschriftet, auf der einen Seite in Hebräisch, auf der anderen Seite auf Deutsch, wobei die hebräische Beschriftung in der Regel ausführlicher ausfällt als die deutsche. Dort finden sich häufig kurze Abrisse einer Biografie des oder der Verstorbenen.

Herausragend sind allein die Gräber eines Leviten und eines Priesters, eines Kohen. Auf einem Levitengrab findet sich die Abbildung eines Tellers und eines Wasserkännchens, denn die Leviten hatten unter anderem die Aufgabe, den Priestern vor dem Opfer die Hände zu waschen, vergleichbar den Ministranten im katholischen Gottesdienst. Auf einem Priestergrab, d.h. einem Grab eines Mannes mit dem Namen Kohen, sind zwei zum Segen ausgebreitete Hände abgebildet.

Während eine Grabpflege mit Grabschmuck, Kerzen u.ä. auf dem jüdischen Friedhof unterbleibt, ist vielfacht zu beobachten, dass auf den Grabsteinen kleine Steine liegen. Bei bekannten Persönlichkeiten türmen sich diese sogar zu kleinen Steinhaufen. Die Herkunft dieses Brauches ist einfach zu erklären: Starb ein Mensch irgendwo, wurde er natürlich auch dort sofort begraben, und zwar an Ort

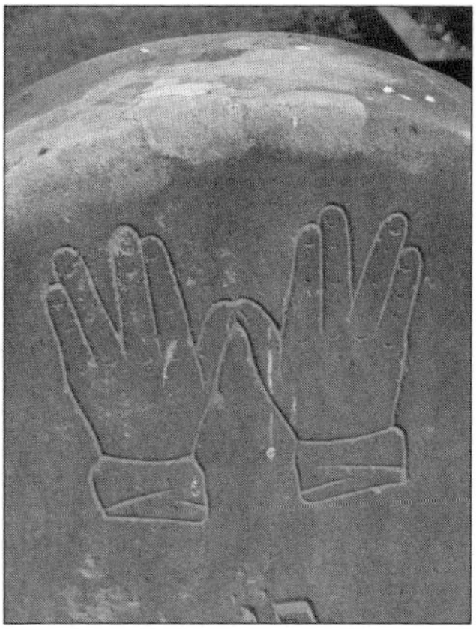

Abb. 11 und 12: Links: Grabmal der Fam. Lucas, eines Leviten, auf dem Jüdischen Friedhof Marburg, rechts: Grabmal eines Kohen mit den zwei segnenden Händen in einer Haltung, wie sie durch Leonard Nimoy als Mr. Spock auf der Enterprise bekannt geworden ist. Nimoy, Sohn orthodoxer jüdischer Eltern aus der Ukraine, soll diese Geste selbst als Grußgeste der Vulkanier in die Serie eingebracht haben, Foto: Klaus Dorn

und Stelle, folglich z.B. auch in der Wüste. Die Gräber waren vermutlich relativ flach, wie man dies in Qumran noch beobachten kann. Deshalb wurde der Tote mit einer Schicht Steinen bedeckt, um wilden Tieren den Zugang zum Leichnam zu verunmöglichen. Menschen, die im Laufe der Zeit an den Gräbern vorbeikamen, schichteten die Steine wieder neu auf oder fügten neue hinzu, um die Totenruhe zu gewährleisten. Übrig geblieben sind von diesem Vorgehen die kleinen Steine, die man auf das Grab legt.

Diese Erklärung ist allerdings nicht unumstritten. Das Ablegen der Steine wird auch damit erklärt, dass in früheren Zeiten Höhlengräber verwendet wurden, die häufig als Rollgräber ausgebildet wurden. Den großen Rollstein, den man vor den Eingang schob, keilte man mit kleinen Steinen fest. Die abgelegten Steine auf den Gräbern seien somit der Überrest dieser Steine.

Heute wird das Ablegen des Steines als eine Geste der Erinnerung an den Toten verstanden, als Gruß und zu dessen Ehre.

Zusammenfassung

Die Markierung von bedeutenden Lebensabschnitten durch Kult und Fest haben viele Religionen gemeinsam. Selbst in der sich säkular gebärdenden DDR konnte man nicht umhin, die Lebensabschnitte der Menschen durch Feiern zu begleiten. Das Christentum zeigt diesbezüglich eine ganze Reihe von Gemeinsamkeiten mit dem Judentum, so die Taufe des Säuglings in Parallele zur Beschneidung, die Firmung in zeitlicher Nähe und auch in ähnlicher Intention mit der Bar Mitzwa, die Eheschließung als keineswegs nur säkulare Angelegenheit und auch beim Umgang mit Tod und Begräbnis sowie den Trauerzeiten finden sich Gemeinsamkeiten.
Ähnliche Übereinstimmungen finden sich auch in der Tages- und Gottesdienstgestaltung.

7. Zeiten, Räume, Rituale und Gebete

7.1 Das Gebet am Morgen

Nach dem Aufstehen wäscht man sich die Hände. Dies geschieht mit einem besonderen Schöpfgefäß, das zwei Henkel zum Anfassen besitzt.

Man ergreift es an einem der beiden Henkel mit einer Hand und gießt Wasser über die andere, die somit gereinigt wird. Dann nimmt man es mit der gereinigten Hand an dem zweiten Griff und gießt Wasser über die noch nicht gereinigte Hand.

Abb. 13: Schöpfgefäß zum Händewaschen, Foto: Klaus Dorn

Danach werden die → *Tefillin* (tefila = Gebet), die Gebetsriemen, angelegt. Die Tefillin sind ganz aus Leder gefertigt, auch die kleinen schwarzen Kästchen, die daran befestigt sind. Sie unterscheiden sich allerdings voneinander: An den Kopftefillin (schel rosch = für den Kopf) befindet sich ein Kästchen mit vier Kammern, in denen folgende Texte, handgeschrieben auf Leder bzw. Pergament, enthalten sind:

Ex 13,8–10 und 13,11–16, und Dtn 6,4–9 und 11,13–21.

Abb. 14 und 15: Kopf-Tefillin und Hand-Tefillin, Foto: Klaus Dorn

Der Text von Dtn 6,4–9 besteht aus dem *Schᵉma* Israel, dem „Höre Israel" sowie aus der Weisung, eben solche Tefillin anzulegen, wenn es heißt:

> ***Dtn 6,4*** *Höre, Israel: Der HERR ist unser Gott, der HERR allein! 5 Und du sollst den HERRN, deinen Gott, lieben mit deinem ganzen Herzen und mit deiner ganzen Seele und mit deiner ganzen Kraft. 6 Und diese Worte, die ich dir heute gebiete, sollen in deinem Herzen sein. 7 Und du sollst sie deinen Kindern einschärfen, und du sollst davon reden, wenn du in deinem Hause sitzt und wenn du auf dem Weg gehst, wenn du dich hinlegst und wenn du aufstehst. 8 Und du sollst sie als Zeichen auf deine Hand binden, und sie sollen als Merkzeichen zwischen deinen Augen sein, 9 und du sollst sie auf die Pfosten deines Hauses und an deine Tore schreiben.*

Ähnlich lauten die übrigen o.g. Texte.

Gleichzeitig findet sich hier die Weisung für das Anbringen der *Mesusa* (s.u.).

Die Kopftefillin werden am Haaransatz genau zwischen den Augen getragen. Die Riemen werden um den Kopf geschlungen und im Nacken gebunden.Die Handtefillin sind zwar ebenfalls mit einem gleich großen Kästchen versehen, aber dieses Kästchen besitzt nur eine Kammer in seinem Inneren. Es enthält die gleichen Schriftstellen in dieser einen Kammer. Die Handtefillin werden am schwächeren Arm angelegt, also in der Regel am linken und zwar so, dass sich das Kästchen auf der Höhe des Herzens befindet. Eine Erklärung besagt denn auch, dass das Kästchen dem Herzen nahe sein soll und es sich deshalb am linken Arm befindet. Die Riemen werden so um den Arm geschlungen, dass sie am Ende die Buchstaben SDJ ergeben, also das Wort *Šaddaj* (Allmächtiger). Bei den Kopftefillin steht der Buchstabe Schin = ש= Sch für Schaddaj (Š) auf dem Kästchen selbst.

Tefillin werden traditionell nur von Männern getragen und natürlich auch von Jugendlichen, die die Bar Mitzwa hinter sich haben.

7.2 Der Tallit

Zum Morgengebet gehört auch das Tragen des Tallit. Der Tallit, im Deutschen Gebetsschal oder -Mantel genannt, besteht aus einem größeren Stück hellen „reinen" Stoffes aus Wolle, Baumwolle oder Seide, keinesfalls aber aus Mischgewebe, an dem sich an jeder Ecke vier herabhängende Fäden, die *Zizit* (= die Schnur), befinden, in die eine Anzahl von Knoten geknüpft sind. Der Tallit besitzt häufig dunkelblaue oder auch schwarze Streifen auf den beiden schmäleren Enden. Er wird über die Schulter, bisweilen auch über dem Kopf getragen in Erfüllung der Forderung aus Num 15,37–41 und Dtn 22,12 und verhüllt weitgehend den Oberkörper eines Mannes. Die Knoten sind die buchstäblichen „Knoten im Taschentuch" und sollen an die Gebote erinnern. Orthodoxe Juden tragen gewöhnlich einen „kleinen Tallit" unter dem Hemd, sodass die Schnüre über dem Hosenbund heraushängen.

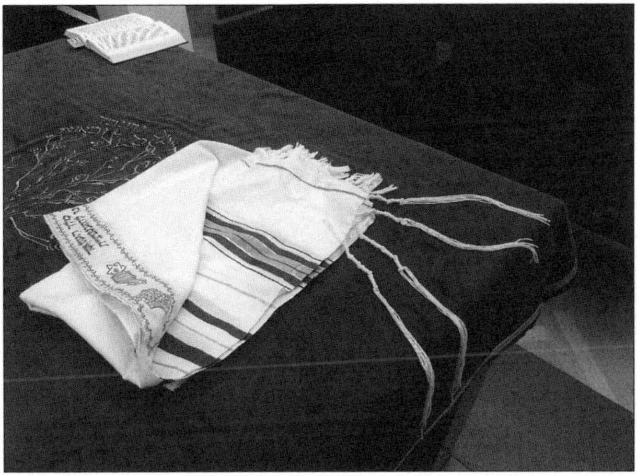

Abb. 16: Ein Tallit, Foto: Klaus Dorn

Wie funktioniert nun die Erinnerung an die Gebote? Um dies verständlich zu machen, bedarf es einer Kombination aus → *Gematrie* und Gegenstand: Der numerische, gematrische Wert der fünf Buchstaben für das hebräische Wort Zizit beträgt 600. An einem Paar von Ziziot (Plural von Zizit) befinden sich insgesamt acht Fäden. Ein Fadenbündel besitzt fünf Knoten, woraus sich dann die Summe 613 ergibt und damit die Zahl der Ge- und Verbote, die auch gleichzeitig der Zahl der Knochen im menschlichen Körper entsprechen soll. Die Flagge Israel symbolisiert im Übrigen einen Tallit.

So ausgestattet wird das Morgengebet verrichtet.

Laut Mt-Evangelium 14,36 trug Jesus selbst einen Tallit mit „Quasten" [Zizit]. Dies wird deutlich bei der Heilung der sogenannten blutflüssigen Frau. Dort heißt es:

> *Und siehe, eine Frau, die zwölf Jahre blutflüssig war, trat von hinten heran und rührte die Quaste seines Gewandes an. (Mt 9,20 vgl. Lk 8,44;)*

Der griechische Text spricht hier bezüglich der Quaste von „kraspedon", und dieses Wort ist in der → *Septuaginta*fassung von Dtn 22,12 das Wort für die Zizit, die Schnüre am Tallit.

Es ist aber auch anzumerken, dass sich Jesus nach Mt 23,5 gegen eine Zurschaustellung der Zizit wendet, um damit seine Frömmigkeit nach außen zum Ausdruck zu bringen. Möglicherweise gab es schon zu Jesu Zeit den „kleinen Tallit", dessen Zizit nach außen sichtbar getragen wurden.

7.3 Die Kippa/Jarmulke

Betritt ein Jude eine Synagoge oder spricht er ein Gebet, so geschieht dies nicht ohne Kopfbedeckung. Orthodoxe tragen eine solche den ganzen Tag.

Abb. 17: Kippa/Jarmulke, Foto: Klaus Dorn

Verbreitet ist als Kopfbedeckung ein kleines rundes Käppchen, das auf den Hinterkopf gesetzt wird, ähnlich dem Pileolus, der Kopfbedeckung des Papstes und der katholischen Bischöfe. Meist ist es individuell so gearbeitet, dass es von alleine hält; wenn nicht, schafft eine Haarklammer den festen Sitz. Orthodoxe „behüten" sich allerdings meist in zweifacher Weise: Sie tragen einen (schwarzen) Hut und unter diesem noch einmal das runde Käppchen, das Kippa oder auch Jarmulke genannt wird. Auch unter den Festtagshüten, z.B. dem Schtreimel (s.u.), wird noch eigens die Kippa getragen. Im Übrigen gehört dieses Kleidungsstück nur zum Mann. Frauen tragen ggf. Kopftücher, Mützen, Turbane, Perücken oder auch Schleier.

Die Kippa ist ähnlich wie das Kopftuch für muslimische Frauen nirgends vorgeschrieben, sondern einfach ein Stück Tradition. Zur Begründung wird gerne eine kleine Geschichte erzählt, die üblicherweise einen Diskurs zwischen „dem Kaiser" und „den Weisen" beschreibt. Bei diesem Kaiser handelt es sich zumeist nicht um eine konkrete Person, sondern er steht einfach als nichtjüdischer Diskussionspartner für ebenso unbestimmte jüdische „Weise" in Streitfragen.

Der Kaiser fragt also die Weisen, warum Juden beim Gebet Kopfbedeckungen tragen (bekanntermaßen nehmen christliche Männer sowohl in der Kirche wie auch auf dem Friedhof die Kopfbedeckung ab). Die Weisen stellen eine Gegenfrage: Wer darf in Anwesenheit des Kaisers eine Kopfbedeckung tragen? Der Kaiser antwortet: Nur die Prinzen

Die Antwort der Weisen ergibt sich daraus zwangsläufig: So tragen auch wir vor dem Herrn, gepriesen sei er, eine Kopfbedeckung.

7.4 Die Tora

Als Tora (Weisung) bezeichnet man die ersten fünf Bücher Mose, wissenschaftlich „Pentateuch“, Fünfbuch, genannt, die auf einer einzigen Rolle aus zusammengenähten Häuten reiner Tiere niedergeschrieben sind. Die Haut wird natürlich zuvor präpariert und auf spezielle Weise behandelt, sodass daraus Pergament entsteht (Pergament wie auch Papyrus nebst Schreibutensilien zu Demonstrationszwecken findet man in gut sortierten Bastelläden).

Die Herstellung der Pergamente muss dabei von einem Juden vorgenommen werden. Für eine Tora braucht man – je nach Schriftgröße – zwischen 62 und 84 „Seiten“, bei Großschreibung noch mehr. *Eine Seite* Pergament besteht aus dem Rückenfell *eines* Tieres. In dieses Schreibmaterial werden mit einem scharfkantigen Lineal die Zeilen eingeprägt, auf die geschrieben wird. Geschrieben wird mit einer speziellen und möglichst lange haltbaren Tinte. Schreibgerät ist ein zugespitzter Federkiel, aus der Feder einer Gans etwa oder eines anderen koscheren Vogels. Der Text wird in der (aramäischen) Quadratschrift geschrieben, und zwar fortlaufend, d.h. ohne jegliche Interpunktion und auch ohne Vokalzeichen. Allerdings wird dabei nicht das ganze Blatt beschrieben, sondern der Text wird in Spalten mit je 42 Zeilen angeordnet und stellt damit auch optisch ein echtes Kunstwerk dar. Die einzelnen „Blätter“ werden nach ihrer Vollendung mit den Sehnen eines reinen Tieres zusammengenäht, also weder mit (Baumwoll-)Faden, noch mit Kleber verbunden. Der Text wird aus einer Vorlage Wort für Wort abgeschrieben, obwohl ein professioneller Schreiber (und auch so mancher Gläubige oder Gelehrte) die Tora mit Sicherheit auswendig kennt. Bei Fehlern ist die betreffende Seite neu herzustellen.

Abb. 18 und 19: Amnon Orbach mit einer Torarolle in der Synagoge Marburg

Die Tora enthält exakt 304.805 Buchstaben und die Arbeiten an einer Rolle nehmen in etwa ein Jahr in Anspruch, sodass der Preis für eine Rolle ab ca. 25.000 Euro aufwärts liegt – ein sicher nicht zu hoher Preis für die Arbeit eines Jahres!

Nach der Fertigstellung wird die Tora auf zwei runde Holzstäbe gerollt (*Ez Chajim* = Baum des Lebens) die – natürlich länger als die Tora –, oben und unten mit einer Führung aus Holz und unten mit zwei Griffen versehen sind. An diesen beiden Griffen wird die Tora auch getragen. Über die beiden Rollen wird ein Mantel gestülpt, der oben zwei Öffnungen besitzt, um die beiden Stäbe herausführen zu können. Der Toramantel ist aus kostbarem Stoff hergestellt (häufig Samt) und mit Goldstickerei versehen. Zusammengehalten wird die Tora durch einen Gürtel oder die gerade beschriebene Beschneidungswindel. Im zusammengerollten Zustand können auf die beiden oben herausgeführten Stäbe Kronen (Keter) aufgesteckt werden, die zumeist aus Silberblech getrieben sind.

Abb. 20 und 21: Torakrone und Toraschild

An die Stäbe hängt man die Jad, die Hand, ein kleiner Stab der vorne als eine kleine Hand mit Zeigefinger ausgebildet ist. Dieser Stab dient als Zeigestab beim Lesen; so wird zum einen vermieden, dass man eine Zeile überspringt. Zum anderen würde der Finger des Lesenden Schmutz oder Schweiß auf der Tora hinterlassen und damit zu einem vorzeitigen Verfall der Schrift führen. Zusammengerollt, mit dem Mantel bedeckt und mit der Jad an einer Kette angehängt steht die Tora in ihrem Schrein.

Abb. 22: Jad

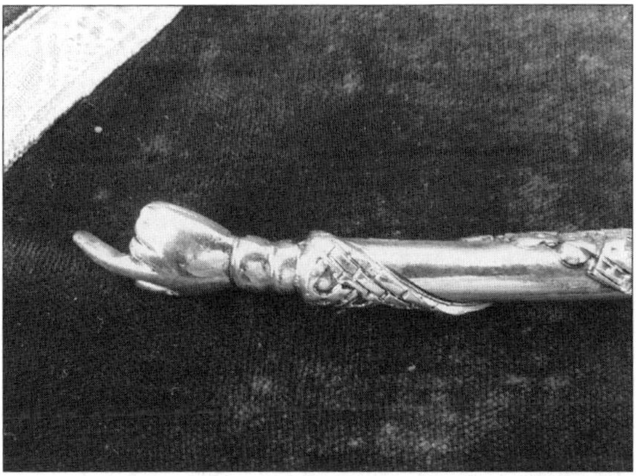

Wenn eine Gemeinde eine neue Tora erwirbt, kommt der Schreiber nach Möglichkeit dorthin und lässt Mitglieder der Gemeinde die letzten Worte niederschreiben. Um Fehler zu vermeiden ist der entsprechende Text allerdings schon vorgeschrieben. Es kann eine Prozession der Tora vom Ort der letzten Niederschrift zur Synagoge erfolgen, während der die Tora, unter dem Baldachin, der Chuppa, getragen wird. Die Prozession verläuft ausgesprochen fröhlich, es wird getanzt und es werden Lieder gesungen.

Abb. 23: Einholung der neuen Torarolle in die Marburger Synagoge. Die sichtbare Inschrift auf dem Baldachin ist der erste Satz aus dem Text des oben gezeigten Chuppa-Stein und lautet: Kol Sasson. Foto: Rolf Wegst, Rechte: Jüdische Gemeinde Marburg

Abb. 24 Sephardisches Torabehältnis aus Holz mit Metallbeschlag; Foto: Klaus Dorn
Das Foto ist am „Kotel", der sogenannten Klagemauer aufgenommen. In den Ritzen zwischen den Steinen aus herodianischer Zeit stecken kleine Zettel, auf denen Menschen ihre Bitten an Gott niedergeschrieben haben.

Das Gesagte gilt freilich nur für eine Tora des aschkenasischen Judentums. Die → *Sepharden,* die Juden in der Tradition der Iberischen Halbinsel, umhüllen ihre Tora nicht mit einem Samtmantel, sondern schließen sie in einem runden Behälter ein, der aus Holz oder Metall gearbeitet ist.

Die gesamte Tora wird innerhalb eines Jahres am Sabbat durch- und vorgelesen. Dazu ist der Text in Abschnitte gegliedert, insgesamt 54, die sogenannten Paraschen (hebr. *Paraša* = Kapitel oder aram. Sidra). Daher heißen diese Abschnitte auch „Wochenabschnitt". Der Sabbat wird nach dem Anfangswort des jeweiligen Wochenabschnitts bezeichnet, also z.B. „Bereschit" = im Anfang, „Noah"; „lech lecha" = gehe du oder „wajera" = und es erschien etc.

Neben der verbreiteten einjährigen (babylonischen) Leseordnung gibt es auch die dreijährige (palästinische Ordnung), in der die Abschnitte dann entsprechend kürzer gehalten sind. Mit den jeweiligen Torabschnitten korrespondieren entsprechende Abschnitte aus den anderen Büchern des → *Tenach,* der hebräischen Bibel, in erster Linie prophetische Texte, an den großen Festtagen auch eines der fünf kleinen Bücher, *Megillot* (= Rollen; Singular: Megillah) genannt. Die Besonderheit des jüdischen Kalenders macht es freilich erforderlich, dass ggf. mehr als ein Abschnitt gelesen werden muss und die Zuweisung eines Abschnitts an einen bestimmten Sabbat Wandlungen unterworfen ist und nicht ein für alle Mal feststeht.

7.5 Die Mesusá

Die *Mesusá* (= Türpfosten; Betonung auf dem a!) ist eine kleine Kapsel, die gemäß Dtn 6,9 und 11,20 an den Türpfosten eines Hauses angebracht wird:

> ***Dtn 6,4*** *Höre, Israel: Der HERR ist unser Gott, der HERR allein! 5 Und du sollst den HERRN, deinen Gott, lieben mit deinem ganzen Herzen und mit deiner ganzen Seele und mit deiner ganzen Kraft. 6 Und diese Worte, die ich dir heute gebiete, sollen in deinem Herzen sein. 7 Und du sollst sie deinen Kindern einschärfen, und du sollst davon reden, wenn du in deinem Hause sitzt und wenn du auf dem Weg gehst, wenn du dich hinlegst und wenn du aufstehst. 8 Und du sollst sie als Zeichen auf deine Hand binden, und sie sollen als Merkzeichen zwischen deinen Augen sein, 9 und du sollst sie auf die Pfosten [Mezuzot] deines Hauses und an deine Tore schreiben.*

In der Kapsel befinden sich – ähnlich wie in den Tefillin – koschere handgeschriebene Texte auf Pergament, und zwar genau jene Texte, die das Anbringen der Mesusá einfordern, also Dtn 6,9 in Verbindung mit dem *Sch^{e}ma* Israel und Dtn 11,20.

Diese Kapseln, auf denen sich außen erneut der Buchstabe Schin ש als Abkürzung für das Wort Šaddaj (Höchster) befindet, werden nicht nur an der Haustüre, sondern an allen Türen des Hauses angebracht, außer der Tür zum Badezimmer/Toilette und der Tür zum Stall. Das Behältnis kann aus den unterschiedlichsten Materialien bestehen und wird mit einer leichten Schrägneigung in Richtung des Zimmers am Türpfosten rechts angebracht.

Wozu eine solche Mesusá dient, wird wieder sehr unterschiedlich begründet. Es ist die Rede von der Abwehr böser Geister bis hin zur Erinnerung an Gott und

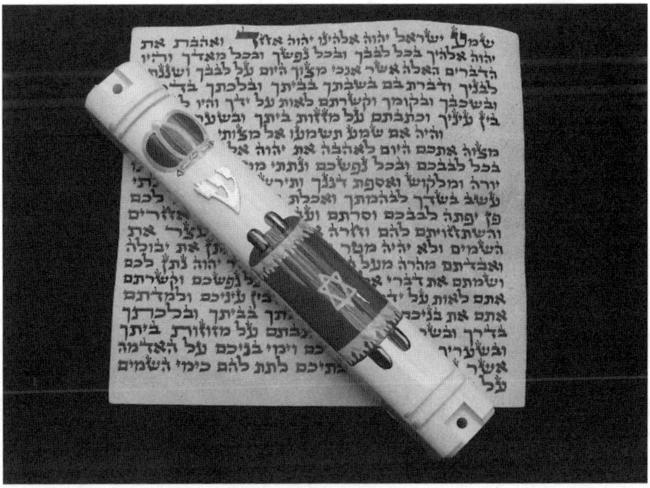

Abb. 25: Mesusá

seine Weisungen. Vermutlich kommt ihr eine ähnlich ambivalente Funktion zu wie einem Weihwasserkesselchen neben der Haustür in einem katholischen Haus. Unsere Mutter gab uns Kindern Weihwasser, wenn wir das Haus verließen, um uns vor Unheil zu bewahren. Es dient aber ebenso gut der Erinnerung an die Taufe, die man als Christ empfangen hat. Hier wie dort sind die Übergänge vermutlich fließend.

7.6 Die Synagoge

Als Katholik fand ich es stets befremdlich, wenn in einer evangelischen Kirche im Seitenschiff das Büfett aufgebaut war, an dem man sich im Anschluss an einen Gottesdienst zur Einführung, Verabschiedung oder Ehrung einer prominenten Person einer Gemeinde laben konnte. Für eine katholische Kirche ist dergleichen kaum denkbar, obwohl man in der Gemeinde, zu der ich gehöre, gerne im Anschluss an den Gottesdienst ein Schwätzchen hält, nach Möglichkeit draußen, doch wenn es regnet auch schon mal in der Kirche, ganz hinten, unter der Empore und nicht zu nahe am Altar.

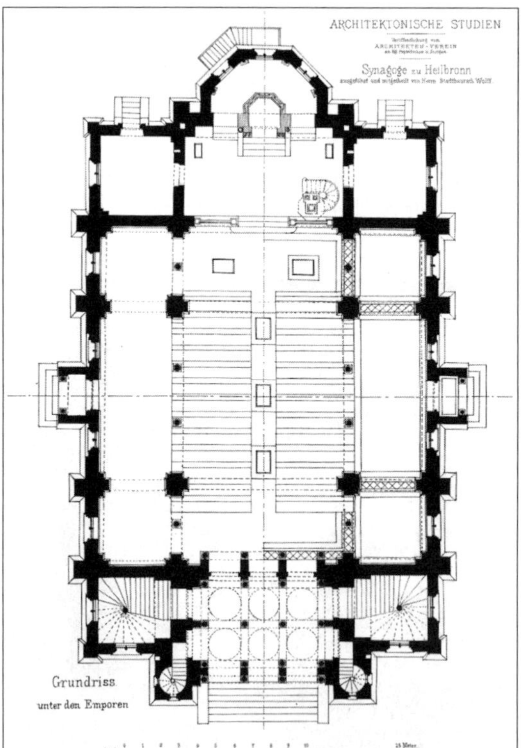

Abb. 26: Grundriss der Heilbronner Synagoge, 1877

Das hängt mit der unterschiedlichen Sichtweise und Bedeutung zusammen, die die beiden Konfessionen einer Kirche zubilligen. In der evangelischen Kirche ist das Gebäude ein Haus, in dem sich die Gemeinde zum Gebet versammelt. Bei Katholiken dagegen ist die Kirche der Ort der bleibenden Gottespräsenz, schon dadurch ausgewiesen, dass vor dem Tabernakel, dem Sakramentshaus, das ewige Licht brennt. Und in einem Haus, in dem Gott gegenwärtig ist, verhält man sich eben dann auch anders.

Nicht so in einer Synagoge: da kann es auch schon mal lauter werden, man unterhält sich, begrüßt den Nachbarn, auch mal ein paar Reihen weiter vorn oder weiter hinten, geht mal raus und kommt dann wieder, kommt zu spät oder geht zu früh – zu meiner Kinderzeit in der katholischen Kirche eine sogenannte lässliche Sünde. Freilich halten es diesbezüglich auch nicht alle so streng wie die Römisch-Katholischen. In der orthodoxen Kirche, in der das Volk nur Zuschauer bei dem heiligen Geheimnis der Eucharistie ist, findet man – zumindest hinsichtlich des Hereinkommens und wieder Hinausgehens – ein ähnliches Verhalten wie in einer Synagoge.

Trotz dieser Unterschiede hat eine Synagoge, hebräisch *Bet ha knesset,* Haus der Versammlung, von der Raumaufteilung einen ähnlichen Charakter wie gerade eine katholische (oder auch orthodoxe) Kirche.

Das Gebäude ist geostet, d.h. der Toraschrein steht im Osten oder Südosten, zumindest in unseren Breiten, denn er ist in Richtung Jerusalem aufgestellt. Wenn man ein Synagogengebäude betritt, muss man nicht selten eine oder zwei Stufen abwärts gehen in Erinnerung an Ps 130,1: *Aus der Tiefe rufe ich, Herr, zu Dir.*

Dem Eingang gegenüber findet man, bisweilen in einer Apsis, den Toraschrein, den *Aron ha kodesch,* den heiligen Schrein, gewissermaßen das Allerheiligste. Er befindet sich dort, wo man in einer katholischen Kirche den Altar vorfindet, in vielen Fällen mit dem Sakramentshaus, dem sogenannten Tabernakel. Der Schrein ist in der Regel mit einem Vorhang (= Parochet) verhüllt, auf

Abb. 27: „klassisches“ Motiv eines Torvorhangs aus einer zerstörten Synagoge von Lublin. Foto: Jacek Proszyk

Abb. 28: Toravorhang in der Frankfurter Westend-Synagoge, Foto: Dontwory

dem sich ein Bildmotiv findet, häufig die Tafeln der zehn Gebote, mit einer Krone darüber und rechts und links von einem Löwen flankiert. Der Löwe steht für den Stamm Juda (Gen 49,9; Hos 5,14). Heute sind jedoch auch viele andere Motive möglich

Vor oder neben dem Toraschrein brennt das *Ner tamid*, das ewige Licht, früher als lebendige Flamme, wie in katholischen Kirchen, heute zunehmend als elektrisches Licht und vielfach in Gestalt einer Kerze oder einer Ampel. Vor dem Schrein befindet sich der *Almemor* oder auch die *Bima* (= die Höhe). In manchen Synagogen steht diese in der Mitte des ganzen Raumes, so z.B. in der eindrucksvollen Alt-Neu-Synagoge in Prag. Die Bima in Gestalt eines großen Lesepultes, von der Größe und der Position her einem Altar vergleichbar, bildet in der Tat häufig einen erhöhten Platz. Das Pult hat, wie der Altar, die Aufgabe, das Heiligste zu tragen, die Torarolle, die auf diesem Lesepult, das meist mit einem Samttuch bedeckt und geschmückt ist, entrollt und gelesen wird. Der erhöhte Standort ermöglicht es den Gottesdienstbesuchern, die Toralesung besser mitverfolgen zu können. In der Nähe der Bima befindet sich häufig ein weiteres, kleineres Lesepult, von dem aus ggf. die Predigt gehalten wird.

Am Fuße der Bima schließt sich dann die Bestuhlung des Raumes an, ggf. auch noch rechts und links davon. In manchen Synagogen sind die Sitze außergewöhnlich bequem: Bei Gottesdiensten, die mehrere Stunden, zu bestimmten Feiertagen sogar den ganzen Tag über, dauern, ist dies sicherlich auch kein Luxus.

Abb. 29: Der *Parochet*, der Vorhang vor dem Toraschrein in der Synagoge Marburg. Die Inschrift ist dem Buch der Sprüche entnommen (3,18) und lautet:
Ein Baum des Lebens ist sie für (jene), die sie ergreifen, und wer an ihr festhält, ist glücklich zu preisen. „Sie" in diesem Text meint eigentlich die (präexistente) Weisheit, doch für „das Judentum" gibt es keine größere Weisheit als die Tora

Orthodoxe und konservative Gemeinden trennen zwischen einem Frauen- und einem Männerabteil, wobei die Frauen häufig auf einer Empore Platz finden. Die Trennung zwischen Frauen und Männern findet man so ebenfalls noch in vielen konservativeren katholischen Gemeinden, ebenso wie die Empore, allerdings mit dem Unterschied, dass in der katholischen Kirche die Empore reine „Männersache" ist. Die Trennung zwischen Männern und Frauen dient dazu, die Männer durch den Anblick der Frauen nicht vom Gebet abzulenken. Im Zuge der Emanzipation dürfte das natürlich inzwischen auch umgekehrt gelten. Bis heute gibt es Synagogen, in denen die Frauen auf der Empore durch ein relativ dichtes Holzgitter den Blicken der Männer entzogen werden. Das Gitter ist zwar nicht so dicht, dass man nicht von oben nach unten hindurchschauen könnte, aber dicht genug, um aus größerer Entfernung die Frauen nicht sehen zu können.

Schmuckelemente muss es in einer Synagoge nicht geben, abgesehen vom Parochet und von der Tischdecke über der Bima, die ebenfalls bestickt sein kann. Häufig findet man allerdings einen prachtvollen Leuchter und in vielen älteren Synagogen ist die Decke des Raumes mit einem aufgemalten Sternenhimmel verziert. So präsentiert sich auch heute noch die wunderbar gestaltete Augsburger Synagoge. Häufig findet man schließlich an der Stirnseite des Gebäudes, über dem Toraschrein, einen Schriftzug in hebräischer Sprache, ggf. auch abgekürzt, wie in der Alt-Neu-Synagoge in Prag, der übersetzt lautet: *Wisse, vor wem du stehst.*

Hinweis zur Behandlung des Themas Synagoge im RU

Es empfiehlt sich, eine (katholische: nur dort findet sich ein ewiges Licht und ein Tabernakel) Kirche sowie eine Synagoge zu besuchen (ggf. als Aufgabe) und die Gemeinsamkeiten und Unterschiede zu besprechen. Wo dies nicht möglich ist, kann auch entsprechendes Bildmaterial für einen Vergleich herangezogen werden. Ähnlich kann bezüglich eines christlichen und jüdischen Friedhofes verfahren werden. Auf Grund der erkennbaren Unterschiede dürfte es nicht schwerfallen, die unterschiedlichen Sichtweisen zu erschließen und zu diskutieren.

Nachdem schon mehrfach von den verschiedenen Richtungen im Judentum die Rede war, sollen diese im Folgenden kurz dargestellt werden.

7.7 Jüdische Glaubensrichtungen

Ein Jude wird viele Jahre nach einem Schiffbruch auf einer einsamen Insel entdeckt. Im Laufe der Zeit hat er auf dieser Insel drei Synagogen gebaut. Auf die Frage, warum er denn drei Gebetshäuser errichtet habe, sagt er: Manchmal bin ich orthodox, dann gehe ich in die orthodoxe Synagoge, um zu beten. Manchmal bin ich liberal; dann gehe ich in die reformierte Synagoge.
Und die dritte, fragt man ihn. Wozu braucht es eine dritte?
Das ist die Synagoge, in die ich niemals hineingehe, lautet die Antwort.

Dieser Witz macht nicht nur deutlich, dass es verschiedene Richtungen im Judentum gibt, er lässt auch klar erkennen, dass die Zuordnung zu einer Richtung nicht immer eindeutig funktioniert. In der Tat sind die Grenzen fließend und es gibt von jeder Richtung zumeist nicht nur eine, sondern Varianten in vielen Schattierungen.

Im Zuge der Aufklärung wie auch der französischen Revolution veränderte sich die Lage der Juden umfassend: Insbesondere die Individualisierung, die mit der Revolution einherging, führte dazu, dass die Juden als Personen vor dem Gesetz gleichgestellt wurden. Für sie galten gleiche Rechte und Pflichten wie für jeden anderen Franzosen, gleich welchen Bekenntnisses. Er konnte – zumindest theoretisch – den Beruf ergreifen, den er wollte, wohnen, wo er wollte, tun und lassen, was er wollte, sofern dies gesetzeskonform war. Die Städte wuchsen und mit ihrem Anwachsen fielen die alten Stadtmauern, und damit auch die Mauern der Gettos, die einerseits Schutz, andererseits aber auch Abgrenzung bedeuteten, die einerseits selbst gewählt, andererseits auch zunehmend aufgezwungen worden waren (vgl. Küng, Judentum 259). Die Nachteile liegen jedoch auch auf der Hand: Es gab keinerlei Privilegien mehr, soweit solche denn überhaupt noch bestanden, und der Einzelne wurde zu einem französischen Staatsbürger, sodass das Bewusstsein, zu einer eigenen, besonderen Gruppe von Menschen oder sogar einem eigenen, besonderen Volk zu gehören, abhandenkommen konnte. Ein Jude war ein Franzose jüdischen Bekenntnisses, nicht mehr und nicht weniger: „Die Emanzipation der Juden war eigentlich ein letzter entscheidender Schlag gegen den Bestand des jüdischen Volkes als Kollektivindividualität“ (Bein, Judenfrage I,198).

In den folgenden Kriegen, die die europäischen Nationalstaaten gegeneinander führten, töteten französische, deutsche, österreichische und vermutlich auch russische Juden ihre Glaubensbrüder im jeweils feindlichen Heer, wie dies auch Christen taten.

Bekanntermaßen setzten sich die Vorstellungen der Französischen Revolution in Deutschland längst nicht so umfassend und auch nicht so schnell durch. Gleichwohl war die begonnene Emanzipations- und Assimilierungsbewegung auch in Deutschland nicht aufzuhalten, auch nicht unter den Juden. Sie führte allzu oft so weit, dass man die Religion wechselte und sich taufen ließ, auch um des Zieles willen, der völligen Integration im deutschen Bürgertum näher zu kommen. Die bleibende Abneigung gegen das Judentum, die mit dem neuen Namen „Antisemitismus“ auftrat und sich auf scheinbar „wissenschaftliche“ Ergebnisse stützte, wurde damit jedoch nicht aufgehalten, wie entsprechende Ausschreitungen im 19. Jh. und der Massenmord durch die Nazis erschreckend vor Augen führen.

Vermutlich in Folge der Assimilation in Deutschland kam es aber auch zu Reformen innerhalb des Judentums. Man achtete darauf, wie man von außen wahrgenommen wurde. Und so teilte sich das Judentum, je nach Reformbereitschaft, in eine orthodoxe, eine konservative und eine reformierte Richtung auf, deren Entstehung und Eigenheiten im Folgenden kurz erklärt werden sollen.

Reformjudentum

Das Judentum strebte das „Bürgerliche Bildungsideal“ an, und dazu gehörte auch eine „Ordnung“ im Gottesdienst und eine „anständige“ Mitfeier. Es sollte der Eindruck vermieden werden, „es ginge dort zu wie in einer Judenschul“. Dazu bedurfte es aber auch der Kenntnis und des Gebrauchs der deutschen Sprache anstelle des Jiddischen, die dann anstelle des Hebräischen auch im Gottesdienst verwendet wurde. Predigt und Orgelbegleitung hielten Einzug in die Synagogengottesdienste, der Rabbiner kleidete sich ähnlich einem evangelischen Pfarrer und verstand sich nicht mehr (nur) als Gesetzesgelehrter, sondern auch als Seelsorger und Liturgievorsteher, sodass der Gottesdienst sich im Ablauf allmählich dem christlichen Gottesdienst annäherte. Die zwangsweise Kopfbedeckung für Männer und die Geschlechtertrennung wurden aufgehoben (vgl. Küng 260f). Sofern

Abb. 30: Rabbiner Dr. David Sander, Gießen, 1867–1939

die Rückkehr nach Israel oder Zion überhaupt noch als Ziel formuliert wurde, verstand man diese nicht mehr im geographischen, sondern im übertragen-geistigen Sinn. Dieses Reformjudentum ist für Deutschland untrennbar mit dem Namen Abraham Geiger (1810–74) verknüpft. Natürlich gab es diese Richtung des Judentums nicht nur in Deutschland, sondern bald auch und vor allem in den USA.

Orthodoxes Judentum

Gegen diese Richtung bildete sich – man kann sagen zwangsläufig – auch eine Opposition, die Richtung des orthodoxen Judentums. Diese ist sehr dem Judentum Osteuropas verhaftet.

> *„Sie pflegten ihren bisherigen* **abgesonderten Lebensstil** *weiter, mit bestenfalls äußeren Anpassungen etwa an moderne Verkehrs-, Kommunikations- und Zahlungsmittel. Ähnlich wie römische Prälaten, ebenfalls ihrem mittelalterlichen Paradigma verhaftet, in merkwürdigen Gewändern der Vorzeit aufzutreten belieben und entschieden gegen Geburtenregelung und für viele Kinder sind, so bewegen sich bis heute orthodoxe Juden, auch äußerlich in Distanz zur verführerischen Moderne, im traditionellen Sonntagsgewand der polnischen Bauern des 18. Jahrhunderts durch die Straßen von London, Paris, Antwerpen, Jerusalem oder eben New York." (Küng, Judentum 265)*

Auch hier ist für Deutschland v.a. eine Persönlichkeit zu nennen: Die deutsche Orthodoxie mit der Rückbesinnung auf traditionelle Werte und Formen wurde v.a. durch Samson Raphael Hirsch (1803–1888) getragen.

Abb. 31: *Chassiden* (korrekt: chassidim = Fromme) in Antwerpen mit ihrem →*Schtreimel*, dem Pelzhut, der am Sabbat getragen wird. Darunter trägt man zusätzlich noch die Kippa/Jarmulke. An der Art, wie diese Hüte aufgesetzt werden, wird deutlich, dass sie nicht dazu dienen, Kopf oder gar Ohren warm zu halten. Sie sind ausschließlich Schmuck, oder man könnte auch sagen: Tracht.
Beide Männer tragen im Übrigen auch Pejes, die langen Schläfenlocken, die dem Gebot Rechnung tragen:
Lev 19,27 *Ihr sollt nicht den Rand eures Haupthaares rund scheren, und den Rand deines Bartes sollst du nicht verderben.*

> *Zur jüdischen Orthodoxie zählen bis heute alle jene Juden, die sich nach wie vor der ‚geschriebenen Tora' als dem inspirierten Wort Gottes und der ‚mündlichen Tora' als deren Interpretation verpflichtet fühlen, die ja die beiden Hauptquellen der Halacha, des jüdischen Gesetzes, darstellen, nach denen sich Orthodoxe im konkreten Alltag auszurichten haben. (Küng 502)*

Allerdings gibt es die unterschiedlichsten Arten von Orthodoxie: Ultraorthodoxe, die sich auch gegen die eigenen Glaubensgenossen wenden, sofern diese nicht ihren strengen Vorstellungen von Religionsausübung entsprechen. Sie verurteilen nicht nur z.B. das Autofahren am Sabbat, sondern unterstützen ihre „Argumente" gelegentlich auch handgreiflich durch den Wurf von Pflastersteinen. Sie demonstrieren mit ausdrücklichem Verweis auf den Holocaust gegen jene Juden, die durch Ehen mit nichtjüdischen Frauen dazu beitragen, dass die Mehrungs-Verheißung Gottes an Abraham beeinträchtigt wird. Und schließlich leisten viele von ihnen keinen Wehrdienst in der Armee Israels. Ihr Gebet für das Land betrachten sie als ausreichendes Engagement für den Staat. Aufgrund der Mehrheitsverhältnisse im Parlament und der Existenz von Splitterparteien, die für eine Mehrheitsfindung häufig Teil der Regierungskoalition sind, spielen sie eine überproportionale Rolle in der Politik Israels. Aus ihren Reihen kommt es neuerdings auch vermehrt im Heiligen Land zu →*Angriffen auf Christen in Israel.* Sie gehören teilweise der Siedlerbewegung an. Ein Friedensschluss dieser Gruppierung mit den Palästinensern scheint völlig illusorisch zu sein.

In den USA kommt es zur Richtung der „aufgeklärten Orthodoxie", die mit dem Namen des Rabbi Joseph D. Soloveitchik verknüpft ist. Die verschiedenen Richtungen unterscheiden sich in der Beurteilung der Verbindlichkeit von Tora und Halacha wie auch in der Frage nach der Herkunft der Tora. Damit verbunden ist zwangsläufig die Art und Weise der Torauslegung (vgl. Küng 505–513).

Konservatives Judentum

Zwischen der Orthodoxie und dem Reformjudentum hat sich in der zweiten Hälfte des 19. Jh. als dritte Richtung zwischen den beiden das konservative Judentum herausgebildet. Auch diese Richtung ist mit bedeutenden Rabbinen verknüpft und zwar mit Zacharias Frankel und Salomon Schechter, dem Entdecker der Kairoer Geniza. Der Mittelweg besteht und bestand in der Akzeptanz von Entwicklung und Fortschritt, ohne dabei jedoch in diesen aufzugehen. Es war und ist der Drahtseilakt zwischen Fundamentalismus einerseits und einer zu starken Säkularisierung des Judeseins andererseits.

Im praktischen Leben unterscheidet sich das konservative Judentum von der Orthodoxie z.B. durch ein der Bar Mitzwa vergleichbares Fest für Mädchen, der Bat Mitzwa. Auch diese Richtung des Judentums existiert in einer großen Bandbreite mit entsprechenden innerjüdischen Auseinandersetzungen um Tradition und Fortschritt (vgl. Küng 522ff).

In Deutschland dürfte die größere Anzahl der Synagogen konservativ sein, obwohl es auch reformierte Gemeinden gibt, auch mit Rabbinerinnen. In den konservativen Synagogen wird die Trennung nach Geschlechtern aufrechterhalten, ggf. auch ohne eigene Räumlichkeiten oder Emporen, einfach durch Aufteilung der Stuhlreihen.

Eine Gemeinde braucht nicht zwangsläufig einen Rabbi, und viele Gemeinden können sich auch keinen leisten, auch wenn in den letzten beiden Jahrzehnten die Anzahl der Gemeindemitglieder durch Einwanderung aus den Staaten der GUS (**G**emeinschaft **u**nabhängiger **S**taaten der ehemaligen Sowjetunion) sehr stark angewachsen ist. Eine gestiegene Mitgliederzahl bedeutet aber keineswegs zwangsläufig eine bessere finanzielle Ausstattung, denn viele der Zuwanderer – zumindest der ersten Generation – sind arbeitslos oder mit Minijobs beschäftigt. Es kommt hinzu, dass viele ihren Glauben nicht praktiziert haben und somit oft nur geringe Kenntnisse ihrer Religion besitzen, von der hebräischen Sprache ganz abgesehen.

Rabbinen sind in den großen Gemeinden wie Frankfurt oder Wiesbaden angestellt, darüber hinaus gibt es sogenannte Landesrabbiner, die die Gemeinden eines Bundeslandes betreuen.

Zusammenfassung

Wie im Judentum auch beginnt der Tag in einem traditionell christlichen Haus mit einem Morgengebet, der Verlesung der Tageslosung oder gar mit dem Besuch der Messe und klingt mit einem Abendgebet aus. Während die Synagoge vielfach einer Kirche, v.a. einer katholischen, ähnelt (ewiges Licht; Toraschrein bzw. Allerheiligstes im Tabernakel), besteht ein scheinbar wichtiger Unterschied zwischen Judentum und Christentum dergestalt, dass Christentum ohne Priester

oder Pastoren weitgehend nicht vorstellbar ist. Allerdings muss man dazusagen, dass auch den Rabbis bisweilen eine ähnliche Funktion zukommt, wie einem Priester: Er leitet den Gottesdienst, hält ggf. die Predigt, sorgt sich um den Einzelnen in seiner Gemeinde wie auch um das Gemeinschaftsleben, das auch im Judentum von unterschiedlichen Gruppen und Aktivitäten geprägt sein kann.
Schließlich ist der Zerfall der jüdischen Religionsgemeinschaft in unterschiedliche Gruppen, die auch unterschiedlich streng die Gebote und Überlieferungen einhalten, im Christentum ebenfalls manifest. Abgesehen von der Unterscheidung in verschiedene Konfessionen (Reformierte aller Art; Orthodoxie aller Art) finden sich in den einzelnen Konfessionen häufig noch einmal unterschiedliche Gruppierungen wie etwa im katholischen Bereich Opus Dei, Piusbrüder, Romtreue Christen, Dritte Orden, Kirche von Unten u.ä. Und um ins Detail zu gehen: Selbstverständlich beharrt man in so manchen traditionellen Gemeinden wie im Judentum auf der Trennung der Geschlechter im Gottesdienst.
Last but not least hat das Judentum heute – zumindest in Deutschland – mit ähnlichen Problemen zu kämpfen wie das Christentum: Die Zahl der praktizierenden Gläubigen beträgt maximal 20 Prozent der Zahl der Menschen, die irgendwie offiziell zur Religionsgemeinschaft zählen, Tendenz abnehmend, v.a. bei jungen Leuten und Jugendlichen.

8. Jüdische Fest- und Feiertage

Die jüdischen Festtage werden fast allesamt in der Geschichte verankert und mit geschichtlichen Ereignissen verknüpft. Dabei ändert sich die Begründung der Feste im Laufe der Zeit, nicht zuletzt bedingt durch das Fehlen des Tempels. Lediglich der Sabbat findet seine Begründung in der Schöpfungserzählung.

8.1 Die Feier des Sabbat

Wie nach jüdischer Zeitrechnung üblich, beginnt der Sabbat am Freitagabend – früher nach Augenschein, heute nach Berechnung. In früherer Zeit wurde der Tagesbeginn mit dem Erscheinen der ersten drei mittelgroßen Sterne festgelegt; nach anderer Ansicht beginnt der neue Tag dann, wenn man auf eine bestimmte Entfernung hin nicht mehr zwischen einem weißen und schwarzen Faden unterscheiden konnte. Die heutige genaue astronomische Berechnung der Zeit des Sonnenuntergangs führt dazu, dass sich der Sabbatbeginn in Berlin von dem Beginn in Frankfurt um wenige Minuten unterscheidet.

Wer kann, beendet am Freitag seine Arbeit früher, um sich für den Sabbat zu rüsten. Alle Arbeit, die für die Feier des Tages erforderlich ist, muss bis zum Einbruch des Abends erledigt sein, z.B. auch die Zubereitung des Essens für den Sabbat.

Ein typisches Sabbatgericht ist der → *Tscholent*, ein Eintopf, der fertig zubereitet vor Beginn des Sabbat in den Ofen geschoben wird und dort bis zum Mittagessen am Sabbat verbleibt und vor sich hin schmort. Die Zutaten zu diesem Gericht variieren je nach Region. Grundsätzlich setzt es sich im sogenannten → *sephardischen* Judentum der westlichen Hemisphäre, anders zusammen als im → *aschkenasischen* Judentum.

Letzteres erstreckt sich von Deutschland aus nach Osten. Seine Umgangssprache ist das Jiddisch, eine Mischung aus Deutsch, Hebräisch und regionalen Einflüssen. Das sephardische Judentum, das ursprünglich v.a. in Spanien verbreitet war und sich nach der Vertreibung (1492 und 1513) in Italien, Nordafrika, Norddeutschland, den Niederlanden und auch Palästina niedergelassen hatte, sprach Ladino, ebenfalls eine regional beeinflusste Sprachmischung, die vor allem auf dem Spanischen bzw. auf romanischen Sprachen fußt. Das heutige *Ivrith* orientiert sich an der sephardischen Aussprache.

Im Wesentlichen besteht der Tscholent aber überall aus Fleisch, Hülsenfrüchten und Kartoffeln, in der sephardischen Tradition auch aus gekochten Eiern.

Vor dem Sabbatbeginn wird der Tisch für das Abendessen gedeckt. Auf dem Tisch befinden sich die zopfähnlich geflochtenen Sabbatbrote (*Challa*) und der Becher mit Wein, die beide zur Feier des Sabbat gehören. Man verwendet bevorzugt einen schweren, süßen → *Kiddusch*-Wein, natürlich koscher! Die Hausfrau entzündet mit einem Segensspruch die Sabbatlichter, während die männlichen Mitglieder des Hauses den Sabbat in der Synagoge begrüßen. Der Gottesdienst zu Sabbatbeginn am Freitagabend ist im wahrsten Sinne des Wortes eine Begrüßung des Sabbat – so als ob ein vertrauter geliebter Mensch in die Synagoge tritt. Es werden entsprechende Lieder gesungen (L^{e}cha dodi liqra't kala = komm mein Freund, der Braut (dem Sabbat) entgegen), die Tür wird für einen Augenblick geöffnet, um den Sabbat einzulassen. Die betende Gemeinde erhebt sich zu diesem Anlass.

Früher war es wohl ein Problem, die Sabbatlichter am Abend wieder zu löschen, weil selbst dies als Arbeit gilt. Man verwendete daher Lichter, deren Brenndauer in etwa abgeschätzt werden konnte oder rief seinen christlichen Nachbarn, den → *Schabbes-Goj*, der die Kerzen ausblies. Inzwischen gibt es Kerzen, deren Brenndauer ziemlich genau berechnet werden kann, bevor sie von selbst verlöschen.

Der Sabbatmorgen ist wieder dem Gebet gewidmet. Der Gottesdienst in der Synagoge, in dessen Verlauf auch die Tora gelesen wird, dauert auch an einem normalen Sabbat mehrere Stunden. Welche Torastelle gelesen wird, hängt vom Lesezyklus ab: In Deutschland ist der einjährige Lesezyklus verbreitet, d.h. die Tora wird in einem Jahr ganz durchgelesen. Die Abschnitte sind entsprechend lang und werden im jüdischen Kalender für die entsprechenden Sabbate angegeben.

Der Sabbat ist ansonsten ein Tag der Ruhe. Außer einem kleinen Spaziergang im Rahmen des → *Sabbatweges* dient er dem Familienleben (auch Krankenbesuchen) und dem Studium der Tora.

Während der Sabbat so früh wie möglich beginnt, endet er so spät wie möglich. Der Sabbatbeginn unterscheidet sich daher deutlich vom Sabbatende: Für den 11. September 2015 z.B. wurde der Beginn des Sabbats für Frankfurt am Freitagabend mit 19:19 Uhr angegeben, sein Ende dagegen am Samstag mit 20:36 Uhr. Man versucht also den Sabbat so lange wie möglich auszukosten, bis er in einer kleinen häuslichen Feier endet. Es werden der Psalm 144 und 67 gebetet sowie ein Abschnitt des → *Schmone esre*, des sogenannten 18-Bitten-Gebetes.

Abgeschlossen wird der Sabbat durch die sogenannte *Hawdala* (Trennung, Scheidung). Für die Hawdala benötigt man einen (über-)vollen Becher, vorzugsweise mit Wein, die *Besamim-Büchse* sowie die *Hawdala-Kerze*. Die Besamimbüchse ist ein meist sehr kunstvolles silbernes Gefäß mit durchbrochenen Wänden, in dem sich wohlriechende Gewürze befinden, wie z.B. Zimt oder Nelken. Die Hawdalakerze unterscheidet sich von sonst üblichen Kerzen dadurch, dass sie aus mehreren dünnen Kerzensträngen geflochten ist und somit mehrere Dochte besitzt. Die Kerze steckt in einem besonderen, entsprechend breiten Kerzenständer, zumeist aus gleichem Material wie die Besamimbüchse und wird ebenso wie der Wein gesegnet.

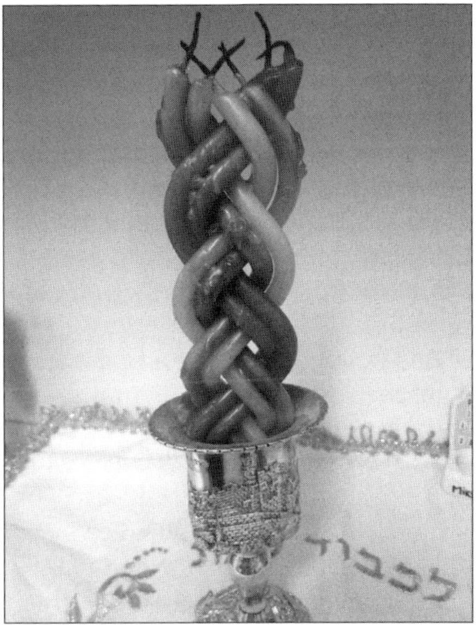

Abb. 32 und 33: Besamimbüchse und Hawdalakerze

Neben dem Segen über den Wein, der später auch getrunken wird, versucht man mittels der Besamimbüchse den Wohlgeruch des Sabbats so lange wie möglich präsent zu halten bzw. die Trauer über das Ende des Sabbat zu versüßen.

Mit dem letzten Rest Wein wird die Hawdalakerze, die durch die vielen Dochte besonders viel Licht erstrahlen lässt, ausgelöscht.

Das Sabbatgebot wurde inzwischen in konservativen (und natürlich auch reformierten) Gemeinden z.B. insofern gelockert, als der Besuch des Gottesdienstes höher eingeschätzt wird als das Fahrverbot oder das Überschreiten des Sabbatweges. Wer also weiter von der nächsten Synagoge entfernt wohnt, darf das Auto nehmen oder auch öffentliche Verkehrsmittel, um am Sabbat zum Gottesdienst zu gelangen.

8.2 Die Feste im Jahreskreis

Die drei großen Hauptfeste sind allesamt Wallfahrts- und Erntefeste. Die Wallfahrt nach Jerusalem zum Tempel hatte den Zweck, den Zehnten, bzw. die Tempelsteuer, dort abzuliefern.

Die Reihe der Feste beginnt mit dem *Pascha*, verbunden mit dem Fest der ungesäuerten Brote im Frühjahr. Zu dieser Zeit wird zumindest im Jordangraben die Gerste reif – heutzutage auch die Erdbeeren. Das zweite Wallfahrtsfest ist *Schavuot*, das Wochenfest, das 50 Tage und damit sieben Wochen nach Pascha gefeiert wird. Zu diesem Zeitpunkt reift der Weizen. Schließlich fällt das dritte Fest in den Herbst. Es handelt sich um *Sukkot*, das Laubhüttenfest. Im Rahmen dieses Festes wird die Ernte der Früchte gefeiert. Es reifen in dieser Zeit Datteln, Granatäpfel und Trauben, heutzutage auch die ersten Orangen und nicht zu vergessen der *Etrog*, jene außergewöhnlich Zitrusfrucht, die zum Feststrauß des Sukkotfestes gehört. (s. S. 133f.)

Diesen Festen entsprechen im christlichen Festkreis Ostern, Pfingsten und Erntedank, auch wenn Letzteres im Christentum nicht (mehr) so bedeutend ist. Dafür sind die beiden Erstgenannten untrennbar mit dem jüdischen Kalender verknüpft.

Zur Orientierung seien in der Abbildung 34 die jüdischen Monate mit ihrem deutschen Äquivalent genannt.

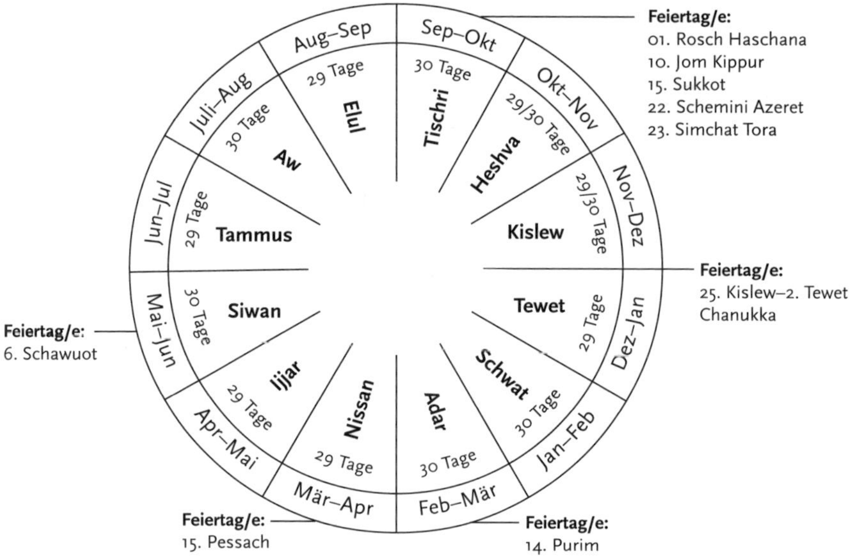

Abb. 34: Der Jahreskreis

Der jüdische Kalender ist ein Mondkalender mit jeweils 29 oder 30 Tagen pro Monat. Es ist leicht auszurechnen, dass ein solcher Kalender sehr schnell gegenüber dem Sonnenjahr „falsch" geht. Im Gegensatz zum Islam, der dennoch am reinen Mondkalender festhält und dessen Feste deshalb irgendwann das ganze Jahr durchlaufen haben, wird im Judentum in unregelmäßigen Abständen ein Schaltmonat eingefügt, und zwar im Monat Adar, sodass es bisweilen einen Monat Adar I und II oder a und b gibt. Man spricht daher von einem lunisolaren

Kalender (als Kombination von lateinisch luna = der Mond und sol = die Sonne), da sowohl der Mond als auch die Sonne für diesen Kalender bedeutsam sind.

Die enge Verknüpfung der christlichen Feste Ostern und Pfingsten mit den jüdischen Festen ist ganz einfach zu begründen: Da Jesus am Freitag in der Paschawoche verhaftet und hingerichtet wurde, findet auch Ostern in der Paschawoche statt, genauer immer am ersten Sonntag nach dem jüdischen Pascha, d.h. am ersten Sonntag nach Frühlingsvollmond. Damit fallen aufgrund der Terminierung auf den Sonntag Pascha und Ostern niemals zusammen und entsprechend fällt auch Pfingsten immer auf den Sonntag nach dem jüdischen Wochenfest. Dazu kommt natürlich, dass der erste Vollmond nach Frühlingsanfang unmittelbar danach oder einen knappen Monat später erscheinen kann, sodass Pascha/Ostern zu sehr unterschiedlich Terminen im Frühling gefeiert werden.

Neben den Monaten weicht allerdings auch die jüdische Jahreszählung von der christlichen ab, und auch dies ist mehr als verständlich, denn warum sollte sich das Judentum an Christus orientieren?

Das Jahr 2015/2016 – jeweils von einem jüdischen Neujahrsfest zum nächsten – gilt im jüdischen Kalender als das Jahr 5776 nach Erschaffung der Welt. Zur jüdischen Jahreszahl kommt man also, wenn man zum christlichen Jahr 3760 bzw. 3761 hinzuaddiert.

Wie das Judentum diese Jahreszahl berechnet, ist zumindest näherungsweise zu begründen: Zählt man aus den Stammbäumen der Vorväter deren Lebenszeit zusammen, dazu die Zeit des Ägyptenaufenthaltes und die Zeit von Exodus und Landnahme, sowie die entsprechenden Daten der Königszeit, ergibt sich diese Zahl. Es war der Gelehrte Hillel II. (4. Jh.), der aufgrund dieser chronologischen Angaben der Schrift das Jahr der Erschaffung der Welt festgelegt hat.

Pascha oder Pesach

Gemäß Ex 12,2 begann das Jahr ursprünglich zu Pascha. Heute dagegen fällt das Neujahrsfest auf den Herbst. Pascha dagegen wird zur Erinnerung an die Befreiung aus der Sklaverei in Ägypten weiterhin im Frühling gefeiert und steht im unmittelbaren Begründungszusammenhang mit dem Exodus.

Wie in Ex beschrieben, sonderte man ein einjähriges Schaf oder eine Ziege von den anderen Tieren ab. Das Tier musste opfertauglich sein, also fehlerfrei. Zu den weiteren Vorschriften gehörte, dass das Tier gebraten werden musste – es durfte nicht gekocht werden (Ex 12,9; dagegen Dtn 16,7) – und es musste in einer Nacht gänzlich verzehrt werden. Entsprechend groß war die Mahlgesellschaft zu gestalten. Dazu gab es ungesäuertes Brot und Bitterkräuter.

Ursprünglich und erstmals sei dieses Mahl in Ägypten in der Nacht der Erschlagung der Erstgeburt gefeiert worden, mithin in der Nacht des Exodus. Das Blut des Tieres wurde verwendet, um die Häuser der Kinder Israels zu markieren, damit es nicht auch dort zum Tod der Erstgeburt kommen sollte. Das Mahl war hastig einzunehmen und in voller Marschbekleidung.

Es ist nun merkwürdig, dass dieses doch sehr wichtige Fest angeblich während einer langen Epoche, nämlich ab der Richterzeit, nicht mehr gefeiert wurde und erst unter Joschija (ca. 647–609) wieder neu eingeführt worden ist (2Kön 23,22). Bereits zu dieser Zeit kam im Kontext der von Joschija vorgenommenen Kultzentralisation wahrscheinlich nur Jerusalem als Ort dieser Feier infrage. Möglich wurde dies – Pascha gehörte zu den Wallfahrtsfesten –, weil das Staatsgebiet unter Joschija vermutlich nicht sehr viel mehr als Jerusalem und sein Umland im Kreis von wenigen Kilometern umfasste, sodass es grundsätzlich jedem möglich war, in relativ kurzer Zeit nach Jerusalem zu kommen.

Über den genaueren Ablauf des Festes in der Zeit des ersten wie auch des zweiten Tempels, und damit auch in der Zeit Jesu, sind wir allerdings nur unzureichend informiert. Es ist freilich gesichert, dass zur Zeit Jesu das Fest (nach wie vor?) nur in Jerusalem gefeiert werden konnte. Die Stadt platzte in diesen Tagen aus allen Nähten, und die Pilger mussten teilweise vor der Stadt in Zelten kampieren. Das Paschalamm wurde (ausschließlich) am Tempel geschlachtet. Die Räumlichkeiten für die Feierlichkeiten mussten von den Bürgern Jerusalems unentgeltlich zur Verfügung gestellt werden. Als Aufwandsentschädigung erhielten sie das Fell des Tieres. Es war somit zu dieser Zeit ein häusliches Gemeinschaftsfest. Der Blutritus mit der Bestreichung der Türpfosten wurde wahrscheinlich nicht mehr ausgeübt. Genau wissen wird das nicht, denn eine Beschreibung des Festablaufes aus dieser Zeit liegt uns nicht mehr vor.

Weitaus besser sind wir darüber informiert, wie das Pascha nach der Zerstörung des Tempels gefeiert wurde und wird. Die heute noch verwendete *Pesachhaggada*, die Erzählung von der Befreiung und die Ordnung (*Seder*), nach der dieser Abend zu gestalten ist, gehen möglicherweise bis in die Zeit der Mischna (verschriftlicht 200 n. Chr.) zurück.

Dem Paschafest voraus geht eine sorgfältige Reinigung des Hauses, um alles *Chamez*, Gesäuerte, aus dem Haus zu schaffen. Das eventuell wider besseres Wissen im Haus verbliebene Gesäuerte wird durch ein entsprechendes Gebet als nicht vorhanden erklärt. In jüdischen Supermärkten werden Sauerteigprodukte bzw. Lebensmittel, die einen Gär- oder Säuerungsprozess im Laufe ihrer Produktion durchlaufen haben könnten, in den Regalen belassen, aber mit Folie eingehüllt. Sie können also nicht entnommen werden. Im Zuge der Reinigung des Hauses wird auch das Geschirr derart behandelt, dass die erforderliche kultische Reinheit gegeben ist. Dies geschieht, indem das Geschirr in kochendes Wasser getaucht oder ins Feuer gehalten wird. Heute ist in strengeren jüdischen Haushalten ein eigener Satz Geschirr für Pascha und die Zeit der ungesäuerten Brote vorhanden.

Der Ablauf des Abends sei kurz skizziert: Auf dem Tisch steht ein spezieller Teller, der Sederteller. Auf ihm befinden sich folgende Speisen:

- Beza, ein hartgekochtes Ei, wie es traditionell bei Trauer gegessen wird. Es soll an den Verlust des Tempels erinnern
- Zero'a, ein gebratener Knochen, an dem nur noch wenig Fleisch ist – er erinnert an das Paschalamm, das seit der Zerstörung des Tempels nicht mehr gegessen wird
- Maror, das Bitterkraut, erinnert an die Leidenszeit in Ägypten
- Charosset, ein Mus aus geriebenen Äpfeln, Nüssen, Zimt, Rotwein. Das braune Mus erinnert an den Lehm und die Ziegel, die die Israeliten in Ägypten anfertigen mussten
- Karpas, die Erdfrucht (z.B. Kartoffel, Petersilie, Radieschen, Staudensellerie o.ä.), die in Salzwasser getaucht wird, erinnert zusammen mit dem Wasser an die Tränen, die Israel in Ägypten vergossen hat
- Chaseret, Salat oder Merrettich

Die *Matzen*, die ungesäuerten Brote, liegen oft auch in der Mitte des Tellers.

Abb. 35: Sederteller, Foto: Yininah 2006

Der Ablauf:
- Kidduschsegen über den ersten Becher Wein
- Trinken des ersten Bechers, linksseitig z.B. an die Stuhllehne angelehnt: Das Anlehnen erinnert daran, dass man jetzt frei ist und wie die Vornehmen speisen kann (vgl. die römische Gewohnheit, das Essen im Liegen einzunehmen).
- Rituelles Händewaschen – zumindest des Familienoberhauptes

- Essen der Erdfrucht
- Teilung der mittleren von drei Matzen, des ungesäuerten Brotes: Der größere Teil des Bruches wird zur Seite gelegt und stellt den „*Afikoman*" dar. Die Bedeutung des Wortes ist unsicher. Jedenfalls wird dieser Teil am Ende des Essens als Abschluss oder Nachtisch gegessen.
- Der zweite Becher wird eingeschenkt.
- Kinderfrage: Der Jüngste der Versammlung, der in der Lage ist, Fragen zu stellen, spricht zur Festgemeinschaft: Was unterscheidet diese Nacht von anderen Nächten? Warum gibt es in dieser Nacht nur Ungesäuertes? Warum werden nur Bitterkräuter gegessen? Warum taucht man in dieser Nacht zweimal ein – sonst nie –, und warum essen und trinken wir angelehnt? Mit dieser Kinderfrage werden auch die Kleinsten der Festgemeinde in das Geschehen einbezogen und die Versammlung beantwortet die Fragen und vergegenwärtigt sich dadurch die Ereignisse, derer gedacht und die gefeiert werden.
- Die Ereignisse des Ägyptenaufenthaltes und des Exodus werden erzählt, auch die zehn Plagen.
- Den Plagen werden die Wohltaten Gottes an Israel gegenübergestellt.
- Das Trinken des zweiten Bechers folgt im Anschluss an die Erzählung.
- Nach dem (linksseitig angelehnten) zweiten Becher werden nach einer erneuten Händewaschung unter Gebeten und Segenssprüchen Matzen, Bitterkraut und Charosset gegessen.
- Der dritte Becher wird gefüllt, man isst das hartgekochte Ei und anschließend das Festmahl, in dessen Verlauf der dritte Becher, verbunden mit weiteren Gebeten, getrunken wird.
- Der vierte Becher wird gefüllt, und in diesem Kontext auch der Becher für den eventuell an diesem Abend erscheinenden Propheten Elia. Somit bekommt das Paschamahl einen eschatologischen, d.h. endzeitlichen Charakter. Um Elia willkommen zu heißen, wird zudem die Türe geöffnet.
- Im Folgenden werden vor allem Psalmen gebetet, so z.B. Ps 116–118, 136.
- Nach einem erneuten Segen über die Frucht des Weinstocks trinkt man den vierten Becher, linksseitig angelehnt.
- Die offizielle Feier endet mit dem Ruf: „Das kommende Jahr im aufgebauten Jerusalem!". Viele Juden reisen zum Fest nach Jerusalem, um dieses dort zu begehen. Der Abend klingt aus mit einer ganzen Reihe von Liedern, die Bestandteil der Haggadah, also im „Handbuch" zu diesem Abend enthalten, sind.

Es ist klar, dass es sich bei der Rückführung auf den Exodus um eine → *Kultätiologie* handelt, d.h. das Pascha wird auf das bedeutendste Ereignis des Judentums zurückgeführt, in dem sich Israel angeblich als Zwölf-Stämme-Volk und als Schicksalsgemeinschaft des Auszugs zusammenfand. Das Ereignis des Exodus als Gründungsdatum Israels wird somit auch zum Gründungsdatum dieses Festes.

Abb. 36: *Pesachhaggada(h)*

Das Fest besteht eigentlich aus zwei verschiedenen Festen, die älter als der Exodus sein dürften. Zum einen wird hier ein Hirtenfest gefeiert, bei dem ein einjähriges Schaf in jener Jahreszeit geschlachtet wird, in der die Muttertiere die neuen Jungen werfen. Das Fest hat damit etwas mit Fruchtbarkeit und Neubeginn zu tun. Der Ritus, die Türen mit Blut des geschlachteten Tieres zu bestreichen bzw. im Hirtenmilieu die Zeltstangen, dürfte vorisraelisch sein und apotropäische Hintergründe haben, d.h. zur Abwehr von Unheil und Dämonen dienen.

Um ganz ähnliche Erfahrungen geht es beim Fest der ungesäuerten Brote: Es wird zu dieser Zeit mit dem ersten neuen Getreide Brot gebacken, das ohne Verwendung des Sauerteigs aus dem alten Getreide zuvor hergestellt wird. Auch hier geht es um Fruchtbarkeit, um das Feiern der neuen Ernte, die eingebracht wird. Die Tatsache, dass beide Feste in die gleiche Jahreszeit fallen und dass sich Israel der Überlieferung zufolge aus Kleintierzüchtern und Ackerbauern zusammensetzt – wobei die (halb-)nomadische Herkunft Israels stets den Vorrang einnimmt –, hat dazu geführt, dass beide Feste irgendwann einmal zusammen gefeiert wurden. Erstmals zusammen genannt werden sie in Lev 23,4–8. Trifft dies zu, wurde Pascha sicherlich ursprünglich nicht als Wallfahrtsfest gefeiert und hatte mit dem Tempel nichts zu tun – bis zu dem Zeitpunkt, an dem das Dtn jede nicht profane Schlachtung an den Tempel bindet (Dtn 12 und v.a. 16,2.5f).

Abgesehen vom Seder-Abend mit dem ritualisierten Pascha dauert das Fest insgesamt sieben Tage. In dieser Zeit darf nichts Gesäuertes gegessen werden.

Es versteht sich von selbst, dass die Herstellung der Matzen, die zu diesem Fest gebacken werden, besonderen Vorschriften unterliegt. So darf nur so viel Teig angerührt werden, wie innerhalb eines kurzen Zeitraums gebacken werden kann.

Der Teig darf nicht in die Sonne gestellt werden, um ein Vergären zu verhindern und schließlich wird die Oberfläche der Matze vor dem Backen durch Perforierung um ein vielfaches vergrößert, damit der Backvorgang möglichst kurz ist und nicht übergangsweise eine Säuerung stattfindet. Auch der konsumierte Wein muss für Pascha zugelassen sein. Dazu gehört, dass er von Juden hergestellt wird, dass man in den Herstellungsräumen nichts Gesäuertes aufbewahrt oder isst, aber auch, dass die Trauben z.B. nicht aus einem Sabbatjahr stammen u.v.m. Auf der Banderole ist dann ausdrücklich vermerkt: Koscher schel Pesach – tauglich für Pascha.

Den großen Festen wird jeweils eine der fünf Megilloth, der fünf Rollen zugeordnet. Bei diesen Rollen handelt es sich um kürzere Bücher aus dem Tenach, dem jüdischen Testament, und zwar um die Bücher Hohes Lied, Rut, Klagelieder, Kohelet und Esther.

Das Paschafest wird mit dem Hohen Lied (Schir ha Schirim, das Lied der Lieder) in Verbindung gebracht. Die Rolle wird daher am Sabbat in der Paschawoche gelesen. Das Hohe Lied, eine Sammlung von Liebesliedern erotischen Inhalts, wird von alters her als ein Lied der Liebe Gottes zu Israel interpretiert, und diese Liebe erweist sich natürlich in besonderer Weise durch die Herausführung Israels aus Ägypten und seine Rettung am Meer.

Das Fest soll so gefeiert werden, als wenn man selbst der Auszugsgeneration angehören würde. Je mehr dies gelingt, umso gegenwärtiger wird diese Erfahrung. Es wird also nicht die alte Geschichte nacherzählt, sondern es wird versucht, diese Geschichte zu vergegenwärtigen. Die Einbeziehung der Kinder dient dem Fortleben der Tradition.

Schavuot

Folgt man dem Jahreslauf des Festkalenders, findet 50 Tage nach Pascha das Fest Schavuot, zu Deutsch Wochen[fest] statt. Es wird sieben Wochen nach Pascha gefeiert und mit Dtn 16,9–12 begründet. Es ist ein eintägiges, in der Diaspora zweitägiges Fest und fällt mit dem christlichen Pfingsten zusammen, wiederum nicht unmittelbar, da auch Pfingsten im Christentum nur an einem Sonntag gefeiert wird.

In heutiger Zeit wird das Fest allerdings nicht mehr als Erntefest begangen. Vielmehr feiert man es in Erinnerung an die Gabe der Tora auf dem Sinai. Israel hatte seinerseits diese Gabe nicht entsprechend gewürdigt bzw. sich in der Zeit, in der Mose auf dem Berg mit Gott redete, dem Götzendienst um das goldene Kalb zugewandt. Somit versucht man, durch besonders eifriges Studium der Weisungen Gottes am Tag und in der Nacht zuvor, diesen Fehler wieder auszugleichen. Die Gebete, die im Gottesdienst gesprochen werden, heben in besonderer Weise die enge Bindung, den Bund zwischen Gott und seinem geliebten Volk hervor, wie etwa die Verse Jes 49,15 oder Ps 90,17.

Als Toraabschnitt wird Ex 19,16–20,17 gelesen, jener Abschnitt, der von der Übergabe des Gesetzes an Mose auf dem Berg handelt, sowie der Dekalog, die zehn Gebote, die auf die Steintafeln geschrieben wurden. Ferner wird Lev 23,16–21 (das Erstlingsopfer) sowie der Abschnitt Dtn 16,9–12 gelesen, in dem Gott die Anordnung zur Feier des Wochenfestes gibt.

Eine eigene Festordnung zu diesem Fest gibt es allerdings nicht. Der Jahreszeit entsprechend werden aber zu diesem Termin im israelischen Frühsommer hauptsächlich Milchspeisen genossen, da diese leichter verdaulich sind. Traditionell gehört Käsekuchen dazu. Eine Begründung ist gematrischer Natur: Der Zahlenwert von Milch, Chalaw, ist 40. Diese Zahl steht unter anderem für die Zeit von 40 Tagen, die Mose auf dem Berg verbrachte.

Die Megilla zu Schavuot, dem ursprünglichen Fest der Weizenernte, ist das Buch Rut, denn die Geschichte spielt in der Zeit der Getreideernte. Daneben gibt es weitere Begründungen für die Verlesung der Rolle an diesem Tag: Rut war eine Konvertitin, die mit dem Spruch „Dein Volk ist mein Volk und Dein Gott ist mein Gott“ gegenüber ihrer Schwiegermutter ins Judentum eintrat. Israel selbst ist jedoch auch ein Konvertit, der sich durch die Annahme der Tora diesem seinem Gott zuwendet. Wieder eine andere Erklärung stützt sich auf die Tradition, dass König David, dessen Urgroßmutter Rut ist, an Schavuot gestorben sei. Der Tag gilt im Chassidismus zugleich als Todestag des berühmten Rabbi Baal Schem (tov), Herr des (guten) Namens. Es handelt sich dabei um Rabbi Israel ben Elieser, der an Schavuot im Jahre 1760 verstorben sei. Dies dürften allerdings nur die populärsten Begründungen sein – sicher gibt es noch eine ganze Reihe anderer.

Rosch ha Schana

Vor dem dritten Wallfahrtsfest, Sukkot (Laubhütten), feiert das Judentum das Neujahrsfest (Rosch ha Schana), das inzwischen auf den Herbst fällt und nicht mehr mit Pascha verbunden wird, sowie den Versöhnungstag, den Jom Kippur.

Im Gegensatz zum üblichen Neujahr in unseren Breiten, knallen im Judentum an diesem Tag weder die Böller noch die Sektkorken. Es ist vielmehr ein Tag der (Selbst-) Reflexion, an dem man an sein eigenes Ende und das bevorstehende Gericht denkt. Das wird auch daran ersichtlich, dass diesem Tag zehn Bußtage folgen, die dann mit dem Jom Kippur, dem Versöhnungstag (wörtl. bedeutet kpr „bedecken, wegwischen“) beendet werden.

> *Am Neujahrsfest denken wir darüber nach, wie das Urteil gefällt wird; am Versöhnungstag denken wir darüber nach, wie das Urteil besiegelt wird (Seder ha tefillot 193 = Ordnung der Gebete).*

Am Abend zuvor, nach jüdischer Zählung dem Beginn des Festtages, werden u.a. das schon am Morgen wiederholte „unser Vater, unser König“ gebetet sowie die Amida (’md = stehen), die auch als Schmone Esre (= 18 [Bitten]) oder auch als

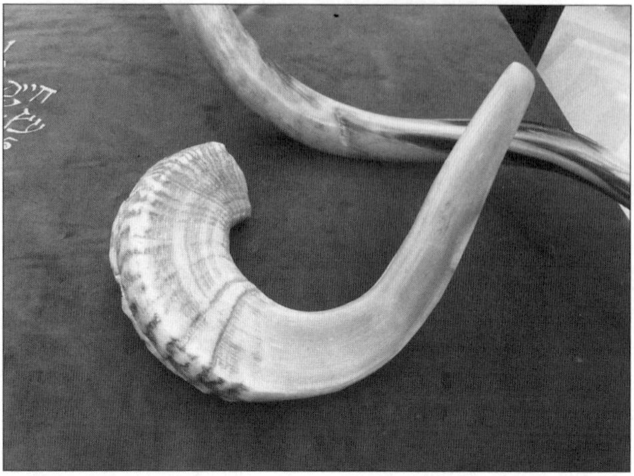

Abb. 37: Schofar

T^{e}fila (das Gebet [schlechthin]) bezeichnet wird und in vielen Gottesdiensten im Zentrum steht.

Zum Morgengebet werden u.a. die Ps 103, 81, 92, 93 und nach dem „*Sch^{e}ma* Israel“, dem „Höre Israel“ aus Dtn 6,4, der Ps 139 gelesen. An der Auswahl der Psalmen wird schon deutlich, dass die Bitte um Vergebung und Erbarmen sowie der Lobpreis der Wohltaten, die Gott seinem Volk angedeihen ließ, im Vordergrund stehen. Besonders Ps 139 spricht davon, dass Gott die Wege des Menschen kennt, gleich wohin er sich wendet. Selbstverständlich finden sich auch Texte, die als „Sündenbekenntnis“ gewertet werden können (Unser Vater, unser König – Awinu Malkenu) sowie im weiteren Verlauf auch Fürbitten für Regierungen und Staaten.

Vor der Toralesung wird ein Abschnitt aus dem Buch Nehemia verlesen (Neh 8,1–8), der vom Vortrag der Tora durch Nehemia erzählt.

Nach der Toralesung wird das *Schofar*, das Horn geblasen. Da es als Instrument nur Naturtöne erzeugen kann, wird keine Melodie gespielt, sondern der stets gleiche Ton wird in kürzeren und längeren Tonstößen wiederholt.

Ähnlich der Begründung für den Milchgenuss am Wochenfest, gibt es auch für das Blasen des Schofars eine ganze Reihe von Gründen – wie z.B. der Hinweis auf die Gerichtstrompeten. Das Schofar soll die Gläubigen angesichts des kommenden Gerichts wachrufen und aufrütteln.

Zehn verschiedene Gründe, das Schofar zu blasen nennt Raw Sa'adja Gaon (vgl. http://www.de.chabad.org/library/article_cdo/aid/5025/jewish/Das-Blasen-des-Schofars.htm). (letzter Zugriff: 22.2.2016)

Die ursprüngliche, historische Verwendung des Schofar als Signalgeber und Warninstrument bei der Annäherung von Fremden oder Feinden spielt für die Verwendung im synagogalen Umfeld keine Rolle mehr. Der Blick auf die Einführung des Pascha im Buch Exodus macht dabei deutlich, dass diese Art von Interpretation, der Wahrnehmung allein einer übertragenen, symbolisch-typologischen Bedeutung – unter Vernachlässigung der historischen Ursprünge –, bereits in der Schrift grundgelegt ist. Und damit geht man natürlich auch von Anfang an der Frage aus dem Weg, ob die eine oder andere Weisung heute noch zeitgemäß und verständlich zu machen ist.

Als eigener Abschnitt innerhalb *des Musafgebets* (Musaf = Zufügung) finden sich im Abschnitt Schofarot (Plural von Schofar) weitere Begründungen für das Erklingen des Horns: Es erinnert an das Geschehen im Sinai; die gebogene Form soll den Menschen daran erinnern, sich vor Gott zu beugen; es soll die Freiheit verkünden.

Im Rahmen des Musafgebets, das an diesem Tag in einer eigenen Form gebetet wird, erklingt das Schofar noch mehrmals. Den Klang des Schofars findet man im Internet, z.B. hier: http://www.hagalil.com/judentum/feiertage/kippur/schofar.htm (22.2.2016)

Gegen Ende des Gottesdienstes wird das *Osæh schalom* (schaffe Frieden) rezitiert, das zumindest als Lied sehr bekannt ist.

Für die Datierung des Neujahrsfestes gibt es eine Reihe von Ausnahmen, die allerdings sehr differenziert sind und daher hier nicht aufgeführt werden sollen. Eine Ausnahme sieht z.B. die Verschiebung des Neujahrstages auf den nächsten Tag vor, wenn der Neumond an diesem Tag erst nach 18.00 Uhr erscheint.

Zu erwähnen ist an dieser Stelle auch die Besonderheit, dass die Wochentage keinen eigenen Namen tragen, ausgenommen der Sabbat. Sie werden einfach gezählt, sodass der Sonntag der erste Tag der neuen Woche ist, so wie es auch im Neuen Testament im Kontext der Entdeckung des leeren Grabes heißt:

> *Mk 16,2 Und sie kommen sehr früh am ersten Wochentag zu der Gruft, als die Sonne aufgegangen war.*

Nach den zehn Fasttagen im Anschluss an das Neujahrsfest folgt der Jom Kippur.

Jom Kippur

Der Versöhnungstag ist Nichtjuden vor allem durch den Jom-Kippur-Krieg, der im Jahre 1973 an diesem Tag begann, bekannt geworden.

Zu Beginn des Tages, also am Abend zuvor, wird noch vor den eigentlichen Gebeten zum Festtag das *Kol Nidre* (alle Gelübde) gebetet, das von Gelübden entbindet, die man unwissentlich oder unüberlegt abgelegt hat. Antisemitische und antijüdische Vorwürfe unterstellten den jüdischen Gläubigen, Versprechen abzugeben, die sie mit Blick auf das Kol Nidre von vorn herein nie zu halten gedachten. Dies trifft insofern nicht zu, als zunächst einmal alle Gelübde, die gegeben werden, grundsätzlich zu halten sind. Zudem geht es hier nur um die Entbindung von persönlichen Gelübden.

Auch in diesem Gottesdienst folgt auf das Sch^{e}ma Israel und die nachfolgenden Segenssprüche die Amida. Im Anschluss daran wird ein Sündenbekenntnis gesprochen, das die einzelnen Vergehen nach dem hebräischem Alphabet anordnet. Die folgenden Bitten um Vergebung sind ebenfalls alphabetisch geordnet. Derartige Ordnungsmuster finden sich auch in den Psalmen.

Die – zweimaligen – Toralesungen bestehen aus Lev 16 und 18.

Seit dem Verlust des Tempels gibt es selbstverständlich kein Opfer am Jom Kippur mehr und auch das ehemalige Sündenbockritual (vgl. Lev 16), das an diesem Tage stattfand, wird nicht mehr ausgeführt.

Der Jom-Kippur-Tag ist somit ein Tag des Gebets. Die Synagoge bleibt die ganze Nacht geöffnet, die Lichter werden nicht gelöscht.

Neben dem Morgengebet finden sich auch hier ein Musafgebet sowie weitere Gebete am Nachmittag. Von den 736 Seiten des (allerdings zweisprachigen) jüdischen Gebetbuches (*Seder ha teffilot*) sind immerhin die Seiten 285–688 diesem einen Tag gewidmet. Den Abschluss des Tages bildet das „Unser Vater, unser König" (Awinu malkenu) zusammen mit dem Sch^{e}ma Israel, gegebenenfalls dem priesterlichen Segen durch einen anwesenden Kohen, einen Priester, und dem Ruf, der auch am Ende von Pascha erfolgt: „Nächstes Jahr in Jerusalem!". Ein Schofarstoß beendet den Tag.

Ansonsten ist der Tag ein strenger Fasttag, an dem man nichts isst und nichts trinkt, nicht raucht und sich auch nicht wäscht oder rasiert. Obwohl man auf Grund der wenig gepflegten Gräber auf einem jüdischen Friedhof den Eindruck gewinnen könnte, die Erinnerung an die Toten werde vernachlässigt, wird am Jom Kippur für 24 Stunden ein spezielles Seelenlicht angezündet.

Man kleidet sich weiß, und dies betrifft auch die Kippa. Auch in der Synagoge wird die Farbe Weiß bevorzugt. So etwa wird die Decke auf dem Lesepult an diesem Tag in Weiß gehalten.

Von Neujahr bis zum Versöhnungstag wird in den Synagogen der sonst übliche Vorhang vor dem Toraschrein durch einen anderen, häufig weniger prächtigen in weißer Farbe ersetzt oder vor diesen gehängt, denn weiß ist im Judentum die Farbe der Buße und Umkehr. Deshalb sind auch weiße Gebetsmäntel und Kippas (korrekt eigentlich: Kippot) in Weiß an diesen Tagen oder doch zumindest am Jom Kippur üblich.

Die Kontinuität des jüdischen Festkreises wird dadurch verdeutlicht, dass man in jüdischen Familien am Abend des Jom Kippur mit dem Bau der Laubhütte, der Sukka beginnt, um am 15. des Monats das Laubhüttenfest feiern zu können.

Sukkot

Bei Sukkot (= Hütten) handelt es sich wieder um ein fröhliches Fest. Die Laubhütte wird aufgebaut und innen reichlich mit Früchten oder doch zumindest mit Bildern von Früchten und Girlanden geschmückt.

Abb. 38: Der Feststrauß

Für den Bau der Laubhütte gibt es einige Vorschriften: Sie darf teilweise auch feste Wände haben, insgesamt müssen es aber mindestens drei sein und mindestens eine der Wände muss aus leichten, beweglichen Materialien bestehen. Ein Rundbau oder ein einfaches Dach scheiden also als Laubhütte aus. Das Dach wird mit Ästen, Laub oder auch mit Schilf gedeckt, und zwar nur so dicht, dass man durch die Lücken noch den gestirnten Himmel sehen kann.

Nach Möglichkeit soll man sich stets in der Laubhütte aufhalten, sieben Tage lang, so lange das Fest eben dauert, und auch darin schlafen. Das hört sich in unseren Breiten weniger verlockend an als im heißen Israel. Allerdings fällt Sukkot so weit in den Herbst, dass auch in Israel bereits mit dem Beginn des Herbst- und Winterregens zu rechnen ist. Es kann also auch dort recht ungemütlich werden. Deshalb gilt folgende Regel: Man verlässt die Laubhütte, wenn es derart regnet, dass davon die Speisen verderben würden, die man dort zu sich nehmen möchte.

Die Herkunft des Festes wird wieder auf die Wüstenzeit zurückgeführt, in der das Volk angeblich in Laubhütten gewohnt hatte (Lev 23,32f; Dtn 16,16f). Nun wohnt ein umherziehender Kleintierzüchter oder auch Beduine zwar in einem Zelt, aber kaum in einer Laubhütte, deren Transportfähigkeit ja durchaus zu wünschen übrig lässt. Daran wird auch hier ersichtlich, dass die Verbindung mit dem Wüstenaufenthalt erst nachträglich hergestellt wurde. Eine Laubhütte findet man dagegen höchst wahrscheinlich in den Weinbergen und in den Fruchtgärten, soweit dort nicht ohnedies ein festes Gebäude steht (häufig ein Turm vgl. Jes 5,2). Unterstützt wird dies durch die Tatsache, dass das Fest im Tenach als Wallfahrtsfest ausgewiesen ist an dem der Priesteranteil an Früchten an den Jerusalemer Tempel gebracht wurde. Das heißt, dass auch hier, wie schon beim Fest der ungesäuerten Brote, ein ehemaliges Agrarfest, das sich nach dem Vegetationszyklus richtet, in ein religiöses Fest umgedeutet wurde, das auf die Heilsgeschichte Israels, genauer den Exodus und den folgenden Wüstenzug bezogen ist.

Von der Hütte abgesehen gehört zu diesem Fest ein Feststrauß (*Lulaw*), bestehend aus Bachweide, drei Myrtenzweigen und einem Palmzweig. Dazu gehört als viertes eine Zitrusfrucht, der Etrog, der allerdings nicht an den Zweigen hängt, sondern in einem eigenen Gefäß, meist aus Metall, aufbewahrt wird, um ihn vor Beschädigungen zu schützen. Denn nur ein unbeschädigter Etrog, an dem auch der Stilansatz noch vorhanden ist, ist ein koscherer Etrog.

Die Bedeutung dieser drei bzw. vier Bestandteile wird wie folgt erklärt. Die drei Zweige und der Etrog bedeuten vier Arten von Juden:

- Der Etrog riecht gut und er schmeckt gut: Er steht für den Juden, der die Tora studiert und sie auch einhält.
- Der Palmzweig bzw. seine Frucht schmeckt gut: Er steht für jenen, der die Tora zwar nicht studiert, aber sie befolgt.
- Die Myrte riecht gut, schmeckt aber nicht: Sie steht für einen Juden, der die Tora zwar studiert, aber nicht einhält.
- Die Bachweide, die weder riecht noch schmeckt, steht für jenen, der die Tora weder studiert noch vollzieht. Da er aber mit den anderen drei zusammengebunden ist, kommt auch ihm Heil zu.

Somit ist der Strauß schließlich auch ein Zeichen der Einheit unter den Juden in aller Welt.

Selbstverständlich gibt es auch eine Schriftstelle, auf die man sich berufen kann. In Lev 23,40 heißt es:

> *Und ihr sollt euch am ersten Tag prächtige Baumfrüchte [das ist der Etrog] nehmen, Palmwedel und Zweige von dichtbelaubten Bäumen und von Bachpappeln und sollt euch vor dem HERRN, eurem Gott, sieben Tage freuen.*

In den folgenden sieben Tagen findet nun in den Synagogen jeweils eine Prozession statt, in der die Menschen mit dem Feststrauß, der bei erstem Gebrauch nach einem Gebet in die vier Himmelsrichtungen geschwungen wird (*benschen*), hinter dem Träger der Torarolle herziehen.

Als Besonderheit des Gottesdienstes ist anzumerken, dass an jedem Tag ein anderes Hosanna gebetet wird. So gesehen erinnert eher das Sukkotfest mit den Hosannarufen und den Zweigen der Bäume an den Einzug Jesu in Jerusalem als das Pascha.

Die Festwoche endet mit dem *Sch^emini Azeret*, dem achten [Tag] der Versammlung, an dem als Festrolle das Buch Kohelet gelesen wird. In diesem Buch, dessen Auslegung durchaus umstritten ist, wird unter anderem dazu geraten, das Leben mit der Frau, die man liebt, zu genießen. Das ist mit einer guten Fruchternte dann ja auch gut möglich. Zum achten Tag gehört aber auch das Gebet um den Winterregen.

Simchat Tora

Am Tag nach dem Laubhüttenfest, demnach dem neunten Tag, feiert man das Fest der Torafreude, *Simchat Tora*. Der Tag markiert das Ende des Fest- und Lesejahres der Tora und gleichzeitig dessen Neuanfang. Deshalb wird an diesem Tag das Ende des Buches Deuteronomium, des fünften Buches Mose, sowie der Anfang der Genesis gelesen. Der unaufhörliche Kreislauf der Tora wird hier augenfällig. Auch an diesem Tag wird die Tora in Festtagsfreude in Prozessionen durch die Synagoge getragen, insgesamt sieben Mal. Dabei wechseln sich die Träger ab, damit möglichst viele in den Genuss dieser Ehre kommen.

Die Lesungen aus der Genesis einerseits und dem Deuteronomium erklären, weshalb eine Synagoge mindestens zwei Torarollen braucht. Es wäre kaum möglich und auch für die Rolle schädlich, diese immer wieder von ihrem Ende bis zu ihrem Anfang zu rollen, um beide Textstellen lesen zu können.

Aber auch an den anderen Festtagen wird vielfach eine andere Stelle in der Tora gelesen als jene, die gemäß der Leseordnung der gewöhnlichen Wochenabschnitte an der Reihe wäre, denn die Festtage haben jeweils ihre eigene Torastelle. Die entsprechende Stelle des Festtages wird schon vor dem Gottesdienst aufgeschlagen – oder besser gesagt: aufgerollt. Die so präparierte Rolle wird dann mit einem kleinen Schild versehen, auf dem der Festtag bezeichnet ist (vgl. Abb. 21).

Für Nichtjuden scheint es so, als ob die Einhaltung der Gebote der Tora als Last empfunden werden müsste. Dies sieht das Judentum jedoch anders und entsprechend wird die Tora auch nicht Gebot oder Gesetz, sondern Weisung genannt. Es ist die Weisung Gottes, die er den Menschen gegeben hat, um zum Heil zu gelangen – und natürlich auch einfach, um den Willen Gottes zu erfüllen. Dies aber wird als Freude empfunden, der Tag wird daher als Fest- und Freudentag gefeiert, zumal die Tora (in Gestalt der Weisheit) alleine Israel von allen Völkern anvertraut wurde (Bar 3,37ff). Es ist daher auch eine Auszeichnung für Israel, im Besitz der Weisheit/Tora und ihr Wohnort zu sein.

Liturgisch entspricht der Tag im Christentum dem zumeist kalendarisch nicht weit entfernten ersten Advent, an dem ebenfalls das neue Kirchen- und Lesejahr beginnt.

Chanukka(h)

Ein recht „junges“ Fest im Judentum ist das meist in den Advent fallende Chanukkafest. Es hat nichts mit Exodus und Wüstenzeit zu tun, sondern erinnert an ein geschichtliches Ereignis im 2. Jh. v. Chr. und wurde somit erst zur Zeit des Frühjudentums eingeführt.

Wie oben schon dargestellt, kam es im 2. Jh. v. Chr. zu Auseinandersetzungen zwischen Griechen und Juden sowie den Juden untereinander. Die Seleukiden besetzten im Kontext der Auseinandersetzung nicht nur die Stadt Jerusalem, sondern auch den Tempel. Dort sei das „Gräuel der Verwüstung“ aufgestellt worden (Dan 8,13). Möglicherweise handelt es sich dabei um einen Altar oder Altaraufsatz auf dem Tempelareal, auf dem von Seiten der Griechen Schweine geopfert wurden. Vielleicht ging es aber auch um ein Götterbild.

Mit der Rückeroberung des Tempels durch die Makkabäer/Hasmonäer im Jahre 165 v. Chr. wird der Tempel gereinigt und wieder kultfähig gemacht. Im Kontext dieser Ereignisse wird nun eine wundersame Begebenheit erzählt, die als Festätiologie gilt, als Begründung für das Fest:

Nach der Eroberung des Tempels wollte man natürlich auch den siebenarmigen Leuchter wieder entzünden. Dies war jedoch nur bedingt möglich, da nur noch ein kleiner Rest reines, d.h. koscheres, Öl für den Leuchter zur Verfügung stand.

Abb. 39: Channukkaleuchter aus der Marburger Synagoge

Die Menge hätte gerade ausgereicht, um den Leuchter einen Tag lang in Betrieb zu nehmen. Und nun geschieht das Wunder, das an das Ölwunder von Elija aus 2Kön 4 erinnert: Der kleine Rest Öl reicht nicht, wie vermutet, nur für einen Tag, sondern für ganze acht Tage und damit lange genug, bis der Hohepriester wieder koscheres Öl hergestellt hatte, um den Leuchter regulär zu betreiben. Deshalb wird zu diesem achttägigen Fest ein Leuchter mit acht Flammen verwendet. Die vermutlich aus symmetrischen Gründen vorhandene neunte Kerze fungiert nur als „Diener" und wird dazu verwendet, die anderen acht Kerzen oder auch Öllampen anzuzünden. Dabei wird jeden Tag eine Kerze mehr entzündet als am Tag zuvor, bis alle acht Kerzen brennen. Jeder im Haus kann/soll seinen eigenen Leuchter haben; allerdings soll das Licht nicht verwendet werden, um damit irgendetwas zu beleuchten. Der Leuchter brennt zusätzlich zum „normalen" Licht. Die Kerzen werden je nach Tradition, in der man steht, von rechts nach links oder umgekehrt entzündet.

Wie schon bei Schavuot, dem Wochenfest, werden auch zu Chanukka besondere Speisen gegessen. Man verzehrt vor allem fette Speisen, die in Öl gebacken oder gebraten wurden, wie z.B. Berliner Krapfen und auch Kartoffelpuffer (*Latkes*). Auch der Verzehr von Nüssen gehört dazu und so nimmt es zusammen mit den Geschenken, die verteilt werden, weihnachtliche Züge an. Ein synkretistisches „Weihnukkah" als jüdisch-christliches Fest sollte man trotzdem nicht feiern, denn ein solches Fest wird keiner der beiden Religionen gerecht, da die beiden Feste absolut nichts miteinander zu tun haben – außer der Jahreszeit und der Lichter.

Was die Nüsse betrifft, hat sich ein kleines Spiel entwickelt: Mit einem kleinen Kreisel (*Dreydel*/*Dreidel* oder *sewiwon*), den man auf dem Tisch tanzen lässt, wird

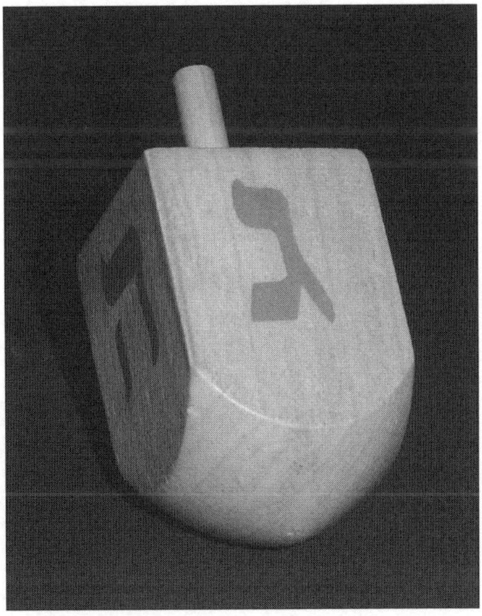

Abb. 40: Ein Dreydel, Foto: Roland Scheicher

um Nüsse gespielt. Der Kreisel ist nicht ganz rund, sondern hat vier glatte Seiten, sodass er schließlich auf einer Seite liegen bleibt. Je nachdem, wie er liegt, erhält man von Mitspielern Nüsse oder muss selbst welche abgeben. Auf den vier Seiten stehen vier hebräische Buchstaben (n, g, h, sch), die den Satz bilden: *Nes gadol hajah scham: Ein großes Wunder geschah dort*. Befindet man sich in Jerusalem, so heißt der entsprechende Satz natürlich: Ein großes Wunder geschah *hier* (*nes gadol hajah po*).

Damit enthält das Fest, wie schon Pascha (oder auch Purim), wieder ein Element, mit dessen Hilfe besonders Kinder an seinen Sinn herangeführt werden.

Purim

Auch das Purim-Fest (*Purim* = Lose) ist ein Fest aus der Zeit des Frühjudentums und stammt somit aus nachexilischer Zeit. Die Rolle, die zu dem Fest verlesen wird, das Buch Esther, enthält zugleich die Legende seiner Entstehung. Wenn es sich die jüdische Gemeinschaft finanziell erlauben kann, wird vor allem dieses Buch als eigene Rolle, als Megilla(h), angeschafft – auf Pergament geschrieben und in einem eigenen Kästchen aufbewahrt.

Die Geschichte spielt in Babylon. Die beiden jüdischen Hauptprotagonisten sind zwei Personen mit den sehr ungewöhnlichen Namen Mordechai (abgeleitet von Marduk?) und Ester (abgleitet von Astarte?).

Zur Geschichte: Zum dritten Jahrestag seiner Thronbesteigung feiert König Artaxerxes, der in der hebräischen Bibel ’Aḥašveroš (Achaschverosch) genannt wird, ein rauschendes Fest. Als er betrunken ist, fordert er seine Ehefrau Waschti auf, sich vor den Gästen zur Schau zu stellen. Die emanzipierte Waschti weigert sich und wird vom König auf Empfehlung seiner Berater verstoßen. Einer der Vertrauten des Königs überredet Artaxerxes sogar dazu, ein Edikt herauszugeben, in dem festgestellt wird, dass die Männer im Haus das Sagen haben sollen.

Meines Erachtens passt diese Episode so richtig in die Zeit, in der das Fest bis heute gefeiert wird, denn sie nimmt sich fast wie ein Faschingsscherz aus. Der König jedenfalls wird hier und auch an anderen Stellen als absolut lächerliche Figur dargestellt, der sich von seinen Beratern zu einem solchen Edikt überreden lässt.

Mordechai und sein Mündel Ester (= Onkel und Nichte) leben in Babylon, wohin Mordechai im Zuge des Exils verschleppt worden war. Sie hören davon, dass der König auf der Suche nach einer neuen Ehefrau sei und auch Ester bewirbt sich darum. Der König hatte inzwischen eine „Miss-Wahl“ ins Leben gerufen: Allen schönen Mädchen des Reiches wurde die Gelegenheit gegeben, an den Hof zu kommen, sich nach ausführlicher zwölfmonatiger Schönheitspflege (sechs Monate Behandlung mit Myrrhenöl, sechs Monate mit Balsam: Est 2,12) eine Nacht dem König vorzustellen, um bei Gefallen neue Königin zu werden. Auch dieses Verhalten kann aus heutiger Sicht kaum dazu beitragen, den Charakter des Königs hoch einzuschätzen und erinnert an Frauen- oder Warenkauf mit Umtauschrecht oder auch an die TV-Show „Der Bachelor".

Ester jedenfalls wird nicht umgetauscht. Sie hatte zudem die besondere Zuneigung des Aufsehers der Frauen, also des Haremswächters, gewonnen. Dem König gefällt Ester mehr als alle anderen zuvor und er setzt ihr das Diadem der Königin auf.

Völlig unvermittelt fährt das Buch mit einer Verschwörung am Königshof fort, die von Mordechai enttarnt wird. Das Ereignis wird in die Annalen aufgenommen; eine Belohnung erhält Mordechai aber nicht. Stattdessen wird der Agagiter Haman vom König besonders ausgezeichnet, aus welchen Gründen auch immer.

Ganz nebenbei sei bemerkt, dass Agag der Name eines Königs der Amalekiter ist, der Erbfeinde Israels. Agag wurde einst von Saul begnadigt, von Samuel dagegen hingerichtet (1Sam 15).

Jedenfalls befiehlt der König auch noch, jenen Haman besonders zu ehren und vor ihm niederzufallen. Mordechai verweigert dies natürlich als gläubiger Jude. Dies ärgert Haman so sehr, dass er beschließt, die Juden im ganzen Reich auszurotten. Mit Losen (= Purim) versucht er den günstigsten Termin für seine Tat zu ermitteln. Der entsprechende Erlass wird vom König anstandslos genehmigt, mit seinem Siegel versehen und im Reich verkündet.

Ester wagt ihr Leben, indem sie unaufgefordert zum König geht, und es gelingt ihr, ihn bei einem Festmahl umzustimmen. Allerdings ist der Erlass nicht mehr revidierbar, und das dürfte seine guten, vielleicht sogar historischen Gründe haben. In einem derart ausgedehnten Reich konnte es nicht nur entsprechend dauern, bis ein Befehl überall ankam, es konnten sich in der Zwischenzeit auch Thronwirren o.Ä. abgespielt haben, sodass irgendwer einen Gegenbefehl aussenden konnte. Dem beugt die hier skizzierte Regelung vor.

Haman jedenfalls sinnt auf Rache gegen Mordechai, der ihn nicht entsprechend verehrt, und er lässt schon mal einen Galgen errichten, um Mordechai daran aufzuhängen. In der folgenden Nacht jedoch kann der König – rein zufällig – nicht schlafen und hat nichts Besseres zu tun, als in den Annalen herumzublättern. Dabei stößt er auch auf die Aufzeichnungen bezüglich der Verschwörung. Es kommt ihm in den Sinn, dass derjenige, der ihn gerettet hatte, ja noch gar nicht anständig belohnt worden war und so wird Mordechai ausgezeichnet. Haman, der bei einem Gastmahl scheinbar die Königin belästigt hatte, wird stattdessen an dem selbst errichteten Galgen aufgehängt – mitsamt seinen zehn Söhnen.

Der König erlässt im Folgenden ein Edikt, dass sich die Juden gegen die Nachstellungen von Seiten ihrer Gegner wehren dürfen. Somit hat die Geschichte letztlich ein Happy End. Der als Tag der Vernichtung geplante Termin wird zum Tag des Sieges für die Juden – und zum Tag des Purimfestes.

Wie im Buch Rut kommt Gott in der Geschichte nicht vor. Dennoch hat man den Eindruck, dass er im Hintergrund die Fäden zieht und alles zum Guten wendet – zumindest für seine Schutzbefohlenen. Es sind einfach zu viele „Zufälle" in der Geschichte, als dass man dieser „Normalität" bescheinigen könnte, wie z.B. dass der König ausgerechnet in der Nacht vor der beabsichtigten Hinrichtung des Mordechai in den Annalen auf das verhinderte Komplott stößt.

Ob es die lächerlich anmutende Gestalt des Artaxerxes ist oder die Nähe zum christlichen Karneval/Fasching: Das Fest wird jedenfalls in sehr ähnlicher Weise gefeiert, mit Verkleidung und Büttenreden, in denen die Verantwortlichen der Gemeinde durch den Kakao gezogen werden, mit Dekoration, Bällen, Umzügen u.ä.

Auch dieses Fest enthält eine Besonderheit, um Kinder bei Laune zu halten: Im Gottesdienst wird die gesamte Rolle Ester verlesen, und mit ihren zehn Kapiteln ist sie nicht gerade kurz. Um die Aufmerksamkeit der Kinder zu gewährleisten, dürfen sie jedes Mal, wenn der Name Haman fällt, mit Ratschen, Klappern oder anderen Geräten, wie sie von Christen am Gründonnerstag verwendet werden, Krach machen. Es dürfte allerdings dann doch Zufall sein, dass der Name Haman immer häufiger vorkommt, je weiter die Geschichte fortschreitet, und so sind die Kinder bis zum Schluss „dabei" und warten gespannt auf den Fortgang der Geschichte.

Für das Fest sind wiederum spezielle Speisen typisch: Es werden die sogenannten Hamantaschen oder auch Hamanohren gegessen. Das ist ein Gebäck in dreieckiger Form, aus Mürbeteig, mit Mohn oder auch mit Trockenpflaumen gefüllt. Mohn verwendet man, weil das Wort Mohn im Hebräischen die gleichen Konsonanten besitzt wie Haman.

Man besucht und beschenkt die Armen, insbesondere auch mit Wein, denn eine der „Empfehlungen" zum Fest lautet, man solle so viel trinken, dass man nicht mehr weiß, ob man der böse Haman oder der gute Mordechai sei. Was hier nach einem großen Zechgelage klingt, ist in Wirklichkeit wesentlich harmloser, denn der Tag vor Purim ist ein Fasttag. Jeder weiß, dass der Konsum von Alkohol auf nüchternen Magen sehr schnell die hier gewünschte Wirkung zeigt.

Damit ist der Festkreis der großen Feste vollendet, denn das nächste Fest im Jahreskreis ist wieder Pascha.

Allerdings bleibt bei dieser Reihe eine Rolle übrig: Die Rolle der Klagelieder. Vom Inhalt der Rolle wird man auf einen Trauertag schließen, und ein solcher ist der *Tisch'ah beAv* auch, der neunte Tag des Monats Av, der in den August fällt.

Tisch'ah beAv

Es ist ein strenger Fasttag, dem Jom Kippur vergleichbar, denn laut Überlieferung fanden an diesem Tag eine ganze Reihe von betrauerns- und bedauernswerten Ereignissen statt: Sowohl der erste wie auch der zweite Tempel fielen an diesem Tag, und im Bar Kochba Aufstand wurde an diesem Tag auch die letzte Festung der Aufständischen, die Ortschaft Betar oder Betir, südwestlich von Jerusalem gelegen, erobert. Schließlich soll an diesem Tag Gott auch das Urteil über jene gefällt haben, die das goldene Kalb angebetet hatten. An diesem Tag werden keine Feste gefeiert, weder private noch öffentliche. An diesem Tag werden die Klagelieder gelesen, die dem Propheten Jeremia zugeschrieben werden.

Natürlich liegt es nahe, einen Tag, an dem ein einschneidendes Ereignis stattfand, mit weiteren Unglücksfällen zu verbinden. Dennoch sollte man hier nicht vorschnell urteilen, denn auch Deutschland kennt einen solchen Tag, an dem sich mehr als nur ein wichtiges Geschehen ereignete. Für Deutsche ist dies der 9. November. Um nur neuere Ereignisse zu nennen, sei auf den versuchten Putsch Hitlers im Jahre 1923, die Pogromnacht 1938 und den Fall der Mauer 1989 verwiesen, die sich allesamt am 9. November abspielten.

Wie gesehen, sind mehrere Feste mit bestimmten Speisen verknüpft: Schavuot mit Milchspeisen, Chanukka mit fetten Speisen, Purim mit den Hamantaschen u.a.

Bekanntermaßen unterliegt die Herstellung vieler Speisen bestimmten Regeln, und man spricht von koscher oder kaschrut. Das Wort „koscher" (das Gegenteil von koscher ist trefah, auch treif, treife oder trefe) bezeichnet allerdings nicht nur die Speisen, die ein Jude essen darf, sondern meint viel mehr. Denn die Bedeutung des Wortes koscher ist schlichtweg „tauglich", d.h. tauglich zum Genuss, tauglich zum Gebrauch, tauglich für den Kult etc.

Zusammenfassung

Der jüdische Kalender ist ein lunisolarer Kalender, d.h. er richtet sich nach dem Mond, wird aber im Hinblick auf den Sonnenkalender regelmäßig korrigiert. Auf diese Weise kommt es bezüglich der Datierung der Feste des Jahreskreises zu einer Schwankungsbreite von bis zu einem Monat.

Bei den Festen handelt es sich z.T. um alte Feste aus dem Bereich von Landwirtschaft und Kleintierzucht, z.T. aber auch um solche, die sich aus politischen Ereignissen bzw. der Geschichte ergeben. Zu den großen Landwirtschaftsfesten gehören die drei Wallfahrtsfeste, d.h. das Fest der ungesäuerten Brote (Ostern), das Wochenfest (Pfingsten) und das Laubhüttenfest (Erntedank), in deren Kontext man Früchte bzw. Ernteerträge an den Tempel ablieferte. Als Fest der kleintierzüchtenden Hirten gilt das Pascha. Insbesondere Pascha und das ursprünglich zeitgleich gefeierte Fest der ungesäuerten Brote, aber auch das Wochenfest werden sekundär mit dem Exodus verknüpft: Der Exodus wird zur Kultätiologie, d.h. zur Begründung dieser Feste.

Wie jeder andere Tag beginnen auch die Feste am Vorabend mit Einbruch der Dunkelheit und dauern, soweit es sich nicht um mehrtägige Feste handelt, bis zum folgenden Abend. In der Diaspora dauern die meisten eintägigen Feste zwei volle Tage, da man sich bezüglich des Festtages irren könnte.

Eine ganze Reihe der Feste sind zum einen mit je einer eigenen Megillah, einer Festtagsrolle aus dem Tenach verbunden, die zu diesem Tag verlesen wird, zum anderen haben sich auch bestimmte, bevorzugte Speisen im Laufe der Tradition

herausgebildet. Wichtig dabei ist, dass das Pascha nicht mehr in der ursprünglichen Form mit dem Verzehr eines Paschalammes gefeiert wird, da es keinen Tempel mehr gibt, an dem die Tiere kultisch geschlachtet werden könnten.
Die jüngeren Feste, die sich an geschichtlichen Ereignissen ausrichten, stammen aus der Zeit des Frühjudentums. Es handelt sich dabei in erster Linie um Purim und um Chanukka mit je eigenen Festbräuchen, die jenen der zeitnah stattfindenden christlichen Festen (Fasching; Weihnachten) nicht unähnlich sind und auf eine gegenseitige (?) Beeinflussung schließen lassen.
Letztlich sollte es niemanden überraschen, dass eine ganze Reihe von christlichen Festen zeitgleich mit jüdischen gefeiert wird, denn das Leben Jesu und die Zeit seines Todes orientieren sich an jüdischen Festen.

9. Die Kaschrutvorschriften und ihre Auswirkungen auf das Leben bis heute

Die entsprechenden Vorschriften für jede Art von Tauglichkeit sind der Tora entnommen. Zwar steht nicht jede Vorschrift bis ins Einzelne so im Text, kann aber ohne allzu viel Phantasie aus dem Text hergeleitet werden.

Wenn der Text zum Beispiel sagt:

> *Ex 23,19: Das Erste von den Erstlingen deines Ackers sollst du in das Haus des HERRN, deines Gottes, bringen. Du sollst ein Böckchen nicht in der Milch seiner Mutter kochen.*

und dies noch einmal in Ex 34,26 und Dtn 14,21 wiederholt wird, dann ist ohne Weiteres davon ableitbar, dass man Fleisch grundsätzlich nicht in Milch kocht, denn wer könnte schon sichergehen, dass nicht auf irgendeine Weise genau dies passiert, die Milch eines Muttertieres also mit dem Fleisch ihres eigenen Jungen zusammentrifft. Es ist auch noch verständlich, dass man in bestimmten konservativ-orthodoxen Kreisen selbst Hühnerfleisch von dieser Regelung nicht ausnimmt, denn es besteht dabei die Gefahr der Verwechselung mit Kalbfleisch.

Nicht ohne weiteres ableitbar sind hingegen die Karenzzeiten: Nach Genuss von Milch darf drei Stunden kein Fleisch gegessen werden, nach dem Genuss von Fleisch sechs Stunden kein Milchprodukt. Gut zu begründen sind diese Regelungen dennoch: Milch wird schneller verdaut als Fleisch. Wenn man beides zusammen isst, wird ja nichts gekocht, aber dies ist eben der bekannte „Zaun um die Tora“: Um eine Übertretung einer Weisung gänzlich zu vermeiden, werden „Vorgesetze“ ausgesprochen, die eine Übertretung der eigentlichen Weisung der Tora verunmöglichen. Dazu gehört dann auch die Trennung von Milchigem und Fleischigem in der Küche, im Kühlschrank, auf dem Geschirr etc. Ganz nebenbei sei erwähnt, dass Fisch „parve“, d.h. neutral, ist. Fischgerichte können zusammen mit Milch wie auch mit Fleisch verzehrt werden.

Es sollen hier nicht alle Kaschrutvorschriften genannt werden, aber doch einige wichtige, die sich v.a. im Buch Levitikus und im Dtn finden:

Im Rahmen der Speisevorschriften wird in der Schrift eine ganze Reihe von Tieren genannt, die nicht zum Verzehr geeignet sind. Dazu zählen z.B. Greifvögel oder Tiere, die als Schädlingsvernichter gelten. Auch wenn für diesen Verzicht die entsprechende Weisung in der Tora ausreichend ist und nicht weiter hinterfragt wird, ist doch festzustellen, dass diese Tiere vermutlich auch deshalb nicht gejagt und verzehrt werden, weil sie aus ökologischen Gründen wichtig sind. In eine ähnliche Richtung weist das Baumschutzgebot: Bei Belagerungen dürfen keine Fruchtbäume abgeholzt werden, um daraus Belagerungsmaschinen zu bauen.

Beim Fleischgenuss scheidet das Schwein aus, weil es einer Anforderung für taugliche Tiere nicht entspricht, die grundsätzlich sagt: Was gespaltene Klauen hat und wiederkäut, darf gegessen werden. Das Schwein hat zwar gespaltene Klauen, käut aber nicht wieder (Lev 11,7; Dtn 14,8). Dabei spielt es keine Rolle, dass das Schweinefleisch früher →*trichinen*verseucht gewesen sein mag oder Schweinefleisch in der Hitze schneller verdirbt als Rindfleisch und sein Genuss damit ein Risiko darstellte. Die Tora ordnet das so an, und darüber wird nicht weiter diskutiert.

Von den Wassertieren dürfen nur jene gegessen werden, die Schuppen und Kiemen haben. Damit fällt die Vielfalt von eiweißhaltigen Meeresfrüchten unter das Verzehrverbot.

Die Kaschrutgebote beschränken sich, wie gesagt, nicht auf Nahrungsmittel, sondern auch auf die Nahrungsmittelproduktion: Dass an Pascha koscherer Wein getrunken wird, der also nicht durch Gesäuertes verunreinigt ist und dessen Produktion vom Anfang bis Ende in der Hand von Juden liegen muss, wurde schon erwähnt. Auch einige Vorschriften für die Herstellung von Mazzot wurden schon genannt.

Kaschrutgebote gelten aber auch für Früchte: Es muss z.B sichergestellt sein, dass die Erstlingsfrucht eines Baumes nicht geerntet und verzehrt wurde, denn sie gehört Gott, wie alle Erstlinge. Auch das Sabbatjahr im Erntezyklus muss eingehalten worden sein. Die Tora schreibt z.B. auch vor, dass auf einem Grundstück nicht zwei verschiedene Fruchtarten gleichzeitig angebaut werden dürfen, dass Kleidung nicht aus Mischgewebe hergestellt werden darf, dass Ochse und Esel nicht vor den gleichen Pflug gespannt werden dürfen. Bei Letzterem handelt es sich vermutlich um ein Tierschutzgesetz, denn der Ochse hat größere Kraft als der Esel, sodass der Esel über Gebühr belastet würde, wollte man eine gerade Furche pflügen. Heute, im Zeitalter des Traktors, spielt dieses Gebot natürlich keine Rolle mehr und auch das Verbot von Mischgewebe hat durch moderne Kunststofftextilien seine Bedeutung verloren.

Zu den Kaschrutgeboten zählt selbstverständlich auch das Verbot des Blutgenusses. Das bedeutet nicht nur, dass ausschließlich geschächtetes Fleisch zum Verzehr infrage kommt, sondern z.B. auch, dass kein gejagtes Wild gegessen werden darf, denn dieses ist eben nicht geschächtet (vgl. die sogenannten Jakobsklauseln in Apg 15,20).

Das Fleisch wird schon vor dem Braten so behandelt, dass es möglichst wenig Blut enthält. Es wird z.B. in kaltem Wasser gewaschen, es wird gesalzen, damit die Flüssigkeit herausgezogen wird und schließlich auf einem schrägen Brett gelagert, damit die Flüssigkeit ablaufen kann, ehe es dann „well done“ gebraten wird, d.h. es wird richtig durchgebraten, auch wenn dies dem einen oder anderen Stück Fleisch nicht unbedingt zum Vorteil gereicht und dieses dabei schuhsohlenähnliche Konsistenz annehmen könnte. Auch für Geräte, die im Haushalt verwendet werden, gibt es Reinheitsvorschriften. Hierzu findet sich auf Seite 168 ein kurzes Zitat aus dem sogenannten „*Kizzur Schulchan Aruch*“ (siehe dort).

Von koscher spricht man aber auch im Rahmen des Kultes und der Religion. Koscher ist eine Torarolle, wenn sie nach den vorhandenen Vorschriften angefertigt ist: Sie muss auf dem Leder von reinen Tieren geschrieben sein. Die einzelnen Lederstücke müssen wiederum mit Lederriemen miteinander verbunden sein – und die Schrift gut lesbar, weshalb ältere Rollen, in denen z.B. die Buchstaben von der glatten Schreibfläche abgeplatzt sind, nicht mehr verwendet werden können. Koscherness betrifft sodann sowohl die Tinte, als auch die Feder, mit der geschrieben wird. Sie muss von einem Tier stammen, das auch gegessen werden darf, also z.B. von Gans oder Truthahn.

Und schließlich ist die Tora auch nur dann koscher, wenn sie fehlerfrei ist. Entdeckt man bei einer fertigen Tora einen Fehler, darf dieser nur in einem gewissen Rahmen korrigiert werden. Diese Vorgaben gelten ebenso für die Texte in den Tefillin oder in der Mesusa.

10. Die Sabbatgebote und anderes

Nicht zu den Kaschrutgeboten gehören z.B. die Weisungen für die Einhaltung des Sabbats. Es gibt eine Liste von 39 Tätigkeiten, die nicht erlaubt sind, wie z.B. etwas niederzuschreiben oder auch etwas Geschriebenes auszulöschen (vgl. [Mischna] Sabbat VII,2). Selbstverständlich ist auch das Feuermachen am Sabbat verboten, denn in der Regel war dies früher schwere Arbeit. Es geht bei den Sabbatgeboten allerdings nicht nur um die Frage, ob hier schwere Arbeit verrichtet wird, sondern ob der Mensch sich in irgendeiner Weise schöpferisch betätigt und damit die schöpferische Ruhe Gottes am Sabbat unterläuft.

Mitunter führen diese Weisungen zu einem Konflikt, etwa wenn ein hohes Fest, an dem man beispielsweise gut essen und trinken sollte, auf einen Sabbat oder den Tag darauf fällt. Wie soll man dann das Essen für den Festtag zubereiten? Doch für all dies wurden Lösungen gefunden, die in vielen Generationen diskutiert, überlegt und reflektiert wurden. Die moderne Technik kann dabei eine große Hilfe sein, wie z.B. Herde mit Zeitschaltfunktion. Gleiches gilt natürlich auch für Lichter mit Sensoren oder Aufzüge, deren Schaltung voreingestellt werden kann. In Hotels in Israel z.B. gibt es Aufzüge, die am Sabbat automatisch in jedem Stockwerk halten, sodass Sie nicht – sabbatwidrig – von Hand gestartet oder angehalten werden müssen. Allerdings finden sich auch Richtungen im Judentum, die den Gebrauch derartiger Geräte ablehnen, weil damit der Sabbat letztlich „maschinell" umgangen wird.

Aus vermutlich ähnlichen Gründen gibt es auch unterschiedliche Ansichten in der Frage, ob es erlaubt ist, sich einen „Schabbes-Goj" zu halten. Ein Schabbes-Goj ist ein Nichtjude, der am Sabbat Dinge erledigt und Arbeiten ausführt, die einem Juden verboten sind. Es ist allerdings erlaubt, Nutznießer von Tätigkeiten zu sein, die ein Nichtjude für sich selbst erbringt, also ein Licht mit zu benutzen, das ein Nichtjude für sich selbst angezündet hat ([Mischna] Sabbat XVI,8). Obwohl sich manche Gelehrten dagegen aussprechen, wurden jedoch immer wieder Christen von ihren jüdischen Nachbarn gebeten, entsprechende Aufgaben zu übernehmen, und dies nicht nur am Sabbat. Häufig wurde auch christliches Dienstpersonal eingestellt.

Mir selbst erzählte ein älterer Herr christlichen Glaubens, dass er von seinen jüdischen Nachbarn in die Synagoge gerufen worden sei, wenn die Zahl der jüdischen Beter unter zehn Personen war, also kein „Minjan" zustande kam. Denn erst wenn zehn männliche Personen, die im Erwachsenenalter sind, die Bar Mitzwa also hinter sich haben, versammelt sind, kann gemeinsam gebetet werden. Ansonsten muss jeder für sich alleine beten.

Genau abgemessen ist sodann auch der Sabbatweg, der gegangen werden darf. Er beträgt etwa 2000 Ellen, also 1000 m einfache Wegstrecke. Im heutigen Israel ruht – zumindest in den Vierteln der Orthodoxen Juden – der gesamte Verkehr, sowohl der Individualverkehr wie auch der öffentliche. Auch der Flugverkehr der staatlichen Luftlinie El Al (bedeutet wörtlich: hinauf) ruht am Sabbat – zumindest in Israel. Die Startzeiten im Ausland sind so berechnet, dass ein Flugzeug erst nach Ende des Sabbats in Israel ankommt.

Selbstverständlich sind die Versorgung von Kranken, von Tieren oder auch Lebensrettung an einem Sabbat erlaubt – Entsprechendes erfahren wir schon aus dem NT:

> *Lk 13,15 Der Herr nun antwortete ihm und sprach: Heuchler! Bindet nicht jeder von euch am Sabbat seinen Ochsen oder Esel von der Krippe los und führt ihn hin und tränkt ihn?*

Der Vollständigkeit halber sei darauf hingewiesen, dass es auch Gruppierungen im Judentum gab, die keinerlei Einschränkung der Sabbatruhe gelten ließen und sich sogar im Kriegsfall am Sabbat nicht wehrten:

> *1Makk 2,38 Am Sabbat begannen die Soldaten den Kampf; so starben die Juden mit ihren Frauen und Kindern, etwa tausend Menschen, und auch ihr Vieh kam zusammen mit ihnen um. 39 Als Mattatias und seine Anhänger das erfuhren, hielten sie für die Toten eine große Trauerfeier ab. 40 Sie sagten zueinander: Wenn wir alle so handeln, wie unsere Brüder gehandelt haben, und nicht gegen die fremden Völker für unser Leben und unsere Gesetze kämpfen, dann vertilgen sie uns bald von der Erde. (EIN)*

Welche Weisungen Gegenstand des jüdischen Lebens sind und daher auch in der Tradition diskutiert werden, zeigen die verschiedenen Traktate des Talmud. Es soll hier bereits erwähnt werden, dass die „Weisungen" nicht nur auf dem Tenach aufruhen, sondern auch auf der mündlichen Überlieferung, der Tradition: Gepriesen seist Du, Herr unser Gott, der uns befohlen hat, die Sabbatkerze zu entzünden oder Chanukka zu feiern – diese Weisungen wird man im Tenach vergeblich suchen. Es sind Anordnungen aus der mündlichen Tradition, also mehr oder weniger Ausfluss rabbinischer Gelehrsamkeit.

Zusammenfassung

So befremdlich das jüdische Glaubensleben auf den ersten Blick auch zu sein scheint, bei näherem Hinsehen zeigt sich eine Fülle von Gemeinsamkeiten mit anderen Religionen, vor allem natürlich mit dem Christentum. Das Christentum greift auf die gleiche heilige Schrift zurück wie das Judentum, die Synagoge ist vom Zweck wie auch von der Raumaufteilung einer christlichen Kirche ähnlich. Die großen Einschnitte im Leben eines Menschen werden durch religiöse Feste begangen, die Feste des Jahreslaufes stimmen, z.T. sogar terminlich, mit den jüdischen Festen überein.

Natürlich finden sich trotz allem im Judentum auch Besonderheiten, wie etwa der Tallit oder auch die Tefillin, aber derartige Besonderheiten weist jede Religion auf, vor allem im volkstümlichen Brauchtum, das häufig mit der Religion verknüpft ist. Und schließlich gibt es auch in Deutschland, kulturell bedingt wie auch durch die Religion vorgeben, diverse Fasten- und Speisegebote, besonders bei römisch-katholischen Christen. In Deutschland isst man i.d.R. kein Pferdefleisch (anders in Frankreich!), aber auch eine ganze Reihe von Vögeln nicht, u.a. auch solche, die schon im Judentum nicht als koscher gelten, wie z.B. alle Raubvögel. Dafür isst man Mittwoch und Freitag Fastenspeise bzw. am Freitag traditionell Fisch.

Mit der Zunahme der Nichtjuden in der frühen Kirche sind freilich auch eine ganze Reihe von Geboten mehr oder weniger schnell aufgegeben worden, selbst Gebote des Dekalogs. So verzichtet das Christentum z.B. keineswegs auf die bildliche Darstellung Gottes – man denke nur an die Darstellung der Schöpfung von Michelangelo in der Sixtinischen Kapelle in Rom. Auch die christliche Sonntagsruhe entspricht nicht im Mindesten der geforderten Ruhe am Sabbat. Andere Gebote, auch aus dem Dekalog, wurden von Seiten des Christentums umformuliert und dabei verschärft oder auch erleichtert: *Du sollst [vor Gericht] kein falsches Zeugnis geben* wurde umgewandelt in das Gebot, stets die Wahrheit zu sagen. Das Gebot: „Du sollst nicht morden“ wird zu: „Du sollst nicht töten“ u.a.

IV. Der Talmud und die rabbinische Tradition

11. Schrift und Überlieferung

11.1 Ein erster Blick

(zum Folgenden vgl. v.a. Mayer, R.: Der Babylonische Talmud, 9–53; sowie Stemberger, Talmud)

> *Eine Festhütte, die mehr als zwanzig Ellen hoch ist, ist unbrauchbar, nach R. Jehuda aber brauchbar; die keine zehn Handbreit hoch ist, die keine drei Wände hat und die mehr Sonne als Schatten gewährt, ist unbrauchbar.*
>
> *Gemara. Dort haben wir gelernt: Ein Durchgang, der mehr als zwanzig Ellen hoch ist, muss verringert werden; R. Jehuda sagt, dies sei nicht nötig. Weshalb lehrt er von der Festhütte, sie sei unbrauchbar, während er vom Durchgang ein Mittel lehrt!? – Die Festhütte ist [ein Gebot] der Tora, daher lehrt er, sie sei unbrauchbar, der Durchgang aber ist nur rabbanitisch, daher gibt er ein Mittel an. Wenn du aber willst, sage ich: auch bei [Geboten] der Tora lehrt er sonst ein Mittel; jedoch lehrt er von der Festhütte, sie sei unbrauchbar, weil deren [Unbrauchbarkeitsfälle] viel sind, beim Durchgange dagegen, bei dem sie nicht viel sind, gibt er ein Mittel an.*
> *Woher dies? Raba erwiderte: Die Schrift sagt: damit eure Geschlechter wissen, daß ich die Kinder Jisrael in Hütten habe wohnen lassen: Bis zwanzig Ellen merkt man, daß man sich in einer Hütte befindet, ist sie höher als zwanzig Ellen, so merkt man nicht mehr, daß man sich in einer Hütte befindet, weil das Auge da nicht hinreicht, R. Zera entnimmt dies hieraus: Und eine Hütte wird da sein als Schatten vor der Hitze tagsüber; bis zwanzig Ellen befindet man sich im Schatten der Hüttenbedachung, ist sie höher als zwanzig Ellen, so befindet man sich nicht mehr im Schatten der Hüttenbedachung, sondern im Schatten der Wände. Abajje sprach zu ihm …*
> *(Goldschmidt Bd. III, 267 = bT [babylonischer Talmud], Seder Moed [Ordnung Festzeiten] Traktat Sukka [Traktat Laubhütte] I,1 [Mischna Kapitel I, Paragraph 1 mit zugehöriger Gemara der Vorderseite a])*

Der kleine Abschnitt ist dem Traktat Sukka entnommen – von der Laubhütte. Es wird sofort klar, dass es hier nicht um Diskussion der Tora geht, denn Ausführungsbestimmungen zur Laubhütte finden sich dort gerade nicht, sondern nur der Auftrag zu deren Bau. Wenn hier von Tora gesprochen wird, ist die sogenannte „mündliche Tora" gemeint, die offensichtlich die gleiche Wertschätzung genießt, wie die schriftliche, denn Mose habe laut jüdischer Tradition nicht nur eine schriftliche, sondern auch eine mündliche Tora von Gott erhalten. Bei der mündlichen Tora handelt es sich um Traditionen, die im Laufe des Frühjudentums entstanden sind. Die mündliche dient der Auslegung der schriftlichen, geht aber inhaltlich häufig über die schriftliche hinaus und ergänzt diese. Eine Schriftstelle zu Sukkot liegt im Buch Levitikus vor, wo es heißt:

> *Lev 23,42 In Laubhütten sollt ihr wohnen sieben Tage. Alle Einheimischen in Israel sollen in Laubhütten wohnen, 43 damit eure Generationen wissen, daß ich die Söhne Israel in Laubhütten habe wohnen lassen, als ich sie aus dem Land Ägypten herausführte. Ich bin der HERR, euer Gott. –*

Einige nähere Ausführungen finden sich im Buch Nehemia:

> *Neh 8,14 Da fanden sie im Gesetz, das der HERR durch Mose geboten hatte, geschrieben, daß die Söhne Israel an dem Fest im siebten Monat in Laubhütten wohnen sollten, 15 so daß sie verkündigten und durch all ihre Städte und durch Jerusalem den Ruf ergehen ließen: Geht hinaus auf das Gebirge und holt Zweige vom Olivenbaum und Zweige vom wilden Ölbaum und Myrtenzweige und Palmzweige und Zweige von dichtbelaubten Bäumen, um Laubhütten zu machen, wie es geschrieben steht! 16 Da zog das Volk hinaus und brachte die Zweige herbei. Und sie machten sich Laubhütten, jeder auf seinem Dach oder in ihren Höfen, in den Höfen des Hauses Gottes, auf dem Platz am Wassertor und auf dem Platz am Tor Ephraim. 17 Und die ganze Versammlung, alle, die aus der Gefangenschaft zurückgekehrt waren, machten Laubhütten und wohnten in den Hütten. Denn die Söhne Israel hatten es nicht mehr so gehalten seit den Tagen Josuas, des Sohnes Nuns, bis auf jenen Tag. Und es war eine sehr große Freude. 18 Und man las aus dem Buch des Gesetzes Gottes Tag für Tag vor, vom ersten Tag bis zum letzten Tag. Und sie feierten das Fest sieben Tage lang. Und am achten Tag war die Festversammlung nach der Vorschrift.*

Die in Nehemia genannten Zweige werden zum Lulaw, zum Feststrauß zusammengebunden, sind aber nicht erforderlich, um daraus eine Laubhütte zu bauen. Im Talmud wird aber nun eine Diskussion darüber geführt, wie eine richtige, brauchbare, d.h. koschere Laubhütte auszusehen hat. Dabei geht es, wie oben zu lesen ist, um die erlaubte und auch um die unbedingt nötige Höhe, wie auch um die Frage, wie viel Sonne hineinscheinen darf, wie viele Wände sie besitzen muss etc. Bezüglich der Wände ist zu berücksichtigen, dass eine taugliche Laubhütte durchaus feste Wände haben darf, während ein Nurdachhaus oder eine Rundhütte die Anforderungen an eine Festhütte nicht erfüllen. Vor allem die letztgenannte Form wird dann im weiteren Fortgang des Traktats ausführlich behandelt.

Ferner wird deutlich, dass es in der Frage nach einer tauglichen Laubhütte unterschiedliche Meinungen unter den Rabbinen geben kann und gegeben hat und man gegebenenfalls auch ein „Mittel“ zur Regelung finden kann, d.h. eine Lösung, wie etwas Unbrauchbares brauchbar gemacht und somit eine vordergründig nicht eindeutige Angelegenheit entschieden werden kann. So manche Lösung wird dabei in einem Analogieschluss mit Verweis auf einen mehr oder weniger vergleichbaren Sachverhalt erzielt – hier ein Vergleich zwischen einem brauchbaren Durchgang und einer brauchbaren Laubhütte. Bei dem oben genannten „Durchgang“ handelt es sich um eine (rituelle, virtuelle) Verbindung zwischen Häusern, Gehöften oder einem ganzen Viertel einer Ortschaft, wodurch diese zu einer Einheit werden und es somit erlaubt ist, am Sabbat Gegenstände zwischen ihnen hin und her zu tragen. Verboten bleiben dabei natürlich auch weiterhin jene Gegenstände, deren Transport per se ausdrücklich für den Sabbat untersagt ist.

Es wird schließlich auch ersichtlich, dass es zunächst eine Art inneren Kern an Überlieferung zu diesem Thema gibt, oben in Kapitälchen geschrieben (Mischna) und eine daran anschließende Auslegung, die sich in dem Abschnitt „Gemara“ findet. Und wie im Folgenden deutlich wird, ist Rabbi Jehuda eine *der* Autoritäten.

Natürlich müssen derartige Texte auch immer wieder aktualisiert werden. Nachdem das Dach so gestaltet sein soll, dass es nicht völlig dicht ist, sondern noch die Sonne und auch den Schein der Sterne durchlassen soll – aber eben auch nicht zu viel Sonne, weil sonst der Charakter einer Hütte verloren geht – stellt sich in unseren Breiten, in denen Sukkot in den Oktober fällt, die Frage, ob man zum Schutz vor Regen Acrylplatten oder Plastikfolie unter die Zweige legen darf, die das Dach bedecken. Es handelt sich dabei ja um durchsichtige Materialien, die das Sonnenlicht nicht hindern und einen Blick auf die Sterne ermöglichen – im Gegensatz etwa zu einem ins Dach einbezogenen (Zelt-) Tuch als Sonnenschutz. Auch hierzu gibt es unterschiedliche Ansichten und es geht um die Abwägung des Zweckes einer Laubhütte: Ist es wichtiger, die Laubhütte möglichst oft zu benutzen und dies ist bei uns vor allem durch einen Regenschutz gewährleistet, oder geht es primär darum, die Laubhütte nach alten Vorgaben, die eben noch keine Plastikfolie kennen, und damit unbedingt koscher zu bauen? Vielleicht wird sich eines Tages gar die Frage stellen, ob man einen elektromagnetischen oder wie auch immer gearteten Schutzschild darüber spannen darf, wie dies aus der Sci-Fi–Literatur bekannt ist. Die oben angeschnittene Frage stellt sich z.B. auch beim Sabbat und dem Besuch der Synagoge: Ist es wichtiger, am Sabbat die Synagoge zu besuchen, auch wenn man wegen des langen Weges zur Synagoge oder wegen körperlicher Gebrechlichkeit dafür ein Auto benötigte oder ist es wichtiger, das Auto am Sabbat auf keinen Fall zu verwenden?

Der weitere Traktat diskutiert dann auch darüber, wie alt eine Laubhütte sein darf, ob sie tauglich ist, wenn sie unter einem Baum errichtet ist, welche Materialien zur Bedeckung des Daches tauglich sind, ob das Dach auch aus Brettern sein darf, wie lange und zu welchen Gelegenheiten man sich darin aufhalten sollte und vieles andere.

Jedenfalls wird erkennbar, dass der Talmud weit über die Kommentierung oder auch Auslegung der (schriftlichen) Tora hinausgeht.

Drucktechnisch sieht eine Talmudseite folgendermaßen aus: In der Mitte findet sich der kurze Text der Mischna, der älteste Teil der Diskussion. Diesem folgt, bisweilen über mehrere Seiten reichend, die Gemara, die Diskussion der Mischna. Um die Gemara herum stehen dann, entsprechend kenntlich gemacht, die Kommentare, sodass eine Seite mit einem Baum und seinen Wachstumsringen verglichen werden kann.

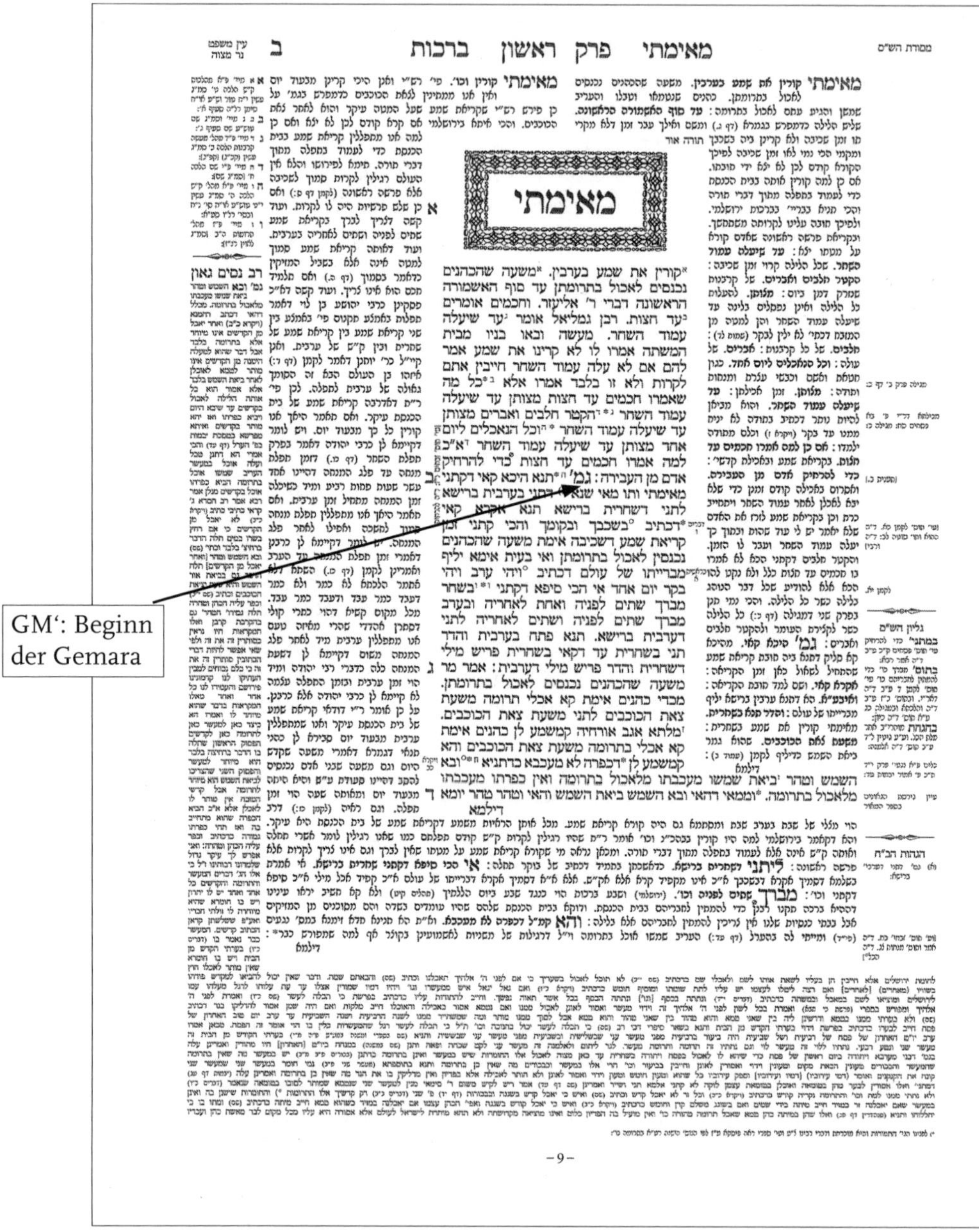

Abb. 41: Es handelt sich um einen Abschnitt aus dem Babylonischen Talmud, Ordnung Seraim/Zeraim, Traktat Berachot, d.h. Segenssprüche.

11.2 Allgemeines zum Talmud

Im Wort Talmud steckt die hebräische Wurzel *lmd*, was lehren, aber auch lernen heißen kann. Es bezeichnet zudem auch den Inhalt, also das, was gelehrt und gelernt werden soll. Somit handelt es sich um eine Lehre, die zu lehren, aber auch zu lernen ist. Ähnlich vieldeutig ist im Übrigen auch der Begriff „Mischna".

Der Talmud entstand über einen Zeitraum vieler Jahrhunderte, und wie oben festgestellt, wird er immer weiter fortgesetzt, allerdings nicht mehr im Talmud selbst, sondern in Kommentaren, die inzwischen viele weitere Bände füllen.

Allgemein gesagt geht es darin um die Umsetzung der Gebote Gottes in den Alltag. Inhalt des Talmud sind daher nicht ausschließlich die in der Tora geschriebenen Gebote, sondern auch die sich daraus ergebenden Fragen aus Sitten und Gebräuchen, die sich im Laufe der Zeit herausgebildet haben (vgl. Mayer 10). Diese nun geben Anlass zur Diskussion und zu eingehenderer Betrachtung aus unterschiedlichsten Blickwinkeln. Man hat den Eindruck, dass alle Möglichkeiten und Eventualitäten durchgesprochen werden sollen. Dass es dabei zu unterschiedlichen Auffassungen, auch zu Mehrheits- und Minderheitsmeinungen kommt, liegt auf der Hand.

Für einen Nichteingeweihten sind die Aussagen zumeist nur mit Kommentar zu verstehen, weil sie eine andere Zeit, ein anderes Denken und eine andere Kultur widerspiegeln und zudem sprachlich zumeist äußerst knapp, z.T. auch gegen Abweichler, formuliert sind. Wer also die deutsche Talmud-Ausgabe von Lazarus Goldschmidt zur Hand nimmt und die dort diskutierten Fälle studiert, wird etliches nicht begreifen, obwohl alles auf Deutsch lesbar ist. Es ist eben eine ganz eigene Weise der Darstellung und der Sprache.

Wie oben erwähnt, besteht er aus „protokollartigen Aufzeichnungen der Diskussion in Lehrhaus und Gerichtshof" (Mayer ebd.). Vor ihrer schriftlichen Niederlegung haben diese Stoffe eine z.T. sehr lange mündliche Tradition hinter sich. Sie wurden erst sekundär nach verschiedensten Gesichtspunkten geordnet und nur grob nach inhaltlichen, sachlichen Merkmalen größeren Komplexen zugeschrieben. Innerhalb dieser Komplexe, den Ordnungen (sechs Ordnungen mit 63 Traktaten), kommen sehr unterschiedliche Kriterien der Zusammenstellung zum Tragen, so beispielsweise die Zuschreibung verschiedener Aussagen an den gleichen Rabbi, von hier aus auf eine namensgleiche Person. Ein formaler Aufbau einer Aussage kann ebenso zur Verknüpfung beitragen wie die Verbindung per Stichwort, nicht zu vergessen der Analogieschluss, der zu einem Exkurs auf einen anderen Sachverhalt führen kann (von der Laubhütte zum Durchgang). Dies lenkt gegebenenfalls weit von der ursprünglichen Fragestellung ab. Daher ist die zeitliche Einordnung einzelner Sprüche zumeist äußerst schwierig, oft genug sogar unmöglich, obwohl sich die Lebenszeit verschiedener Rabbinen durchaus bestimmen lässt.

11.3 Geschichte

Die Geschichte der Rabbinischen Überlieferung, deren Ursprung in die Zeit zwischen dem babylonischen Exil und dem Makkabäeraufstand fällt, gliedert sich in vier Perioden:

- Die erste Periode endet mit der Zerstörung des zweiten Tempels (70 n. Chr.).
- Die zweite Periode endet mit dem Abschluss der Mischna (200 n. Chr.).
- Die dritte Periode endet mit dem Abschluss des babylonischen Talmuds (sechstes nachchristliches Jahrhundert).
- Die vierte Periode dauert bis in die Gegenwart.

Es findet sich die Ansicht, dass das Gesetz (der Pentateuch bzw. die Tora) die Grundlage der Reformen des Esra und Nehemia bildete und dieses demnach um 450 schon weitgehend abgeschlossen war. Von hier an beginnt angeblich auch schon die Auslegung.

Stark beeinflusst wurde diese mit Sicherheit im Zuge der Auseinandersetzungen des Judentums mit dem Hellenismus ab dem 3./2. Jh. v. Chr. Denn in diese Zeit und durch die geschichtlichen Gegebenheiten maßgeblich beeinflusst, kommt es zur Aufsplitterung des Judentums in die Gruppierungen, die es auch z.Z. Jesu noch prägen und deren Namen z.T. im NT überliefert sind. Ein Kind dieser Zeit ist z.B. die Partei der Pharisäer. Insbesondere diese Gruppierung versuchte ein Leben gemäß dem Gebot Gottes zu führen. Insofern dürfte diese Gruppe der Praxis Jesu, das Gesetz zugunsten des Menschen zu formulieren, durchaus nahe gestanden haben, vermutlich sogar mehr als es die Evangelien erkennen lassen, da diese erst den späteren Zeitraum der zunehmend schmerzhaften Abgrenzung der frühen Christen vom Judentum widerspiegeln. Möglicherweise geht auf die (nichtpriesterlichen) Pharisäer die Pflege und Verbreitung des opferlosen, in der Zeit des Exils entstehenden Synagogengottesdienst zurück, der bis heute überall dort, wo Juden leben, gefeiert und durchgeführt wird.

Zwar wurde die religiöse (und gesellschaftliche) Vielfalt des Judentums durch die Katastrophe des Jahres 70 gewaltsam gebrochen, doch die pharisäische Richtung wurde durch den Untergang oder die Schwächung anderer, z.T. rivalisierender Gruppierungen gestärkt. Allerdings war sie keineswegs die einzige Richtung oder Religionspartei, die die Zerstörung des Tempels überlebte, wie dies bis vor wenigen Jahrzehnten noch behauptet wurde: Es finden sich vielmehr aus der Zeit nach 70 durchaus auch Namen von gelehrten Sadduzäern, deren Lehrmeinung tradiert wird.

Die Tradition

Bis weit in die vorchristliche Zeit reicht nach jüdischen Vorstellungen die Tradition der mündlichen Überlieferung zurück.

Zeitlich nach dem alttestamentlichen Esra spricht die Überlieferung (vgl. Aboth = Väter 1,2f) von den „Männern der großen Synagoge", einem legendären Führungsgremium aus der Perserzeit, von Simon dem Gerechten (gemeint ist wahrscheinlich ein Priester aus der Zeit um 300 v. oder um 180 v.) oder auch von Antigonos von Sokko. Ihnen wird die Aussage zugeschrieben: *Seid zurückhaltend im Gericht, habt viele Schüler und bildet einen Zaun um die Tora.* Nach Letzterem gibt es eine Lücke in der Überlieferungskette, auf die die sogenannten fünf großen Paare folgen, deren letztes die beiden Gelehrten Hillel und Schammai bilden. Ersterer soll nach jüdischer Überlieferung, die ich nicht näher verifizieren konnte, auch Lehrer Jesu gewesen sein. Richtig ist, dass beide ihre Hauptwirksamkeit unter Herodes dem Großen entfalten, wobei Hillel als der Mildere und Großzügigere gilt, Schammai als orthodoxer in seiner Ausrichtung.

Hierzu ein bekanntes Beispiel aus der Aggada, den Erzählungen des Talmud:

> *Abermals ereignete es sich, daß ein Nichtjude vor Šammaj trat und zu ihm sprach: Mache mich zum Proselyten unter der Bedingung, daß du mich die ganze Tora lehrst, während ich auf e i n e m Fuße stehe. Da stieß er ihn fort mit der Elle, die er in der Hand hatte. Darauf kam er zu Hillel und dieser machte ihn zum Proselyten und sprach zu ihm: Was dir nicht lieb ist, das tue auch deinem Nächsten nicht. Das ist die ganze Tora und alles andere ist nur Erläuterung; geh und lerne sie (Šabbath 31a = S. 31 Vorderseite, d.h. Gemara), zitiert nach Goldschmidt, Talmud Bd. I, 521f.*

Es ist bezeichnend für das Judentum, dass sich von den beiden Genannten Hillel als der Liberalere und Menschenfreundlichere in der Gesetzgebung durchsetzte, dass aber trotz zeitweiligen Banns des Schammai auch dessen Überlieferung nicht verloren ging, ähnlich wie auch die Baraita, das ursprünglich aus der Mischna ausgesonderte Material zumindest in Teilen wieder aufgenommen wurde (s.u.). Ganz offensichtlich ist das Judentum in der Lage, höchst unterschiedliche Ansichten auszuhalten und in seine Tradition zu integrieren. Ein solches Verhalten findet sich keineswegs in allen Religionen.

Vor allem ab 70 n. Chr. wurde der sich anhäufende Traditionsstoff angesichts der Katastrophe des ersten Jüdisch-Römischen Krieges mit der Zerstörung Jerusalems gesammelt und nach sachlichen Gesichtspunkten geordnet, wahrscheinlich durch die Schüler Hillels. Sie befragten laut Überlieferung Zeugen nach alten Bräuchen und sammelten Berichte über Priester und Tempel. Dies ist der Beginn der *Mischna* (= Wiederholung). Am weitesten war in dieser Hinsicht das Werk des genannten Rabbi Akiba gediehen, das von dessen Schüler Rabbi Meir fortgeführt und erweitert wurde. Es ist allerdings nicht genau auszumachen, ob diesen Sammlungen nicht ihrerseits bereits ältere Sammelwerke – ggf. auch mündlicher Art – zu Grunde lagen. Wie bereits erwähnt, führt die jüdische Tradition jedenfalls die mündliche Diskussion bis in die biblische Zeit zurück.

Generationen später wurde das nunmehr vorliegende Material von dem aus der vierten Generation der Tannaim (s.u.) stammenden Rabbi Jehuda Hanasi (=

der Fürst) – er wird auch „der Patriarch“ oder auch einfach nur „Rabbi“ genannt – ergänzt und redigiert und vermutlich um 200 als *Mischna* schriftlich fixiert. Dieser Grundstock hat sich als die maßgebliche Lehre durchgesetzt. Er bildet den Ausgangspunkt der darauf aufbauenden Diskussion, jetzt eben über die Mischna. Sie ist in Hebräisch abgefasst, enthält allerdings griechische und aramäische Vokabeln. Große Teile des babylonischen Talmuds sind dagegen aramäisch.

Die weiteren Epochen

Auf die o.g. fünf Paare folgen die sogenannten *Tannaim,* (die Lehrer) die wiederum in verschiedene Generationen eingeteilt werden.

Zur ersten Generation gehört Rabbi Gamliel oder auch Gamaliel, der angeblich Lehrer des Paulus war (vgl. Apg. 22,3).

Die zweite Generation beginnt um 90 und reicht bis 130 n. Chr. Hierzu gehört z.B. Rabbi Akiba, jener große Gelehrte, der den Aufstandsführer Simon bar Koseba unter dem Namen Bar Kochba (Sternensohn) als Messias anerkannte und als Märtyrer starb, d.h. von den Römern getötet wurde.

Nach der fünften Generation beginnt die Zeit der *Amoräer* (die Sprechenden oder die Berichtenden), die ebenfalls in verschiedene Generationen, sieben an der Zahl, aufgeteilt werden.

Sie werden von den *Saboräern* (Erklärern) abgelöst (etwa um 500).

Die weitere Diskussion der Mischna wurde im Wesentlichen von den Amoräern geleistet. Die Sätze der Mischna wurden erklärt, verglichen, und wenn Widersprüche vorlagen, auch ausgeglichen. Die Diskussion der Amoräer findet sich in der *Gemara* (= Vollendung), die den weitaus größten Teil des Talmud ausmacht. Dort wurde auch vieles an Überlieferung, das von Rabbi Jehuda ausgeschieden worden war und als *Baraita,* (draußen Befindliches) bezeichnet wurde, wieder aufgenommen. Es floss in die Diskussion der Gemara ein.

Zahlreiche Baraitot haben daher Parallelen im Talmud selbst wie auch in der *Tosefta*. Die Entstehung und Bedeutung der Tosefta selbst ist umstritten: Nach der einen Lehrmeinung entsteht sie aus ehedem ausgeschiedenem Material, das die Schüler des „Rabbi“ nach 200 zu sammeln begannen und als Tosefta, als Zufügung zur Mischna, überlieferten. Sie entstand demnach kurz nach der Mischna. Es ist aber auch möglich, so eine andere Theorie, dass die Tosefta ursprünglich ein zur Mischna paralleles Werk mit Weisungen war, das sich nicht durchsetzen konnte und dann zunehmend nur noch als Kommentar zur Mischna betrachtet wurde.

Im Aufbau entspricht die Tosefta jedenfalls der Mischna (sechs Ordnungen, bis auf wenige Ordnungen auch mit den gleichen Traktaten). Mischna und Tosefta stehen in enger Beziehung zueinander; oft finden sich wörtliche Übereinstimmungen (vgl. Stemberger, Talmud, 39f), manchmal aber auch Widersprüche zwischen beiden.

Auch wenn die Tosefta angeblich in manchen Talmudausgaben mit abgedruckt wird, muss sie doch als eigenständiges Werk gelten.

Als Quellen des Talmud dürfen neben Mischna und Baraitot auch noch die amoräischen → *Midraschim* genannt werden. Es handelt sich dabei um Kommentare zu biblischen Texten, die in den Lehrhäusern des Judentums in der talmudischen Zeit entstanden sind.

Da sich die Aktivitäten der Gelehrten, nicht zuletzt wegen der beiden Kriege und der Vertreibung der Juden nach 135, weitgehend nach Babylonien verlagert hatten, wurde dort auch im vierten und fünften nachchristlichen Jahrhundert durch Raw Aschi und dessen Schüler Rawina der Stoff der Gemara gesichtet, geordnet und schließlich um 500, nach neueren Ansichten allerdings erst in der später endenden Zeit der Saboräer (7. Jh.), der Talmud als *„babylonischer"* zum Abschluss gebracht.

Die Diskussion des Talmud ging natürlich weiter, und zwar in Form der *Kommentare* der bis hierhin vorliegenden Überlieferung. Den berühmtesten Kommentar des Westens verfasste Rabbi Schlomo, Jitzchaks Sohn, Raschi genannt (1040–1105), der auch in Mainz und Worms wirkte.

In Tabelle 3 findet sich ein kurzer, tabellarischer Überblick zur Entstehung des Talmud.

Zeit	Namen der Redaktorengruppe	
Ab ca. 450 v. Chr.	Männer der großen Synagoge	1 (?) Generation?
Bis ca. 10 (oder 70?) n. Chr.	Die fünf Paare	
10–200/220 n. Chr.	Die Tannaim (Lehrer)	In 4, 5 oder sogar 6 Generationen
200	Die Mischna	Niedergeschrieben von „Rabbi"
200/220–500	Die Amoräer (Berichtenden)	8 Generationen
500–589 (?) oder Ende 7. Jh (?)	Die Saboräer (Erklärer)	
Frühes 8. Jh.	Abschluss der Redaktion des Babylonischen Talmud	
Bis 1040	Die Geonim (Gaon = Herrlichkeit)	Responsenliteratur

Tabelle 3: Die Entstehung des Talmund

11.4 Die Gliederung des Talmud

Der Talmud gliedert sich in Mischna und Gemara:

Mischna ist dabei allerdings ein vielschichtiger Begriff: Er bezeichnet sowohl die Überlieferung bis zum Ende des 2. Jh. n. Chr., den Gesamtinhalt der Lehre eines einzelnen der bis dahin tätigen Tannaim, den einzelnen Lehrsatz sowie die Sammlung solcher Lehrsätze.

Gemara ist die Sammlung der amoräischen Diskussion über die ältere Mischna.

Inhaltlich gliedert sich der Stoff des Talmud in Halacha und Aggada (oder auch Haggada).

„Die Halacha ist Wegweisung, Angebot zum Leben, Entscheidung der alten Tradenten oder auch Brauch des Volkes“ (Mayer 28). Zur Halacha wurde ein Beitrag, wenn:

- er seit langer Zeit als anerkannt galt
- er sich auf eine anerkannte Autorität zurückführen ließ
- er durch einen anerkannten Schriftbeweis belegt werden konnte
- die Mehrheit der Lehrer es so beschlossen hatten

Aggada/Haggada bezeichnet Erzählgut, Sprüche, Gleichnisse, Anekdoten und Legenden sowie Bibelauslegung aus öffentlichen Vorträgen. Beide Formen ergänzen einander: „Halacha wird in der Haggada beispielhaft vertieft, erklärt und weitergeführt“ (ebd. 28). „Methodisch betrachtet ist der Talmud Bibelauslegung“, ihre Inkraftsetzung für die je neuen Verhältnisse der Gegenwart sowie allgemein Traditionssammlung (ebd. 29).

Aus der Bedeutung der Schrift, in der nach dem Verständnis der Ausleger jede Frage von Welt und Mensch gelöst und beschrieben wurde – die Tora gilt bereits in vorchristlicher Zeit als *die* Weisheit des ganzen Kosmos und existiert daher schon vor Gottes Schöpfung (präexistent) – resultiert die Art und Weise des Umgangs mit ihr: Aus jedem Wort, aus seiner Stellung im Ganzen, aus jeder Schreibweise konnten und mussten Schlüsse gezogen werden. Es ist daher wichtig, den gesamten Kontext einer Schriftstelle zu berücksichtigen, auch dort, wo nur Halbsätze zitiert werden.

Es sei im Übrigen noch erwähnt, dass neben dem Babylonischen Talmud (bT) – auf ihn wird in der Regel zurückgegriffen, wenn nichts anderes verlautet – auch ein palästinischer existiert, der etwa bis zum 5. Jh., und damit etwas früher als der babylonische, in den bedeutenden Schulen in Tiberias, Cäsarea und Sephoris entstand (*Talmud Jerushalmi*, abgekürzt pT für palästinischer Talmud oder auch jT für Jerusalemer Talmud). Er stellt ein Kompendium der Lehren der in den genannten Städten beheimateten Schulen dar und besitzt daher ebenfalls Sammlungscharakter. Auch er ist nicht einheitlich redigiert, auch er enthält tannaitisches Material. Allerdings ist er weniger umfangreich und besitzt gegenüber dem bT eine geringere Reputation. Wenn man daher von „dem“ Talmud spricht, ist zunächst der Babylonische gemeint. In geschichtlicher Hinsicht findet sich im pT allerdings älteres und zuverlässigeres Material im Hinblick auf das Judentum in Palästina. Auch gibt es Traktate der Mischna, die nur in einem der beiden Talmude (korrekte Ausdrucksweise Talmudim) behandelt werden.

Die Einteilung

Die Mischna wie auch die Talmude bestehen aus sechs Hauptabteilungen oder Ordnungen (den Sedarim – von Seder, Ordnung).

Jeder Seder hat eine Anzahl von Traktaten (7–12), die in Kapitel und diese wiederum in Paragraphen oder Lehrsätze zerfallen.

Sedarim/Ordnungen sind:

- Seraim *Saaten*
- Moed *Festzeiten*
- Naschim *Frauen* – Ehe und Familienrecht
- Nesikin *Beschädigungen* – Zivil- und Strafrecht
- Kodaschim *Heilige Dinge* – Tempel und Opferriten
- Toharot *Taugliche Dinge* – Reinheitsbestimmungen

Innerhalb dieser sechs Ordnungen existieren insgesamt 63 Traktate mit 523 Kapiteln.

Die Inhalte im Einzelnen

Ordnung	Traktat	deutscher Name	enthält
Seraim (Saaten)	Berachot	Segenssprüche	Segenssprüche
	Pea	Ackerecke	Abgaben an Arme bei der Ernte. Pea meint die Ecke des Ackers, die zugunsten der Armen nicht abgeerntet wird.
	Demai	Zweifelhaftes	Erzeugnisse, deren korrekte Verzehntung zweifelhaft ist; Pacht- und Kaufverträge; welche Vorschriften gelten für welche Gebiete; keine Gemara im bT
	Kilajim	Mischungen	Verbotene Mischungen von Saaten, Bäumen, Tieren, Stoffen
	Schewiit	Das siebente [Jahr]	Bodenbesitz und Sabbatjahr
	Terumot	Heben	Abgaben an Priester (Kohenim) und Leviten
	Maasrot	Zehnte	Steuerabgaben an die Leviten ohne Land

Ordnung	Traktat	deutscher Name	enthält
	Maaser Scheni	Zweiter Zehnter	Abgabe des zweiten Zehnten
	Challah	Teig	Abgabe von allem Teig an die Priester
	Orla	Unbeschnittenes	Verbot des Genusses von Baumfrüchten bis zum vierten Jahr
	Bikkurim	Erstlingsfrüchte	Darbringung der Erstlingsfrüchte am Wochenfest (Pfingsten)
Moed (Festzeiten)	Sabbat	Sabbat	Die Sabbatgebote
	Eruwin	Vereinigungen	Verbindung verschiedener Bereiche eines Hauses und von Höfen (Durchgänge) zur Erleichterung des Sabbat.
	Paschaim	Paschalämmer	Gebote für das Pascha-Fest
	Jom Tow	Feiertag	Gesetze der Festtage
	Ta'anit	Fasten	Bestimmungen zu den Festtagen
	Rosch ha Schanah	Das Neujahrsfest	Bestimmung der Monate und der Jahre sowie das Blasen des Schofar
	Joma	Der Versöhnungstag	Bestimmungen zu Jom Kippur
	Sukkah	Laubhütte	Aufbauen und Schmücken einer tauglichen Sukka und Details zu den Opfern an Sukkot
	Schekalim	Steuern	Tempelsteuern: Dieser Traktat enthält nur im Talmud Jeruschalmi (jT oder pT) eine Gemara.
	Megillah	(Esther-) Rolle	Details zum Purim-Fest und zur Auslegung der Megilla(h), der Festrolle
	Moed Katan	Halbfeiertage	Weisungen für die „kleinen" Festzeiten
	Chagiga	Festopfer	Opferfragen
Naschim (Frauen)	Jewamot	Schwagerehe	Schwagerehe und Eheverbote
	Ketubot	Heiratsverträge	Der Ehevertrag
	Gittin	Scheidebriefe	Der Scheidebrief und die Scheidung der Ehe
	Kiddu-schin	Die Heirat	Fragen zur Verlobung und zur Heirat, aber auch Gesetze für Mann und Frau
	Nedarim	Gelübde	Genaueres zu Gelübden
	Nasir	Asketentum	Details zum Nasirat, zum Asketentum zur Zeit des Tempels
	Sota	Ehebruch	Gesetze über den Ehebruch

Ordnung	**Traktat**	**deutscher Name**	**enthält**
Nesikin (Schädigungen – zivilrechtliche Fragen)	Bawa Kamma	Erstes Tor	Über direkt oder indirekt verursachte Schäden
	Bawa Metzia	Mittleres Tor	Funde, Darlehen, Verträge
	Bawa batra	Letztes Tor	Gesetze über das Nutzen, Verkaufen und Messen von Grundstücken; auch Erbschaftsrecht und Teilung des Vermögens
	Sanhedrin	Gerichtshof	Gerichtshöfe, Strafrecht, Grundsätze des Glaubens
	Makkot	Schläge	Regelungen zur Prügelstrafe
	Schewuot	Schwüre	Wichtigkeit des Eides und dessen Diskussion
	Edujot	Bekundungen	Zeugnisse und Bekundungen
	Awodah Sara	Götzendienst	Vermeidung von Götzendienst und der Umgang mit Götzendienern
	Awot	Die Sprüche der Väter	Enthält keine Gemara
	Horajot	Entscheidungen	Besprechungen von Irrtümern der Gerichtshöfe und Korrekturen der Urteile
Kodaschim (Heiliges)	Sevachim	Schlachtopfer	Gesetze zu Tieropfern
	Menachot	Speiseopfer	Darbringung von Speiseopfern
	Chullin	Profane Schlachtung	Details zur Schächtung und den Speisevorschriften
	Bechorot	Erstgeburten	Männliche Erstgeburten bei Tier und Mensch
	Arachin	Schätzungen	Wie man Dinge schätzt, die dem Tempel geweiht sind
	Temura	Ersatz	Austausch von Opfern – Ersatzopfer
	Keritot	Abtrennungen	Über die 26 Übertretungsfälle, die mit „Ausrottung“ geahndet werden
	Me‘ila	Veruntreuung	Veruntreuung von Tempeleigentum
	Middot	Maße	Der Tempelbezirk und seine Maße, keine Gemara
	Kinnim	Vogelnester	Vogelopfer

Ordnung	Traktat	deutscher Name	enthält
Taharot (Reinheit)	Niddah	Menstruation	Details zur Menstruation
	Kelim	Geräte	Geräte und ihre Tauglichkeit
	Ohalot	Zelte	Durch Leichen verursachte Unreinheit an Personen und Dingen, die sich mit der Leiche unter einem Dach befinden
	Negaim	Aussatz	Aussatz bei Menschen, Kleidern und Häusern
	Parah	Rote Kuh	Über die rote Kuh, die bei Reinigungsritualen eine besondere Rolle spielt
	Taharot	Reinheit	Über die rituelle Unreinheit
	Mikwaot	Tauchbäder	Über die Mikwe(h), das rituelle Tauchbad, ihre Anlage, Größe usw.
	Machschirin	Empfindlichkeit	Welche Gegenstände Unreinheit übertragen können
	Sawim	Flußbehaftete	Männer und Frauen, die an Ausfluss leiden
	Tewul Jom	Der Untergetauchte	Über Personen, die sich einem Tauchbad unterzogen haben
	Jadajim	Hände	Unreinheit der Hände
	Ukzin	Stiele	Stiele, Schalen und Kerne, die Unreinheit übertragen können

Tabelle 4: Der Inhalt des Talmund Vgl. http://www.juedisches-recht.de/tal_inhalt_struktur.php (26.6.2015)

Zur Zählung und Zitation

Mischna = Name des Traktats, Kapitel in römischen Zahlen; Paragraphen in arab. Zahlen
Beispiel:
Aboda Zara III 5 = ***Mischna*** Aboda Zara Kapitel III, Paragraph 5

Gemara = Name des Traktats, Blatt, Seite (a= Vorderseite; b= Rückseite), auch dann, wenn sie mit der Mischna verbunden ist.
Beispiel:
Sabbat 31a = Traktat Sabbat, ***Gemara*** Blatt 31, Vorderseite.

Man kann daher, wenn eine Talmudstelle angegeben ist, sofort erkennen, ob es sich dabei um die – ältere – Mischna handelt, oder um die jüngere Gemara.

Zusammenfassung

Der Talmud setzt sich zusammen aus der älteren Mischna, der darauf folgenden Gemara und aus Kommentaren.
Bezüglich der enthaltenen Stoffe besteht er aus alten, z.T. vorchristlichen (mündlichen und schließlich verschriftlichten) Diskussionen großer Gelehrter, den darauf aufbauenden Diskussionen von aufeinanderfolgenden Gelehrtengenerationen unter Zufügung des ursprünglich ausgelassenen und dann doch wieder mit hineingenommenen Materials sowie aus Kommentaren zu biblischen Texten, die in den Lehrhäusern entstanden sind. Es gibt zwei Talmudim, den bedeutenderen aus Babylon (babylonischer Talmud) und den weniger angesehenen palästinischen oder auch Jerusalemer Talmud. Inhaltlich besteht er aus gesetzlichem und erzählendem Material.

11.5 Die Verbindlichkeit des Talmud

Der Talmud enthält Diskussionen, aber nur in den seltenen Fällen steht am Schluss einer solchen, welche Position nun eigentlich die Gültige ist und welcher Entscheid befolgt werden sollte.

Zunächst hat der Babylonische Talmud Priorität gegenüber dem Jerusalemer. Nur wenn der bT zu einer Frage keine Aussagen bietet, wird auf den jT zurückgegriffen.

Innerhalb des Talmud spielt die Autorität eines Rabbi, dem eine Äußerung zugewiesen wird, eine wichtige Rolle. So genießt die Schule Hillels Vorzug vor Aussagen Schammais. Gegebenenfalls sind auch die Mehrheitsverhältnisse ausschlaggebend: Eine Weisung, die von einer größeren Zahl von Rabbinen vertreten wird, genießt in der Regel größeres Ansehen als die Position der Minderheit oder eines Einzelnen.

Der Talmud hat heute noch insoweit Bedeutung, als er bei neu entstehenden Fragen nach Antworten durchforstet wird; für orthodoxe Juden stellt er die verbindliche Grundlage ihrer Lebensgestaltung dar, gegebenenfalls erweitert und ergänzt durch die Ansichten eines großen Rabbi, auf den sich die verschiedenen orthodoxen Gruppierungen i.d.R. berufen. Natürlich ist der Talmud auch von historischem Interesse.

11.6 Der Schulchan Aruch

Da von kaum einem nicht ständig studierenden Juden erwartet werden kann, dass er den gesamten Talmud kennt, wurde, quasi für den täglichen Gebrauch, ein Kompendium geschaffen, das die wichtigsten Regeln, Gebote und Bräuche enthält: der sogenannte *Schulchan Aruch*, d.h. der gedeckte Tisch, verfasst von Joseph

Karo († 1575). Dieser ist laut Gradwohl, Talmud, S. 48, *das* Gesetzeskompendium, welches bis heute von den orthodoxen Juden als bindend angesehen wird. Der Schulchan Aruch ist ein Werk, das das Spektrum jüdischer Orthopraxie in der Diaspora darlegt. Die im Talmud enthaltenen Opfervorschriften fehlen, da sie mit dem Untergang des Tempels nicht mehr aktuell sind.

Eine neuere Fassung stellt der im 19. Jh. von Salomo Ganzfried, einem ungarischen Rabbi, verfasste *Kizzur Schulchan Aruch* dar. Er enthält auch neuere, jüngere Auslegungen und Lehrpositionen. Es ist allerdings darauf hinzuweisen, dass der Schulchan Aruch nicht das erste Werk dieser Art war und ist. In den vorausgehenden Jahrhunderten haben jüdische Gelehrte immer wieder vergleichbare Kompendien ediert, wie z.B. der vielleicht bedeutendste jüdische Gelehrte Maimonides mit seiner fünfbändigen „Mischna Tora", der Wiederholung des Gesetzes (vgl. Gradwohl 46–48).

Ein Beispiel aus dem Kizzur Schulchan Aruch: Ein Gerät – Geschirr, Küchengerät –, das nicht von einem Juden hergestellt und von ihm erworben wurde, ist nicht zum sofortigen Gebrauch geeignet. Es muss erst in einem Gewässer untergetaucht werden, das auch als Mikwe, also als rituelles Tauchbad, geeignet wäre. Dazu heißt es in Kap 37 des Kizzur Schulchan Aruch § 1 (Ganzfried, Schelomo: Kizur Šulchan Aruch):

> *Wenn jemand Geräte, die zur Mahlzeit gehören, von einem Nichtjuden kauft, auch wenn es neue Geräte sind, wenn sie aus irgend einem Metall oder Glas hergestellt sind, darf man sie in keiner Weise, auch nicht kalt, gebrauchen, bevor man sie in einer Quelle oder Mikwe, einem Ort, der für eine abgesonderte Frau zum Untertauchen geeignet ist, untergetaucht hat, damit sie aus der Unheiligkeit der Außenwelt in die Heiligkeit Jisraels übergehen. – Vor dem Untertauchen spreche man über e i n Gerät die Beracha: ... ‚Der uns geheiligt durch Seine Gebote und uns befohlen hat, ein Gerät unterzutauchen'; über zwei oder mehr spreche man: ...' Der uns geheiligt durch Seine Gebote und uns befohlen hat, Geräte unterzutauchen.*

Im weiteren Text wird dann spezifiziert, dass z.B. nicht in einem Fluss nach einem Regenguss, der also aufgewühlt und dadurch verschmutzt ist, untergetaucht werden darf. Es ist beschrieben, wie man mit hölzernen Geräten zu verfahren hat, mit alten oder geliehenen Geräten u.v.m. Im Übrigen ist es – natürlich – verboten, entsprechende Verfahren zum Kaschern (koscher, d.h. tauglich machen) eines Gerätes an einem Sabbat oder Festtag vorzunehmen (§ 13).

Zusammenfassung

Die Mischna, die ältere Überlieferung bis 200 n. Chr. und ihre daran anschließende Diskussion und Kommentierung bilden den Talmud. Es handelt sich dabei im vollen Sinne des Wortes um ein Jahrtausendwerk. Dabei ist zu beachten – und dies geht bereits aus der oben dargestellten Überschrift der Ordnungen und Traktate hervor – dass es sich bei diesen Stoffen keineswegs alleine um Gesetzesvorgaben oder gar nur um Tora handelt. Vielfach findet sich Tradition, die keine oder zumindest keine direkten Anknüpfungspunkte an die Schrift hat, sondern eben „nur" Tradition darstellt.

Der Zweck des Talmud liegt darin, die alten Traditionen zu bewahren und der Nachwelt zugänglich zu machen. Darüber hinaus aber geht es darum, die Tradition für den Alltag umzusetzen. Es handelt sich also vielfach um eine aktualisierende Interpretation – aktualisierend im Hinblick auf die konkreten Gegebenheiten und Zeitumstände.
Eine selektive Zusammenfassung, ein Kompendium der wichtigsten halachischen Vorschriften, findet sich im sogenannten Schulchan Aruch.

V. Geographie und Geologie Israels/Palästinas

Auch wenn die jüdische Diaspora außerhalb Israels größer ist als die Einwohnerzahl Israels selbst, besteht doch eine unlösbare Verbindung zwischen dem Judentum und diesem Land. Dies gilt vor allem für religiöse Juden und wird spätestens jedes Jahr am Ende des Paschaabends deutlich, der mit den Worten schließt: „Und nächstes Jahr in Jerusalem!“ Daran wird nicht nur erkennbar, dass die Paschafeier mit der Erwartung des Propheten Elija an diesem Abend eschatologische Bedeutung hat. Es spiegelt sich darin auch die Sehnsucht nach diesem Land und dieser Stadt. Deshalb soll und muss auch etwas zu Israel gesagt werden.

Die schier endlose Diskussion nach dem Verhältnis des Judentums zu Israel und umgekehrt soll dabei allerdings nicht weiter verfolgt werden, auch nicht die Frage, inwieweit Israel ein religiöser Staat oder eine säkulare Demokratie oder von beidem etwas ist.

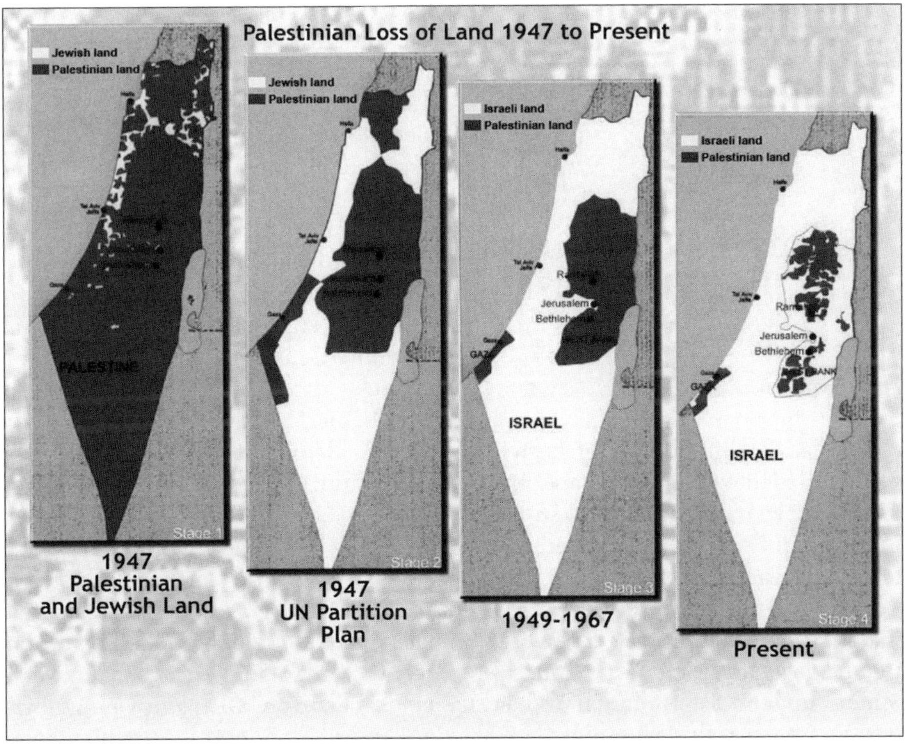

Abb. 42: Palistinensische und Israelische Gebiete zwischen 1946 und 2000

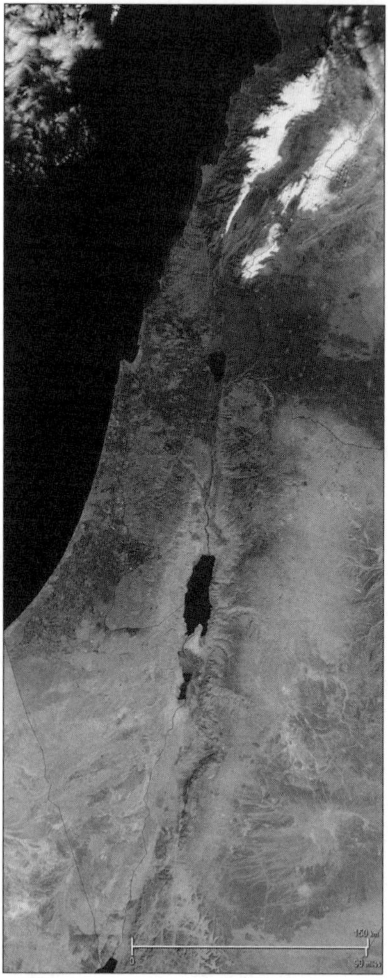

Abb. 43: Israel im Januar 2003

Israel ist mit einer Fläche von 20.770 km^2 etwa so groß wie das deutsche Bundesland Hessen mit 21.115 km^2. Diese Angaben beziehen sich auf Israel in den Grenzen vor 1967, also ohne die sogenannte Westbank (5.655 km^2), jenem Gebiet, das bis zum Sechs-Tage-Krieg 1967 zu Jordanien gehörte.

Ein Großteil der Bevölkerung lebt in Städten wie Tel Aviv, Jerusalem, Haifa und auch Beer Sheba, um die größten zu nennen.

Die Westbank, die ursprünglich nur von Palästinensern besiedelt war, ist inzwischen von Israel weitgehend okkupiert worden. Über das ganze Gebiet verstreut finden sich israelische Siedlungen bis hin zu ganzen Städten. Die größte davon dürfte die Stadt *Ma'ale Adumim* sein, die sich östlich von Jerusalem an der Schnellstraße nach Jericho befindet. Sie wurde 1975 gegründet und hat ca. 36.000 Einwohner. Umstritten ist, wieviel Prozent der dort besiedelten Fläche ursprünglich palästinischer Privatbesitz ist bzw. war. Es dürfte schwierig sein, hier konkrete Zahlen zu ermitteln, da viele Palästinenser in der englischen Mandatszeit aus steuerlichen Gründen die Größe ihrer Grundstücke nicht exakt angegeben, also „auf dem Papier" verkleinert haben.

Wie das Satellitenbild zeigt, besteht ein Großteil des Gebietes aus Bergland, das zwar besiedelt werden kann, aber kaum als Agrarnutzfläche zur Verfügung steht. Es handelt sich dabei um Trocken- oder Wüstengebiete. Landwirtschaft wird daher in erster Linie in der Jesreelebene östlich von Haifa betrieben sowie in der Scheffela, dem Flachland entlang der Küste, ehe das Land zum Gebirge hin aufsteigt. Dank moderner Bewässerungstechnik erstreckt sich der bebaubare Boden bis weit in den Süden Richtung Beer Sheba. Von palästinischer Seite wird die Ebene von Jericho sowie das sich nach Norden erstreckende Jordantal intensiv bebaut. Nach Süden hin sind das Jordantal und das Gebiet um das Tote Meer nur wenig nutzbar. Es finden sich dort einige → *Kibbuzim*, die unter anderem Dattelplantagen bewirtschaften. Weinbau wird im *Carmel*, dem Gebirgszug südlich von Haifa sowie auf dem Golan nordöstlich des Sees Genezareth betrieben. Im Bergland selbst hat Israel damit begonnen großflächig aufzuforsten, besonders rings um Jerusalem, und dies mit großem Erfolg.

Der Bergkamm von Jerusalem nach Süden über Bethlehem und Hebron ist Wüstengebiet und nur bedingt für den Ackerbau geeignet. Dieser Landstrich wird noch extensiv von Kleintiernomaden genutzt.

Durch das von Westen nach Osten hin ansteigende Land kommt es in der Regenperiode (Oktober bis April) zu Steigungsregen, der aber nach Süden hin drastisch abnimmt. Dadurch bedingt finden sich auch sehr unterschiedlichen Klima- und Anbauzonen. Der Hermon im Norden an der Grenze zum Libanon und Syrien wird in der Regenzeit auch mit Schnee versorgt, der mit dem Abschmelzen die Jordanquellen speist. Von dem aus Westen kommenden Steigungsregen fließt nur ein geringer Teil nach Osten hin zum Jordangraben ab. Etliche Quellen östlich des Hügelkammes werden mittels Pumpwerken für die Wasserversorgung genutzt. Ein ganzjährig fließender Wasserlauf von Jerusalem nach Jericho führt durch das *Wadi Qelt*, an dessen Nordhang sich auf etwa halbem Weg zwischen Jerusalem und Jericho das griechisch-orthodoxe Georgskloster befindet.

Die verschiedenen Quellen, die in Jericho entspringen, dürften ihr Wasser ebenfalls aus diesem Höhenrücken beziehen, ebenso die Quelle von *Ein Gedi* (Ziegenquelle). Der Kidronbach dagegen, der nach Osten ins Tote Meer fließt, entspringt in Jerusalem selbst.

Geologisch gesehen findet sich in Israel vor allem Kalkgestein. Im Norden, in der Gegend des Sees und nördlich davon, v.a. auf den Golanhöhen, herrscht dagegen Basalt vor. Darüber hinaus gibt es auch Sandstein in nennenswertem Umfang.

Die geologische Zusammensetzung des Bodens ist somit nicht sonderlich geeignet, um Regenwasser in ausreichendem Maße zu speichern. Künstliche Becken wie auch Zisternen müssen deshalb mit wasserdichten Materialen versehen werden. In alttestamentlicher Zeit war die Besiedelung des Berglandes erst möglich, als man gelernt hatte, wasserdichte Zisternen herzustellen. Dies geschah mittels eines speziellen Putzes. In dieser Zeit, der Zeit der Landnahme, beginnt dann auch die Rodung des Berglandes, wie in Jos 17,18 berichtet.

Über nennenswerte exportfähige Bodenschätze verfügt Israel nicht. Die Erdölförderung von über 4.000 Barrel pro Tag deckt den Verbrauch von 238.000 Barrel pro Tag (2010) bei Weitem nicht. (Quelle: http://www.ipicture.de/daten/wirtschaft_israel.html).

Allerdings wird seit 2013 offshore ca. 90 km vor Haifa Erdgas gefördert, vorläufig nur zum eigenen Gebrauch. Damit steht Israel auch Energie im nennenswerten Umfang für die Meerwasserentsalzung zur Verfügung. Mit der Erschließung weiterer Felder könnte Israel in absehbarer Zeit sogar zum Exporteur von Erdgas werden.

Mineralien werden in größerem Umfang dem Toten Meer entnommen. Sie finden unter anderem in der Kosmetikindustrie und auch in der Pharmazie Ver-

Abb. 44: Kloster St. Georg im Wadi Qdt im Westjordanland, Foto: Klaus Dorn

wendung. In der Antike wurde auch Naturasphalt aus dem Toten Meer gewonnen, der für den Schiffs- und Straßenbau und zur Mumifizierung verwendet wurde.

Zu dieser Zeit wurde in der Gegend von *Eilat* (Timna), nahe dem Roten Meer und auf der westlich davon liegenden Sinaihalbinsel, Kupfer und das Kupferderivat Türkis abgebaut. Dies geschah bereits in der Zeit der Pharaonen, wie ein ägyptischer Tempel in *Serabit el Chadim* belegt, der der Göttin Hathor, der Göttin der Türkise, geweiht war. Der Türkis wurde neben der Verwendung als Schmuckstein möglicherweise auch zermahlen als Farbe gebraucht. Sicher nachweisbar ist dies auf jeden Fall für das in der Region gleichfalls vorkommende Kupferderivat Malachit, das als Schminkfarbe verwendet wurde. Die Türkisminen auf dem Sinai gelten inzwischen als weitgehend erschöpft. Kupfer wird allerdings weiterhin abgebaut.

Zusammenfassung

Israel bietet auf seiner kleinen Fläche nicht nur eine Vielzahl unterschiedlicher Böden, sondern auch Landschaften, Klimazonen, Wachstumszonen, Niederschlags- und Temperaturzonen, vom baumlosen, im Winter schneebedecktem Hochgebirge (Hermon mit 2.800 m) bis hin zu Wüstengebieten unter dem Meeresspiegel (Totes Meer, Jordangraben).

Entsprechend finden sich in diesem Land auch unter dem Aspekt der Agrarwirtschaft alle Varianten: Angefangen vom regenreichen Galiläa, das im Jahr drei Ernten hervorbringt, bis hin zur Wüste, die lediglich für Kleintierzucht durch Nomaden am Rande des Kulturlandes nutzbar ist, ist das Land sehr unterschiedlich zu bewirtschaften.

Bodenschätze in nennenswertem Umfang besitzt das Land zwar nicht, die Mineralien, die aus dem Toten Meer gewonnen werden, sind aber seit der Antike sehr begehrt. Heute finden sie v.a. in der Kosmetikindustrie Verwendung.

Mit seiner Brückenlage zwischen Nil und Euphrat-Tigrisgebiet war das Land stets von großer politischer Bedeutung als Aufmarschgebiet der einander bekriegenden Großmächte an den beiden Flüssen. Und schließlich war es von der Antike bis heute auch stets Lebensraum unterschiedlicher Bevölkerungsgruppen und Völker, die zwar als Semiten alle kulturell eng miteinander verwandt waren und sind, nichts desto weniger aber durch viele Jahrhunderte in Rivalität zueinander standen, und dies bis heute.

Glossar

A

Aggada und Halacha: Aggada (von nagad = erzählen, berichten) bezeichnet die erzählende Tradition, Halacha (von halach = gehen) dagegen die Gebote und Weisungen. Die Pesach-Haggada ist ein eigenes kleines Büchlein, in dem der Ablauf der Paschanacht festgehalten und vorgegeben ist.

Ätiologie → Kultätiologie

Aron ha kodesch, Toraschrein, wörtl.: der heilige Schrein

Aristoteles, * 384 v. Chr, † 322 v. Chr., war Schüler Platons, Philosoph und Naturwissenschaftler.

Aschkenasim und Sephardim sind die Bezeichnung der Juden aus der östlichen und westlichen Hemisphäre, wobei Deutschland bereits zum Osten zählt. Die Herkunft der Bezeichnungen hängen mit den beiden Ländern Spanien (Sefarat) und Deutschland (Aschkenas) zusammen.
Die Entwicklung der beiden Richtungen ist sehr verschieden und wird bis in die Aussprache des Hebräischen hinein erkennbar. Das heutige Iwrith orientiert sich an der Sephardischen Aussprache. Die Aschkenasim sprechen umgangssprachlich Jiddisch, eine Sprache, die auf der deutschen Sprache basiert, aber viele Hebraismen und Aramaismen aufgenommen hat. Heute werden die Aschkenasim häufig fälschlicherweise und ausschließlich mit dem orthodoxen Judentum aus Osteuropa, besonders aus Polen und Galizien identifiziert, das durch seine Tracht (schwarzer Kaftan; Pelzhut/Schtreimel) auffällt.

B

Bar Mizwa (oder **Mitzwa**): wörtlich Sohn (Bar ist ein Aramaismus; Hebräisch: Ben) des Gebotes. Die Bar Mizwa, zu der ein Jugendlicher die religiöse Reife erreicht, wird am 13. Geburtstag gefeiert. Entsprechend wird ein Mädchen „**Bat Mizwa**", allerdings schon zum zwölften Geburtstag, da Mädchen gewöhnlich in diesem Alter reifer sind als Jungen. Orthodoxe feiern die Bat Mizwa nicht.

Bet olam: wörtlich Haus für immer, Haus der Ewigkeit. Bezeichnung für einen jüdischen Friedhof. Ein jüdischer Friedhof ist faktisch ein Haus der Ewigkeit, denn er wird nie „aufgelassen", d.h. eingeebnet. Auch die einzelnen Gräber sind nicht nur gepachtet wie zumeist im Christentum und werden daher auch nicht nach einer bestimmten Ruhezeit von zumeist 25 Jahren wieder neu vergeben.

Bet ha knesset: Haus der Versammlung = Synagoge; Knesset bezeichnet in Israel auch das Parlamentsgebäude in Jerusalem

C

Chewra kadischa ist die heilige Bruderschaft, die das Begräbnis eines Toten organisiert und durchführt. Die Beerdigungsbruderschaft wird als „heilig" bezeichnet, weil sie einen besonderen Liebesdienst am Verstorbenen, aber auch an den Hinterbliebenen vornimmt.

Codex Leningradensis und Codex Aleppo: Die zwei Codices/Schriften beinhalten den Massoretischen Text des Alten Testaments, der von Mitgliedern der Familie Ben Asher bearbeitet wurde. Sie dienen bis heute als Grundlage für die Druckausgaben der hebräischen Bibel. Benannt werden sie nach dem Ort, an dem sie aufbewahrt wurden bzw. werden: Der Codex Aleppo befindet sich heute im Israelmuseum (Entstehungszeit: um 1000 n. Chr.). Er war von Anfang an als Mustercodex gedacht, d.h. aus ihm wurde nicht regelmäßig vorgelesen, sondern er wurde als Vorlage für Abschriften verwendet und als Entscheidungshilfe bei strittigen Lesearten. Angeblich ist ein guter Teil bei einem Brand 1947 vernichtet worden. Die Grundlage der verbreiteten Biblia Hebraica Stuttgartensia ist der Codex Leningradensis.

Christen in Israel: In neuerer Zeit kommt es in Israel zu Schändungen von christlichen Gräbern, zu Schmierereien an Kirchen bis hin zu Schmähungen von Personen, die als Christen kenntlich sind. In jüngerer Zeit (Sommer 2015) kam es zu einem Brandanschlag gegen die Brotvermehrungskirche in Tabgha, bei dem ein ganzer Flügel der Anlage abgebrannt ist. Für die Anschläge in Galiläa werden Jugendliche verantwortlich gemacht, die aus radikalen Siedlerkreisen stammen. Diese Siedler versuchen durch z.T. illegale Niederlassung in annektiertem Gebiet Fakten zu schaffen und das Land zu okkupieren.

Die Christen im Staat Israel haben und hatten es nicht leicht. Der größte Teil von ihnen sind Palästinenser. Sie werden jedoch von den übrigen Palästinensern nur bedingt akzeptiert, denn sie sind ja keine Muslime. Andererseits sind sie für Juden und Israelis eben Palästinenser. Mir wurde glaubhaft versichert, dass die (muslimischen) militanten Palästinenser in Zeiten der Intifada (d.h.: sich erheben) bevorzugt von christlichen Dörfern (z.B. Bet Sahur nahe Bethlehem) und Häusern aus auf israelische Soldaten feuerten. Wurde zurückgeschossen, traf es ja „nur" die Christen. So sitzen sie buchstäblich zwischen zwei Stühlen. Die Zahl der Auswanderungen von Christen aus Israel und Palästina ist daher beträchtlich.

G

Gaon/Geonim (übers.: Glanz): religiöse Führer des Judentums vom 7. bis 11. Jh., die in Sura und Pumpedita in „Babylonien" als Häupter der dortigen Akademien residierten.

Gematrie; gematrische Zahl: In vielen Sprachen dienen Buchstaben auch als Zahlzeichen, wie etwa in Latein oder Griechisch. Dies gilt auch für das Hebräische, das mit seinen 22 Buchstaben bis auf 400 zählen kann. Jedes Wort und jeder Satz lässt sich daher auch in Zahlen ausdrücken, indem man ganz einfach die dem jeweiligen Konsonanten zugewiesene Zahl z.B. addiert.

Gottesfürchtige und Proselyten: Das Judentum zur Zeit Jesu war im Gegensatz zu heute missionarisch ausgerichtet vgl. Mt 23,15:

> *Wehe euch, Schriftgelehrte und Pharisäer, Heuchler! Denn ihr durchzieht das Meer und das trockene Land, um einen Proselyten zu machen; und wenn er es geworden ist, so macht ihr ihn zu einem Sohn der Hölle, doppelt so schlimm wie ihr.*

Von einem Proselyten (von προσέρχομαι, *prosérchomai* = „hinzukommen") spricht man also, wenn jemand seine Religion wechselt. Das Judentum mit seinem Monotheismus (Eingottglauben) und seinen präzise vorgelegten Weisungen war in der Antike eine attraktive Religion, gerade angesichts der Tatsache, dass sich griechische wie römische Götter allzu menschlich verhielten mit Streitereien, Paktieren, Ehebruch u.a.

Nun ist ja der Wechsel zum Judentum mit einem gewissen Eingriff beim Mann verbunden. In der Antike war die Beschneidung eines erwachsenen Mannes aber ein gesundheitliches Risiko. Deshalb wagte so mancher den letzten Schnitt und Schritt zum Eintritt ins Judentum nicht und nahm den Status eines Gottesfürchtigen an, d.h. er orientierte sich am Judentum, lebte nach den Weisungen, spendete für die Synagoge und ging (zumindest in der Diaspora) auch in die Synagogengottesdienste, ohne im vollen Sinn Jude zu werden. Bekannte Gottesfürchtige im NT sind der Hauptmann von Kafarnaum (Lk-Evangelium) und der Hauptmann Kornelius (Apg). Dabei ist allerdings zu berücksichtigen, dass Lk eine gewisse Vorliebe für diese Personenkreise besitzt, denn sie bilden für ihn eine wichtige Brücke von der christlichen Juden- hin zur Heidenmission.

I

Irgun Tzwa'i Le'umi: „Nationale Militärorganisation", Abk. **IZL** oder **Etzel**, ausgeschrieben Ha'Irgun Ha'Tzwai Ha'Le'umi Ba'Eretz Israel = „Nationale Militärorganisation im Lande Israel", war eine von 1931 bis 1948 arbeitende „Befreiungsbewegung" bzw. terroristische Untergrundorganisation. Sie richtete sich in gleicher Weise gegen die britische Mandatsmacht wie gegen die Araber. Sie war eine radikale Abspaltung der **Haganah**, der „Verteidigung", aus der die israelische Armee hervorgeht. Zuvor war die Hagana allerdings gleichfalls als terroristische Gruppierung gegen die Briten tätig. Die israelischen Streitkräfte nennen sich heute **Zahal** = Z^{e}va ha Hagana leJisra'el = Israelische Verteidigungskräfte.

Ivrith: Modernes Hebräisch, wie es heute in Israel gesprochen wird. Es wurde aus dem Althebräischen entwickelt und nimmt dessen Vokabular weitgehend auf. Die Grammatik ist im Vergleich zum Althebräischen einfacher und auch eindeutiger, indem es nunmehr ein echtes Tempussystem mit den Zeiten Vergangenheit, Gegenwart und Zukunft gibt. Das heute in Israel verwendete Hebräisch weist sehr viele Fremd- und Lehnwörter aus den unterschiedlichsten Sprachen auf und wird neuerdings bisweilen nicht mehr als Ivrith, sondern als Israelisch bezeichnet. Auch (z.T. lautmalende) Neubildungen finden sich in größerer Zahl. Bsp.: aus Tapuach = Apfel und zahab = Gold wird Tapuz = Goldapfel; Apfelsine; Zilzel bedeutet „Klingel", Zifzif ist Sand, Mekarer – man hört es fast brummen – ist der Kühlschrank. Immerhin steckt in diesem Wort noch die Wurzel kar = kalt. Das in Mailadressen enthaltene @ wird einfach als „Strudel" bezeichnet.

K

Das Kaddisch, ursprünglich gebetet nach Beendigung des täglichen Studiums, ist später vor allem zum Gebet für die Toten und zum Totengedenken geworden:

Verherrlicht und geheiligt werde Gottes großer Name in der Welt, die Gott nach eig'nem Ratschluss schuf.

Gottes Reich erstehe in eurem Leben und zu euren Zeiten und im Leben ganz Israels, schnell und bald. Darauf sprecht: Amen.

Gottes großer Name sei gepriesen, immerzu und in Ewigkeit!

Gottes Namen sei gepriesen und gelobt, Gottes Name sei verherrlicht und erhoben, Gottes Name sei verehrt und gerühmt, Gottes Name sei gefeiert und besungen.

Gepriesen sei er über allem Lob und jedem Lied, hoch über allem Preis und jedem Trost der Welt. Darauf sprecht: Amen

Frieden in Fülle komme vom Himmel, Leben für uns und ganz Israel. Darauf sprecht: Amen

Gott schafft Frieden in der Höhe, möge Gott uns und ganz Israel Frieden geben. Darauf sprecht: Amen

Der letzte Abschnitt: „Gott schafft Frieden in den Höhen" ist vor allem als Lied (mit wenigstens zwei alternativen Melodien) bekannt: Oseh šalom bimromaw.

Kairoer Geniza(h): Eine Geniza (Betonung auf dem a) ist ein Ablageraum für nicht mehr gebrauchsfähige biblische Bücher und Rollen, die zunächst in einer Geniza zwischengelagert werden, bis sie i.d.R. auf einem Friedhof begraben werden. Die Geniza von Kairo wurde im Jahre 1890 bei der Renovierung der Ben Esra Synagoge im koptischen Viertel entdeckt. Sie enthielt nicht nur ausgesprochen viel Material (ca. 200.000 Schriften), sondern dieses war auch relativ alt. So finden sich Schriften aus der Zeit von 800 n. Chr., unter anderem die Damaskusschrift, die große Übereinstimmungen mit der Sektenregel aus der Qumranliteratur aufweist. Dass es in diesem Gebäude eine Geniza gab, wusste man offensichtlich, denn man suchte gezielt danach. Gehoben wurden die Texte schließlich 1896 von Salomon Schechter.

Erst im ausgehenden letzten Jahrhundert wurde eine Geniza in einer Dorfsynagoge bei Würzburg gefunden, der Synagoge von Veitshöchheim. Im Zuge einer Renovierung der Synagoge wurde der Fund auf dem Dachspeicher in den beiden Trempeln/Kniestöcken entdeckt. Vgl. http://www.jkm.veitshoechheim.de/index.php/genisa (9.9.2015)

Ketuba/Ketubah (wörtlich die Geschriebene) ist der Ehevertrag, der jeder Eheschließung zugrundliegt.

Kibbuz/Kibbuzim: Genossenschaftlich organisierte Siedlung, früher hauptsächlich für den Agrarbereich, später auch mit industrieller Fertigung bis hin zu Forschungsstätten.

Kiddusch ist grundsätzlich ein Segensgebet. „*Der Kiddusch*" ist das den Sabbat einleitende Segensgebet über den Wein.

Kleiner Tallit: Beim Tallit handelt es sich um den Gebetsschal, den ein Jude anlegt. Orthodoxe Juden bekleiden sich indes nicht nur zum Gebet mit dem Tallit, sondern tragen eine kleine Ausgabe unter dem Hemd. Es handelt sich dabei um eine Art Überwurf oder T-Shirt ohne Ärmel, an den Seiten geschlitzt, jedoch mit Gebetsfäden, den Zizit. Diese sind nach außen sichtbar, da sie über den Hosenbund heraushängen vgl.

Mt 23,5 Alle ihre Werke aber tun sie, um sich vor den Menschen sehen zu lassen; denn sie machen ihre Gebetsriemen breit und die Quasten groß.

Kohen ist das hebräische Wort für „Priester". Seit dem Verlust des Tempels gibt es keine Priester mehr im Judentum und auch keine Aufgaben mehr für sie. Wohl aber gibt es noch „Kohen" als jüdischen Nachnamen, und dies in den verschiedenen Schreibweisen, wie etwa Cohn, Cohen, Katz – entstanden aus Kohen Zadik. Diese Herleitung aus dem Priestertum aufgrund des Namens scheint einen hohen Grad an Zuverlässigkeit aufzuweisen: Laut einer Untersuchung aus dem Jahre 1997 hat man bei Trägern des Namens eine partikuläre Veränderung des DNA-Musters des Y-Chromosoms gefunden, das aschkenasischen (deutsch- und osteuropäisch) und sephardischen (urspr. spanisch, dann auch westeuropäisch) Kohenim in signifikant höherem Maße (45% bzw. 56%) gemeinsam ist im Vergleich zu sonstigen Juden, bei denen sich dieses Merkmal nur im Bereich von 3 bis 5% findet. Dies ist besonders auffällig, da das sephardische und das aschkenasische Judentum lange Zeit geographisch voneinander getrennt waren. Unter Berücksichtigung der natürlichen Mutationsrate und einer Generationszeit von 25 bis 30 Jahren kommt man auf einen gemeinsamen Vorfahren, der zwischen 1180 und 650 v. Chr., also vor dem Ende des Ersten Tempels i.J. 586 gelebt haben muss. Ob es sich dabei um Levi, Aaron, Mose, Eli, Zadok oder sonst einen alttestamentlichen Priester handelt, ist natürlich nicht zu belegen (vgl. Wade: DNA Backs).

Konservatives Judentum vgl. im Text S. 116.

Kultätiologie: Eine Ätiologie gibt, wie das griechische Wort sagt, einen Grund (= aitios) für ein Ereignis, für einen Namen, für einen Ort oder eben auch für einen Kult an. Das begründende Ereignis hat sich i.d.R. in einer weit zurückliegenden Vergangenheit ereignet. Einige Beispiele: Die Tatsache, dass Frauen bei der Geburt eines Kindes Schmerzen erleiden, dass der Mensch seinen Lebensunterhalt dem Ackerboden abringen muss, dass er Angst vor Schlangen hat, das alles wird mit der Gebotsübertretung durch die Stammeltern begründet. Der Name des Mose, hebräisch mšh (Moschäh) wird damit begründet, dass die Pharaonentochter das Kind aus dem Nil gezogen habe, denn das hebräische Wort für Herausziehen heißt mšh (maschah). Ursprünglich hat der Name jedoch überhaupt nichts mit dem Herausziehen zu tun – die Pharaonentochter konnte ja wohl kaum Hebräisch! –, sondern Mose ist schlichtweg ein männlicher *ägyptischer* Name und heißt so viel wie Kind. Das Wort taucht in vielen Pharaonennamen auf, wie Tut-Mose, Ra-Mose (gewöhnlich Ramses genannt). Eine Ätiologie muss also streng genommen nicht „korrekt“ sein und ist es vielfach auch gar nicht.

M

Die **Madaba-Karte** ist eine Landkarte Palästinas aus der Zeit nach 135 n. Chr. (genauer: 6. Jh), bereits mit den beiden römischen Hauptstraßen von Ost nach West und von Nord nach Süd, die als Fußbodenmosaik angelegt ist. Sie findet sich in der Ortschaft Madaba in Jordanien im Boden einer Kirche.

Massoreten/Masoreten (Massora = Überlieferung): Darunter versteht man jene Gelehrten, die den geschriebenen Text der Bibel bearbeitet und überliefert haben. Dazu gehört die Vokalisation des Textes durch Punktation, d.h. den Eintrag von Punkten und Strichen, welche Vokale, Interpunktion und auch Aussprache ausweisen. Diese Arbeiten wurden einst von den Massoreten geleistet. Den entsprechenden Text nennt man deshalb auch MT, den Massoretischen Text. Zwei der bedeutendsten Massoretenfamilien waren die Ben Ascher und Ben Naftali. Die Arbeit der Massoreten endete gegen Ende des ersten Jahrtausends – nach (!) Christus, sodass der heute verwendete MT recht jung ist. Ältere Texte liegen mit den Texten der Kairoer Geniza sowie den Qumranschriften vor. Selbstverständlich liegt auch der LXX ein älterer Texttypus zugrunde.

Mohel ist ein besonders ausgebildeter Mann, der die Beschneidung vornimmt.

Minjan nennt sich ein Kreis von zehn Männern, die sich zum gemeinsamen Gebet versammeln. Diese Zahl muss laut Mischna beim Gottesdienst erreicht werden, um gemeinschaftlich beten zu können.

Midrasch leitet sich von der hebräischen Wurzel drš/darasch = suchen, fragen ab. Bei einem Midrasch handelt es sich um einen Kommentar zu einem biblischen Text. Dabei sind Text und Auslegung streng voneinander getrennt. Keinen echten Midrasch aber einen midraschähnlichen Text bietet beispielsweise Paulus in 1Kor 10, einer Mahnrede an die Gemeinde, nicht wie einst Israel dem Götzendienst zu verfallen.

Zur folgenden Tabelle vgl. R.C. Musaph-Andriesse: Von der Tora bis zur Kabbala, 64.

Halachische Midraschim Mekhilta Rabbi Jischmael (Ex), Sifra (Lev), Sifre Numeri, Sifre Dtn Aggadische Midraschim Bereschit (Gen) Rabba, Wajikra (Lev) Rabba, Echa Rabba (auch Ekha Rabbati) (Klgl), Ester Rabba	3. Jh n. Chr. 400–500	frühe Periode
Pesikta (von pasuk = Vers) des Rab Kahana (Predigtsammlungen zu Festtagen), Rut Rabba, Schir-ha-Schirim (Hohes Lied) Rabba	500–640	mittlere Periode
Kohelet Rabba	640–900	
Tanchuma (aggadischer Kommentar zum Pentateuch)	775–900 (nach Stemberger allerdings vor 400!)	
Jalkut (= Tasche) Schimoni	um 1250	späte Periode
Jalkut Machiri Midrasch-ha-Gadol	um 1350	

Musafgebet ist ein zusätzliches Gebet (Musaf = Zusatz), das an bestimmten Feiertagen an das Morgengebet angehängt wird. Ein wichtiger Bestandteil dabei ist die Amidá (= stehend), das Schmone Esre = 18-Bittengebet.

O

Orthodoxes Judentum vgl. im Text S. 114f.

P

Die **Parther** waren Skythen, die ca. Mitte des 3. Jh. v. Chr. in das Seleukidische Großreich eindrangen und ein eigenes Reich im Gebiet des heutigen Persien, Irak und teilweise Syrien begründeten. Sie waren nicht nur für die Seleukiden eine ständige Bedrohung, auch das römische Reich hat sich an ihnen die Zähne ausgebissen und sie nie unterwerfen können. Der Euphrat war eine relativ dauerhafte Grenze zwischen Römern und Parthern. Religiös waren die Parther vermutlich – wie das vorausgehende Persische Reich – durch den Zoroastrismus geprägt, der sich auf Zarathustra zurückführt. Skythen wird besondere Grausamkeit im Krieg nachgesagt: Laut 2Makk 7,11 haben die Skythen ihre Opfer skalpiert.

Ptolemäer und Seleukiden: Zwei Herrscherhäuser, die sich auf zwei Generäle Alexanders des Großen zurückführen. Die Ptolemäer beherrschten nach dem Tod Alexanders Ägypten, die Seleukiden den heutigen Libanon, Syrien und den Irak. Die palästinische Landbrücke, ursprünglich Ptolemäisch, fiel um 200 v. Chr. an die Seleukiden.

R

Reformjudentum vgl. im Text S. 113f.

Religio licita/erlaubte Religion: Ein Bürger des römischen Reiches hatte die Staatsgötter zu verehren, denn diese garantierten das Wohlergehen des Imperiums. Wen oder was er darüber hinaus verehrte, war der Staatsmacht zumeist relativ gleich. Das Judentum konnte jedoch aufgrund seines

Monotheismus die Staatsgötter nicht verehren. Deshalb bekam es die Auflage, bei „seinem" Gott Opfer zugunsten des Reiches darzubringen. Als „Gegenleistung" des Staates wurde die jüdische Religion privilegiert und konnte weitgehend ohne Einschränkungen ausgeübt werden. Die Einstellung der Opfer zugunsten des Staates im Jahre 68 n. Chr. gilt daher als Kriegserklärung. Ob es so etwas wie eine förmliche oder dokumentierte Erlaubnis gab, die einer „religio licita" verliehen wurde, ist neuerdings umstritten. Möglicherweise wurden eben nur einige Privilegien vergeben (für die jüdische Religion schon durch Cäsar) und ansonsten ließ man die Menschen gewähren. Die Diasporaaufstände, in denen es u.a. auch um die Verteidigung jüdischer Privilegien ging, könnten ein Hinweis darauf sein, dass es die *verbriefte* „religio licita" nicht gab.

Responsenliteratur entstand aus Anfragen zu religiösen und rechtlichen Fragen, die an die Geonim, die religiösen Führer des Judentums in „Babylon", gerichtet und von diesen durch Rückschreiben beantwortet wurden.

S

Sabbatweg: Am Sabbat heißt es bekanntlich: Du sollst keine Arbeit tun. Selbstverständlich ist es dann auch nicht erlaubt, einen langen Marsch anzutreten. Das könnte ja in Arbeit ausarten. Folglich ist der Weg, den man gehen darf, begrenzt, und jede jüdische Gemeinde kannte früher den Umfang des Areals, das nicht übertreten werden durfte. Das Gebiet ist nicht durch Markierung an den Straßenlaternen gekennzeichnet, aber möglicherweise durch eine Schnur, ein Telefonkabel o.ä. Ansonsten weiß man einfach um die Grenzen. Der zulässige Weg beträgt etwa einen Kilometer – in eine Richtung.

Der Weg an sich wird aus Ex 16,29 begründet, die Wegstrecke aus Jos 3,4: Hier wird angegeben, dass sich die Israeliten in einem Abstand von 2000 Ellen von der Bundeslade aufhalten sollen. Die Strecke wird einigermaßen durch eine Angabe aus Apg 1,12 bestätigt, wo es heißt, dass der Ölberg 2000 Ellen von der Stadt Jerusalem entfernt liege. Gemessen wird vermutlich ab dem Stadttor. Die ntl. Überlieferung – vielleicht auch Jesus selbst – scheint dieses Maß akzeptiert zu haben, wenn es in Mt 24,20 heißt: *Betet aber, daß eure Flucht nicht im Winter geschehe noch am Sabbat!* Darin enthalten ist die Vorstellung, dass selbst in einer katastrophalen Lage – sei hier nun die Endzeit gemeint oder, wahrscheinlicher, die Eroberung Jerusalems – der Sabbatweg einzuhalten ist.

Als **Schabbes-Goj** bezeichnete man einen Nichtjuden, der in einem jüdischen Haushalt am Sabbat jene Aufgaben verrichtete, die ein Jude nicht tun darf, wie z.B. Kerzen ausblasen, ggf. auch anzünden, die Türen öffnen oder abschließen u.a. Allerdings gibt es auch Stimmen, die sich negativ zu dieser Einrichtung aussprechen, entsprechend der Vorgabe, dass man niemanden dazu einsetzen soll, Dinge zu tun, die einem selbst verboten sind.

Schadchen (jidisch) nannte man den Hochzeitslader. Er zog umher, lud die Angehörigen und Freunde der Familien ein und war auch Vermittler zwischen den beiden Familien der Brautleute. Gegebenenfalls sorgte der Schadchen auch für den ersten Kontakt zwischen den Familien der Braut und des Bräutigams. Hebräisch: Šadkan

Scheol ist die Bezeichnung für die alttestamentliche Unterwelt, die Welt der Toten. Es handelt sich dabei um einen Aufenthalts- und nicht um einen Strafort, vergleichbar dem griechischen Hades. Ein wichtiger Unterschied zwischen beiden besteht darin, dass der Hades vom gleichnamigen Gott regiert wird. Im Glauben des AT gibt es einen solchen Gott nicht und in den frühen Texten des AT findet sich auch kein Hinweis darauf, dass der Gott Israels Zugriff auf den Scheol gehabt hätte. Erst in jüngeren Texten wird zunächst die Hoffnung und dann auch die Gewissheit geäußert, dass sich Gott auch um die Verstorbenen kümmert. Der Scheol entspricht daher nicht der christlichen „Hölle", die ihren Namen vermutlich von dem Ort Hinnom ableitet. Das Hinnomtal ist ein Tal in Jerusalem, in dem angeblich heidnische (Brand-?) Opfer, auch Menschenopfer, dargebracht wurden. Die Assoziation mit der traditionell christlichen Hölle als Strafort, in dem die Menschen im Feuer leiden, ist daher sehr naheliegend.

Schiwa-Sitzen bezeichnet die siebentägige (šeba = sieben) Trauerzeit nach einem familiären Todesfall.

Schlacht von Paneas/Banjas an den Jordanquellen zwischen Seleukiden und Ptolemäern um die Vorherrschaft über die palästinische Landbrücke. Die Schlacht fand im fünften Syrischen Krieg um 200 v. Chr. statt. Das Seleukidenreich verleibte sich nach seinem Sieg Palästina ein.

Schmone esre heißt nur „18". Es ist die Bezeichnung für ein Gebet, das aus 18 bzw. 19 Bitten besteht und mit hoher Wahrscheinlichkeit in seinem Kern bereits auf die vorchristliche Zeit zurückgeht. Aus christlicher Sicht ist vor allem die zweite Bitte von Interesse; hier wird die Auferweckung der Toten thematisiert:

1. *Gelobt seist du, Ewiger, unser Gott und Gott unserer Väter, Gott Abrahams, Gott Isaaks und Gott Jakobs, großer starker und furchtbarer Gott, der du beglückende Wohltaten erweisest und Eigner des Alls bist, der du der Frömmigkeit der Väter gedenkst und einen Erlöser bringst ihren Kindeskindern um deines Namens willen in Liebe. König, Helfer, Retter und Schild! Gelobt seist du, Ewiger, Schild Abrahams!*
2. *Du bist mächtig in Ewigkeit, Herr, belebst die Toten, du bist stark zum Helfen. Du ernährst die Lebenden mit Gnade, belebst die Toten in großem Erbarmen, stützest die Fallenden, heilst die Kranken, befreist die Gefesselten und hältst die Treue denen, die im Staube schlafen. Wer ist wie du, Herr der Allmacht, und wer gleichet dir, König, der du tötest und belebst und Heil aufsprießen lässt. Und treu bist du, die Toten wieder zu beleben. Gelobt seist du, Ewiger, der du die Toten wieder belebst!*
3. *Du bist heilig, und dein Name ist heilig, und Heilige preisen dich jeden Tag. Selah! Gelobt seist du, Ewiger, heiliger Gott!*
4. *Du begnadest den Menschen mit Erkenntnis und lehrst den Menschen Einsicht, begnade uns von dir mit Erkenntnis, Einsicht und Verstand. Gelobt seist du, Ewiger, der du mit Erkenntnis begnadest!*
5. *Führe uns zurück, unser Vater, zu deiner Lehre, und bringe uns, unser König, deinem Dienst nahe und laß uns in vollkommener Rückkehr zu dir zurückkehren. Gelobt seist du, Ewiger, der du an der Rückkehr Wohlgefallen hast!*
6. *Verzeihe uns, unser Vater, denn wir haben gesündigt, vergib uns, unser König, denn wir haben gefrevelt, denn du vergibst und verzeihst. Gelobt seist du, Ewiger, der du gnädig immer wieder verzeihst!*
7. *Schaue auf unser Elend, führe unseren Streit und erlöse uns rasch um deines Namens willen, denn du bist ein starker Erlöser. Gelobt seist du, Ewiger, der du Israel erlösest!*
8. *Heile uns, Ewiger, dann sind wir geheilt, hilf uns, dann ist uns geholfen, denn du bist unser Ruhm, und bringe vollkommene Heilung allen unseren Wunden, denn Gott, König, ein bewährter und barmherziger Arzt bist du. Gelobt seist du, Ewiger, der du die Kranken deines Volkes Israel heilst!*
9. *Segne uns, Ewiger, unser Gott, dieses Jahr und alle Arten seines Ertrages zum Guten, gib Segen der Oberfläche der Erde, sättige uns mit deinem Gute und segne unser Jahr wie die guten Jahre. Gelobt seist du, Ewiger, der du die Jahre segnest!*
10. *Stoße in das große Schofar [das Widderhorn] zu unserer Befreiung, erhebe das Panier, unsere Verbannten zu sammeln, und sammle uns insgesamt von den vier Enden der Erde. Gelobt seist du, Ewiger, der du die Verstoßenen deines Volkes Israel sammelst!*
11. *Bringe uns unsere Richter wieder wie früher und unsere Ratgeber wie ehedem, entferne uns von Seufzen und Klage, regiere über uns, Ewiger, allein in Gnade und Erbarmen und rechtfertige uns im Gericht. Gelobt seist du, Ewiger, König, der du Gerechtigkeit und Recht liebst!*
12. *Den Verleumdern sei keine Hoffnung, und alle Ruchlosen mögen im Augenblick untergehen, alle mögen sie rasch ausgerottet werden, und die Trotzigen schnell entwurzle, zerschmettre, wirf nieder und demütige sie schnell in unseren Tagen. Gelobt seist du Ewiger, der du die Feinde zerbrichst und die Trotzigen demütigst!*
13. *Über die Gerechten, über die Frommen, über die Ältesten deines Volkes, des Hauses Israel, über den Überrest ihrer Gelehrten, über die frommen Proselyten und über uns sei dein Erbarmen rege, Ewiger, unser Gott, gib guten Lohn allen, die auf deinen Namen in Wahrheit vertrauen, und gib unseren Anteil mit dem ihrigen zusammen in Ewigkeit, daß wir nicht zuschanden werden, denn auf dich vertrauen wir. Gelobt seist du, Ewiger, Stütze und Zuversicht der Frommen!*
14. *Nach deiner Stadt Jerusalem kehre in Erbarmen zurück, wohne in ihr, wie du gesprochen, erbaue sie bald in unseren Tagen als ewigen Bau, und Davids Thron gründe schnell in ihr. Gelobt seist du, ewiger, der du Jerusalem erbaust!*

15. *Den Sprössling deines Knechtes David laß rasch emporsprießen, sein Horn erhöhe durch deine Hilfe, denn auf deine Hilfe hoffen wir den ganzen Tag. Gelobt seist du, Ewiger, der das Horn der Hilfe emporsprießen lässt!*
16. *Höre unsere Stimme, Ewiger, unser Gott, schone und erbarme dich über uns, nimm mit Erbarmen und Wohlgefallen unser Gebet an, denn Gott, der du Gebete und Flehen erhörst, bist du, weise uns, unser König, nicht leer von dir hinweg. Denn du erhörst das Gebet deines Volkes Israel in Erbarmen. Gelobt seist du, Ewiger, der du das Gebet erhörst!*
17. *Habe Wohlgefallen, Ewiger, unser Gott, an deinem Volke Israel und ihrem Gebete, und bringe den Dienst wieder in das Heiligtum deines Hauses, und die Feueropfer Israels und ihr Gebet nimm in Liebe auf mit Wohlgefallen, und zum Wohlgefallen sei beständig der Dienst deines Volkes Israel. Und unsere Augen mögen schauen, wenn du nach Zion zurückkehrst in Erbarmen. Gelobt seist du, Ewiger, der seine Majestät nach Zion zurückbringt!*
18. *Wir danken dir, denn du bist der Ewige, unser Gott und der Gott unserer Väter, immer und ewig, der Fels unseres Lebens, der Schild unseres Heils bist du von Geschlecht zu Geschlecht. Wir wollen dir danken und deinen Ruhm erzählen für unser Leben, das in deine Hand gegeben, und unsere Seelen, die dir anvertraut, und deine Wunder, die uns täglich zuteilwerden, und deine Wundertaten und Wohltaten zu jeder Zeit, Abend, morgens und mittags. Allgütiger, dein Erbarmen ist nie zu Ende, Allbarmherziger, deine Gnade hört nie auf, von je hoffen wir auf dich. Für alles sei dein Name gepriesen und gerühmt, unser König, beständig und immer und ewig. Alle Lebenden danken dir, Selah, und rühmen deinen Namen in Wahrheit, Gott unserer Hilfe und unseres Beistandes, Selah, gelobt seist du, Ewiger, Allgütiger ist dein Name, und dir ist schön zu danken!*
19. *Verleihe Frieden, Glück und Segen, Gunst und Gnade und Erbarmen uns und ganz Israel, deinem Volke, segne uns, unser Vater, uns alle vereint durch das Licht deines Angesichts, denn im Lichte deines Angesichtes, gabst du uns, Ewiger, unser Gott, die Lehre des Lebens und die Liebe zum Guten, Heil und Segen, Barmherzigkeit, Leben und Frieden, und gut ist es in deinen Augen, dein Volk Israel zu jeder Zeit und jeder Stunde mit deinem Frieden zu segnen. Gelobt seist du, Ewiger, der du dein Volk Israel mit Frieden segnest!*

Aus: Sidur Sefar Emet (Jüdisches Gebetsbuch), Basel 1999, S.40ff. Das Gebet wird zu verschiedenen Anlässen und Feiertagen erweitert.

Sch^{e}ma Israel/Jisrael, das „Höre Israel", ist ein Kurzbekenntnis zum Monotheismus und zum Gott Israels:
Dtn 6,4 Höre, Israel: Der HERR ist unser Gott, der HERR allein!

Samaritanische Chronik: Chronik II (hrsg. von Macdonald 1969) enthält die Geschichte von Adam bis zum Ende des 19. Jh. Die Handschrift stammt aus dem Jahre 1908, greift aber sicher auf ältere Quellen zurück. Der historische Wert ist dennoch sehr umstritten. „Nach Macdonald sei die älteste Stufe von Chronik II hingegen in einem samaritanischen, vom MT unabhängigen quasi-kanonischen Josua-Buch des 4. Jh. n. Chr. zu suchen, das sukzessive mit unterschiedlichem Material aufgefüllt und bis in die Neuzeit fortgeschrieben worden sei. Große Vorsicht empfiehlt sich also gerade bei der Auswertung und Beurteilung des Quellenwertes von Abschnitten von Chronik II, die sich auf die biblische Epoche beziehen und sich z.T. in Tendenz und Inhalt deutlich von der atl. Darstellung unterscheiden, da sich vielfach nicht entscheiden lässt, ob der jeweilige Texte von der massoretischen Tradition unabhängiges, altes Material enthält oder lediglich dem parteiischen samaritanischen Geschichtsbild des Schreibers entspringt ..." (Zangenberg, ΣΑΜΑΡΕΙΑ 195).

Sandak nennt man den Paten, der den Säugling bei der Beschneidung auf dem Schoß hält.

Als **Sassaniden** werden die Herrscher des Neupersischen Reiches im Bereich des heutigen Iran, Irak und Afghanistan in der Zeit zwischen dem Ende der Partherherrschaft und dem Beginn der muslimischen Herrschaft bezeichnet, also zwischen dem beginnenden 3. und 7. Jh. n. Chr.

Sepharden und Aschkenasen (Sephardim und Aschkenasim) sind die Bezeichnungen für Juden aus der westlichen und östlichen Hemisphäre, wobei Deutschland bereits zum Osten zählt. Die Herkunft der Bezeichnungen hängen mit den beiden Ländern Spanien (Sefarad) und Deutschland (Aschkenas) zusammen. Der Name Sefarad wurde allerdings erst im Mittelalter für Spanien verwendet. Die Entwicklung der beiden Richtungen ist sehr verschieden hinsichtlich Kleidung, Küche, kultureller Bräuche u.a. und wird bis in die Aussprache des Hebräischen hinein erkennbar. Das heutige Ivrith orientiert sich an der Sephardischen Aussprache. Die Sepharden entwickelten zudem eine eigene Umgangssprache, das Ladino („Judenspanisch"), das auf der Grundlage der romanischen Sprache entstand, während das aschkenasische Jiddisch auf der deutschen Sprache fußt. Eine ganz eigene Sprache existiert noch in Livorno, einer sephardischen Gemeinde in Italien, und zwar das Bagitto, ein Sprachenmix aus Spanisch, Italienisch und Hebräisch.

Der Name **Septuaginta**, zu Deutsch siebzig (Abkürzung LXX), ergibt sich aus der Entstehungslegende des Aristeasbriefes, der zufolge die Tora von 72 vom Hohepriester autorisierten Übersetzern aus Judäa in 72 Tagen angefertigt worden sei. Durch Vergleich einigt man sich dann auf einen Text, der von der jüdischen Gemeinde in Alexandria approbiert wurde. Einer weitergehenden Version dieser Legende zufolge, die Philo von Alexandrien (15/10 v. Chr.; † nach 40 n. Chr.) überliefert, hätten 70 bzw. 72 Übersetzer (sechs aus jedem der Stämme Israels – die im Übrigen zu dieser Zeit gar nicht mehr existierten) die Schrift in 72 Tagen übersetzt und zwar jeder für sich (Philo, Mos II,25–40 vgl. Jos. Ant XII,11–118). Die 72 werden später auf 70 abgerundet – zumal dies nach Gen 10 die Anzahl der Völker der Erde ist. Bei dem anschließenden Vergleich der verschiedenen Texte sei Übereinstimmung festgestellt worden. Diese Version versucht der LXX somit den Anspruch zu verschaffen, die Schrift sei inspiriert. Die Übersetzung begann nach Aussage des Aristeas in der Zeit des Ptolemaios II., also etwa 285–246 v. Chr. Wahrscheinlich entstand der Brief allerdings nicht in der erzählten Zeit des Ptolemaios, sondern zum Ausgang des 2. Jh. v. Chr. (vgl. Meisner, Aristeas 43).
Von dieser Legende abgesehen versteht man heute unter der Septuaginta die Übersetzung des AT, die ab dem 3. Jh. v. Chr., vermutlich tatsächlich in Alexandria ihren Anfang nahm. Zunächst beschränkte sie sich auf die Übersetzung der Tora, später wurden die übrigen Bücher ergänzt. Durch den langen Entstehungsprozess und die unterschiedlichen Übersetzer, die am Werk waren, ist die Übersetzung von unterschiedlicher Qualität. Dabei verliefen die Entstehung der LXX und die Verfestigung des hebräischen Textes zeitlich parallel.

Sopherim sind die Schreiber, die bis etwa 500 n. Chr. den Konsonantentext der hebräischen Bibel festgeschrieben und somit bewahrt haben.

Symbolhandlung, prophetische: Derartige Handlungen findet man v.a. bei Jesaja und bei Jeremia. Jesaja bekommt z.B. den Auftrag, seinen Kindern merkwürdige Namen zu geben wie Jes 7,3: Schear Jaschub (Rest kehrt um), 8,1: Maher Schalal Hasch Bas (Schnelle Beute, rascher Raub). Jeremia muss in Kap 28 mit einem hölzernen Joch auf den Schultern durch Jerusalem laufen. Nachdem der Gegenprophet Hananja dieses zerbricht, macht sich Jeremia ein unzerbrechliches, eisernes. Mit diesem Joch symbolisiert Jeremia die Unterdrückung durch den König von Babel. Er symbolisiert dies allerdings nicht nur bildlich, sondern setzt damit nach Verständnis einer Symbolhandlung das damit illustrierte Geschehen bereits in Gang. Entsprechendes gilt auch für andere Symbolhandlungen, auch solche des Neuen Testaments.

T

Als **Targum** bezeichnet man die Übersetzung der Schrift aus dem Hebräischen ins Aramäische. Erforderlich wurde die Übersetzung zunehmend in der nachexilischen Zeit, da sich, gefördert durch die Perser, das Reichsaramäisch als allgemeine Sprache herauszubilden begann. Die Übersetzungen wurden zunächst spontan nach der Lesung eines Abschnitts in der Synagoge vorgenommen. In der Regel folgte eine Auslegung des Textes, ebenfalls in Aramäisch. Diese Übersetzungen waren strengen Regeln unterworfen und wurden zunächst nicht niedergeschrieben, sondern nur mündlich überliefert, da sie nicht als vollwertiger Ersatz für das hebräische Original galten. Erst in talmudischer Zeit wurden die Targumim schriftlich fixiert. Die zunächst nur fragmentarischen Übersetzungen wurden später gesammelt und redigiert. Text und Auslegung sind im Targum aber im Gegensatz zum *Midrasch* miteinander verflochten.

Tefillin ist die Bezeichnung für die schwarzen Lederriemen, die zum Gebet angelegt werden. Sie enthalten in kleinen Kästchen u.a. jenen Text, der das Tragen der Tefillin fordert (Dtn 6,8).

Tenach: Die gesamte hebräische heilige Schrift in ihren drei Teilen. Das Wort ist ein Kunstbegriff, gebildet aus T wie Tora, N wie Nebiim (Propheten) und K/Ch wie Ketubim (Schriften).

Trichinen sind Parasiten, die v.a. das Schwein als Wirt benutzen. Zunächst leben sie als Fadenwürmer im Fleisch, verursachen aber dann im weiteren Entwicklungszyklus eine ganze Reihe von Beschwerden, weil sie sich in der Muskulatur verkapseln. Diese Parasiten werden durch den Genuss von unzureichend erhitztem Fleisch auch auf den Menschen übertragen. In der Regel führt der Befall allerdings nicht zum Tod. Die relativ großen (weiblichen) Würmer (4mm) sind leicht zu entdecken. Eine (in Deutschland verpflichtende) mikroskopische Beschau von Muskelfleisch und Leber eines Schweins reichen aus, um das Fleisch als trichinenfrei zuzulassen.

Tscholent: Eintopf am Sabbat, der vor Sabbatbeginn in den heißen Ofen gestellt wird und zum Essen am Feiertag selbst fertig gegart ist. Er enthält regional unterschiedliche Zutaten, in der Regel Fleisch und Gemüse. Da das Gericht eine lange Garzeit bei abfallender Temperatur hat, kann auch Fleisch verwendet werden, das nicht unbedingt der Handelsklasse 1a angehört.

Z

Zöllner/Zollpachtsystem: Die Großmacht verpachtet die Steuereinnahmen für ein bestimmtes Gebiet gegen Vorkasse an den Meistbietenden. Dieser teilt sein Gebiet in kleinere Distrikte ein und verfährt mit diesen in gleicher Weise. Jeder Zöllner oder Unterzöllner versucht natürlich den Pachtbetrag im Laufe des Jahres wieder zu erwirtschaften. Alles, was er darüber hinaus einzieht, ist sein Gewinn. Dieses System führt fast zwangsläufig dazu, dass jeder versucht, seine Gewinne zu maximieren, gegebenenfalls auch mit erhöhten oder überzogenen Steuerbeträgen.

Zoroastrismus nennt man die Religion, die auf Zarathustra (2. oder 1. Jt. v. Chr.) zurückgeht. Sie war in erster Linie im Iran verbreitet und war monotheistisch, allerdings mit Tendenz zum Dualismus (Glaube an einen höheren und einen niedrigeren Gott). Es gibt heute noch Anhänger dieser Religion, auch in Persien, doch kommt es immer wieder zu Verfolgungen. Vertreter der Religion leben unter dem Namen „Parsen“ (Perser) auch noch in Indien. Elemente des Zoroastrismus finden sich (neben solchen aus anderen Religionen) auch bei den Jesiden, die in Syrien und im Irak unter den muslimischen Fundamentalisten leiden.

Literatur

BAUMANN, ARNULF (Hrsg.): Was jeder vom Judentum wissen muss. Gütersloh [5]1990 (GTB 788)

BEIN, ALEX: Die Judenfrage. Bd. I+II. Stuttgart 1980

BRINGMANN, KLAUS: Geschichte der Juden im Altertum. Stuttgart 2005

COHN, LEOPOLD (Hrsg.): Philon. Über das Leben Mosis, Breslau 1909 = http://de.wikisource.org/wiki/Ueber_das_Leben_Mosis (8.9.2015)

DEXINGER, FERDINAND: Die Samaritaner. Darmstadt 1992 (WdF = Wege der Forschung 604)

EGGER, RITA: Josephus Flavius und die Samaritaner. Eine terminologische Untersuchung zur Identitätsklärung der Samariter. Fribourg 1986 (Novum Testamentum et orbis antiquus 4)

FINKELSTEIN, ISRAEL/SILBERMANN, NEIL A.: David und Salomo. München 2006

Des FLAVIUS JOSEPHUS Jüdische Altertümer. Übers. v. Heinrich Clementz. Wiesbaden [4]1982

FRANKEMÖLLE, HUBERT: Frühjudentum und Urchristentum. Stuttgart 2006 (Studienbücher Theologie Bd. V.)

GANZFRIED, SCHELOMO: Kizur Šulchan Aruch. Bd. I+II. Übers. v. Selig Bamberger. Basel 1988

GOLDSCHMIDT, LAZARUS (Hrsg.): Der babylonische Talmud. Neu übertragen durch Lazarus Goldschmidt. Berlin u.a. [2]1964

GRADWOHL, ROLAND: Was ist der Talmud, Stuttgart 1983

GRESSMANN, HUGO (Hrsg.): Altorientalische Texte zum Alten Testament. Berlin u.a. [2]1965 (Altorientalische Texte und Bilder zum Alten Testament)

GRÜBEL, MONIKA: Judentum. Köln 1996 (DuMont TB 505)

GRUNDBEGRIFFE des Judentums: Eine ausführliche Auflistung findet sich hier: http://www.israel-information.net/glossar/GlossarC.htm_(17.7.2015)

KÜNG, HANS: Das Judentum. München u.a. 1991

MAGONET, JONATHAN (Hrsg.): Seder ha Tefillot. Das jüdische Gebetbuch I. Gebete für Schabbat, Wochentage und Pilgerfeste. Gütersloh 1997

DERS.: Seder ha-tefillot: Das Jüdische Gebetbuch II. Gebete für die hohen Feiertage. Gütersloh 1997

MAIER, JOHANN: Die Kabbalah. München 1995

MAYER, REINHOLD: Der Babylonische Talmud. München 1963

MEISNER, NORBERT: Aristeasbrief. Gütersloh 1973 (JSHRZ Bd. II/1)

MUSAPH-ANDRIESSE, ROSETTA C.: Von der Tora bis zur Kabbala. Eine kurze Einführung in die religiösen Schriften des Judentums. Göttingen 1986

NICKELSBURG, GEORG W.E./STONE, MICHAEL E.: Faith and Piety in Early Judaism. A Samaritan Story of the Formation of the Judahite (Jewish) Sect. Philadelphia 1983

Leicht zugängliche Informationen zu den SAMARITANERN: http://www.bibelwissenschaft.de/de/wibilex/das-bibellexikon/lexikon/sachwort/anzeigen/details/samaritaner/ch/df2e7e481b2f10e9f7eb054e4f3b7853/ (17.7.2015)
SIDUR SEFAT EMET: mit dt. Übers. v. Selig Bamberger. Basel 1999
SCHÄFER, PETER: Studien zur Geschichte und Theologie des rabbinischen Judentums. Leiden 1979 (Arbeiten zur Geschichte des antiken Judentums und des Urchristentums 15)
STEMBERGER, GÜNTER: Pharisäer, Sadduzäer, Essener. Stuttgart 1991 (SBS 144)
Ders.: Der Talmud. München ²1987
WADE, NICHOLAS: DNA Backs a Tribe's Tradition Of Early Descent From the Jews, in: New York Times, May 9, 1999 http://www.nytimes.com/1999/05/09/us/dna-backs-a-tribe-s-tradition-of-early-descent-from-the-jews.html (13.11.2015)
WANDER, BERND: Gottesfürchtige und Sympathisanten. Tübingen 1998 (WUNT 104)
ZANGENBERG, JÜRGEN: ΣΑΜΑΡΕΙΑ. Quellen zur Geschichte und Kultur der Samaritaner in deutscher Übersetzung. Tübingen/Basel 1994 (TANZ 15). [Hier findet sich ebenfalls eine Textauswahl aus Chronik II in leicht variierender Übersetzung.]

Weiterführende Literatur

GÜNTHER, LINDA M.: Herodes der Große. Darmstadt ²2012
GRADWOHL, ROLAND: Frag den Rabbi: Streiflichter zum Judentum. Stuttgart 1994
HENGEL, MARTIN: Die Zeloten. Untersuchungen zur jüdischen Freiheitsbewegung in der Zeit von Herodes I. bis 70 n. Chr. Tübingen ³2011
HILTON, MICHAEL: Wie es sich christelt, so jüdelt es sich. 2000 Jahre christlicher Einfluss auf das jüdische Leben. Berlin 2000
LAU, ISRAEL M.: Wie Juden leben. Glaube, Alltag, Feste. Darmstadt ⁶2005
MAIER, JOHANN: Jüdische Geschichte in Daten. München 2005
DERS.: Die Qumran-Essener. 3 Bde. München 1995f (UTB 1862; 1863; 1916)
DERS.: Geschichte des Judentums im Altertum. Grundzüge. Darmstadt ²1989
NACHAMA, ANDREAS u.a.: Basiswissen Judentum. Freiburg u.a. 2015
SCHALIT, ABRAHAM: König Herodes. Der Mann und sein Werk. Berlin ²2001
SCHÄFER, PETER: Geschichte der Juden in der Antike. Duden Palästinas von Alexander dem Großen bis zur arabischen Eroberung. Tübingen ²2010 (UTB 3366)
DERS.: Jesus im Talmud. Tübingen 2007
TIWALD, MARKUS: Das Frühjudentum und die Anfänge des Christentums, Stuttgart 2016 (BWANT 208)